新世纪研究生教学用书
会计系列

含MPAcc、MAud
及MBA、EMBA财会方向

国外政府及公共部门审计研究

Foreign Government and Public Sector Audit Research

郑石桥 著

东北财经大学出版社
Dongbei University of Finance & Economics Press
大 连

图书在版编目（CIP）数据

国外政府及公共部门审计研究 / 郑石桥著. —大连 ：东北财经大学出版社，2017.11
（新世纪研究生教学用书 · 会计系列）
ISBN 978-7-5654-2855-5

Ⅰ. 国… Ⅱ. 郑… Ⅲ. 政府审计-国外-研究生-教材 Ⅳ. F239.44

中国版本图书馆 CIP 数据核字（2017）第 180459 号

东北财经大学出版社出版
(大连市黑石礁尖山街217号 邮政编码 116025)
网 址：http：//www.dufep.cn
读者信箱：dufep@dufe.edu.cn

大连雪莲彩印有限公司印刷 东北财经大学出版社发行

幅面尺寸：170mm×240mm 字数：262千字 印张：12.5 插页：1
2017年11月第1版 2017年11月第1次印刷

责任编辑：王 莹 徐 群 责任校对：杨紫旋 刘 佳
封面设计：张智波 版式设计：钟福建

定价：32.00元

前　言

政府及公共部门审计是国家治理及公共问责的重要制度安排，世界上几乎所有的国家和地区都建立了政府审计制度，并对公共资源使用及公共责任履行情况实施审计。由于政府及公共部门审计在国家治理及公共问责中的重要地位，它成为英国、美国等发达国家的重要学术领域之一，形成了不少很有意义的研究成果。本书按一定的逻辑结构对这些研究文献进行归纳、总结和提炼，主要内容如下：

（1）政府审计制度研究，包括：政府审计制度的类型及效果研究；盎格鲁-撒克逊文化国家的政府审计制度研究；欧洲大陆国家的政府审计制度研究；亚洲国家的政府审计制度研究；拉丁美洲国家的政府审计制度研究；非洲国家的政府审计制度研究。

（2）财务审计及与其结合实施的其他审计研究（上），包括：公共部门审计收费研究；公共部门审计质量研究。

（3）财务审计及与其结合实施的其他审计研究（下），包括：公共部门审计重要性水平研究；公共部门审计延滞研究；公共部门审计师选择及变更研究；公共部门审计师聘任方式研究；公共部门财务审计的其他问题研究。

（4）绩效审计研究，包括：单一国家的绩效审计研究；多国家的绩效审计比较研究。

（5）审计成果应用研究，包括：审计机关后续跟踪审计研究；公共部门审计质量对审计成果应用的影响研究；审计机关沟通策略及媒体在审计成果应用中的作用研究；公众、公民社会及其他利益相关者在公共部门审计成果应用中的作用研究；公共部门审计的政治影响及在腐败治理中的作用研究。

（6）其他问题研究，包括：审计机关绩效评价研究；政府审计人员绩效及满意度研究；公共部门审计准则研究；公共部门审计竞争研究；廉洁审计研究；审计爆炸研究；政府审计发展研究；纳税遵从审计研究。

本书的写作目的是对国外政府及公共部门审计的学术研究做一个概要性的介绍，由于相关文献很多，可能会遗漏一些重要的文献。书中不当之处，请读者指正。

本书的写作得到了南京审计大学吕君杰博士、张耀中博士、李媛媛老师的帮助，特此致谢！

郑石桥

2017年4月29日于南京老山

目　录

第一章

政府审计制度研究

对于各国的政府审计制度，有不少研究文献，本章对这些研究做一个概要性的介绍，主要包括：政府审计制度的类型及效果研究；盎格鲁-撒克逊文化国家的政府审计制度研究；欧洲大陆国家的政府审计制度研究；亚洲国家的政府审计制度研究；拉丁美洲国家的政府审计制度研究；非洲国家的政府审计制度研究。

第一节　政府审计制度的类型及效果研究

一、政府审计制度的需求研究

Streim（1994）指出，委托代理关系会产生代理问题（如道德风险和逆向选择），委托人为了应对代理问题建立了监督绑定机制（Monitoring and Bonding Devices），审计是监督绑定机制之一。也就是说，代理问题引致审计需求，没有代理问题，审计将是多余的（Superfluous）。所以，只有在国家的法律政治系统中存在代理问题，才会有对政府审计的需求。进一步说，如果在国家的法律政治系统中存在多种特殊代理问题的委托代理关系，可能需要不同类型的审计。另外一个问题是，需求的各种类型审计能否以恰当的质量来保障供给。首先，审计质量涉及可用的审计技术。审计技术分为三类：一是完美技术（Perfect Technology），这种技术能传送审计客体（Audit Object）的真实价值；二是半完美技术（Semiperfect Technology），这种技术能传送审计客体的一定可能性的真实价值；三是静止技术（Stationary Technology），真实审计结论的分布依赖于真实价值，对于特定的真实价值来说，其审计结论的真实性分布具有稳定性。由于代理人受到多种约束，静止技术对委托人没有价值，即使它是无成本的，而完美技术和半完美技术，只要它们的成本不是过高，总是有价值的。其次，审计质量涉及审计师的特征。当委托人雇用审计师时，便会产生一种新的委托代理关系，与其他人一样，审计师作为代理人会最大化自己的利益，并且他的努力程度也无法被委托人观察到。这就产生了一个问题，如果委托人雇用审计师去查明管理者是否有欺骗行为，委托人如何保障审计师不会提供不合格的审计服务来欺骗自己呢？目前，不少的文献研究这个问题，解决方案有三个：一是对审计师进行监督，但是尚未找到适宜的监督机制；二是审计师必须独立于代理人和委托人，独立性水平是指对于已经发现的偏差，审计师报告这个偏差的条件概率；三是审计师的声誉。总体来说，审计供给模型还处于发展中，雇用审计师引致激励和监督问题。

（一）法律政治系统的审计需求

对于公共部门来说，至少存在三种委托代理关系：一是选民与议会，选民是委托人，议会是代理人；二是议会与政府，议会是委托人，政府是代理人；三是政府与政府机构，政府是委托人，政府机构是代理人。各种委托代理关系会有不同的代理问题。

1.选民与议会的关系及审计需求

选民与议会的关系属于委托代理关系，因此，也可能产生道德风险和逆向选择。由于选民不可能直接且无成本地观察议员的行为，所以道德风险就有可能产生。想了解相关情况的选民，需要自己来获取相关信息，如果没有一种机制来低成本地提供这些信息，可能只有非常少的选民会努力来获取这些信息。有两种信息中介存在：一是大众媒体；二是政治党派。大众媒体对信息是有选择性的，偏向于吸引大众的信息，所以选民完全依赖大众媒体信息是不可能全面了解议员的活动的。政治党派主要是在竞选时活跃，平时并不活跃。同时，政治党派偏向于披露对自己有利而对竞争对手不利的信息，所以信息披露也是不完全的。由于缺乏完全的信息，议员可能偏离选民的意愿来行动，同时，竞选成功的党派可能不遵守竞选时的承诺。这些都是议员的道德风险问题。

由于事前的信息不对称，选民对竞选者并不很了解，所以很大的可能是，做出承诺最多的竞选者获胜。然而，做出最多承诺的竞选者，在其当选之后是否能遵守承诺，选民在很大程度上也无法确认，所以真正打算落实承诺的竞选者，往往不会做出太多承诺，而不打算落实承诺的竞选者，可能会做出较多的承诺。因此，承诺最多的竞选者，不一定是最应该当选的。然而，现实是谁承诺多，谁就获胜，这就出现了逆向选择。

对于选民与议会之间的代理问题，需要建立恰当的监督机制，其中一个有用的监督工具是，在每届议会任期结束时，编写《承诺实现情况特别报告》，比较承诺与实现情况。为了解决信任问题，需要一个独立机构对这个报告进行审计，并提交审计报告。如果获取和分析这个特别报告及审计报告的成本较低，多数选民会使用这些报告，审计成为保护选民利益的手段。这种机制也能应对逆向选择，因为它可以抑制竞选时的欺骗行为，能将骗子清除出政治舞台，保护民主政治制度的良好运行。

2.议会与政府的关系及审计需求

议会与政府是委托代理关系，政府的职责通常在《宪法》中规定，但是政府的支出通常由议会以预算的方式决定。为此，议会需要知道政府是否按议会批准的预算进行开支。政府需要向议会提交财务报告，反映预算资金的使用情况和遵守情况。为了防止政府在财务报告中提供虚假信息，需要由独立机构对财务报告进行审计。同时，政府还必须对预算资金使用的经济性、效率性和效果性负责。因此，必须由独立机构对政府项目的经济性、效率性和效果性进行审计。

3.政府与政府机构的关系及审计需求

政府与政府机构之间也存在委托代理关系，政府机构的追求与政府的追求可能存在差异，对于不需要选举产生的政府机构负责人来说，其本人也是自我效用最大化者。因此，政府机构可能出现预算松弛，也可能出现推卸责任的情况。为此，需要对政府机构的预算及其执行情况进行审计，也需要对政府机构及其负责的项目的经济性、效率性和效果性进行审计。

（二）法律政治系统的审计供给

审计需求可以由民间的会计师事务所来提供，也可以由专门设立的公共机构来提供，世界上几乎所有的国家都专门设立公共审计机构，通过法律规定保障公共审计机构独立于代理人——被审计对象，有的还独立于委托人。由于公共审计机构不用担心因发表不利于被审计主体的审计意见而被解雇，所以其独立性强于民间的会计师事务所。然而，公共审计人员与其他公务人员一样，也是自我效用最大化者，也需要约束与激励，才能提供高质量的审计服务。同业互查可能是一个方法，但是总体来说，这种约束与激励机制还未很好地建立起来。公共审计机构的审计范围在不断地变化，传统的审计是财务审计和合规审计。目前，一些国家将政府机构及其项目的经济性、效率性和效果性审计也加入审计范围内。

公共审计机构经常被称为“无剑骑士（Knight Without Sword）”或“没有牙齿的老虎（Toothless Tiger）”，这表明，审计报告并未能发挥其预期的作用。其原因是什么呢？Streim（1994）认为，议员对财务审计和合规审计的兴趣降低，因为这些审计对预算准备过程的影响甚微。大多数党派的议员对审计报告提供的经济性、效率性和效果性方向的负面信息没有兴趣，因为这是责备政府和党派。在野党派可能对负面的审计结果感兴趣，但是现实中，党派只是使用那些有利于它们在政治立场中竞争的信息。由于议员及政府成员对审计报告没有兴趣，那么公众是否有兴趣呢？一个可能的理论逻辑是，如果政治家不关注审计建议，那么在选举中可能带来选民的负面反应。然而，审计报告是否能引起选民的兴趣呢？一个最直接的证据——审计报告中并不包括选民投票相关的基本信息。

二、政府审计制度的类型研究

Stapenhurst 和 Titsworth（2001）指出，最高审计机关（Supreme Audit Institutions，SAI）是负责审计政府收支的国家机构，不同国家的法定任务、报告关系及效果是不同的，这体现了不同的治理体系及政府政策，它的基本目的是监督公共资金的管理及政府财务报告的质量和可信性。过去，世界银行为项目建立相应的审计体系，其主要原因是，它认为发展中国家的最高审计机关不值得信赖，这可能对发展中国家的最高审计机关有负面影响。同样存在问题的是，鼓励绩效审计，忽视财政管理存在的基础性缺陷。最近几年，世界银行试图努力强化诸如最高审计机关这类监督机构。

1.不同类型的最高审计机关

大多数的发展中国家采用三种审计制度中的一种，这三种审计制度是拿破仑式（Napoleonic）审计制度、威斯敏斯特式（Westminster）审计制度和委员会式（Board）审计制度。拿破仑式审计制度的最高审计机关也称为审计法院，具有司法权和管理权，独立于立法及行政机构，是司法体系的组成部分，可以审计任何政府机构，对政府与法律法规的合规性进行判断，以确保公共资金的正确使用。这种审计制度主要流行于欧洲的拉丁语国家（如法国、意大利、西班牙、葡萄牙等）、拉丁美洲国家以及法语圈非洲国家。威斯敏斯特式审计制度主要流行于英联邦国家（如澳大利亚、加拿大、印度、英国）、加勒比地区和太平洋地区国家，以及撒哈拉以南的一些非洲国家，审计机关向议会报告工作，主要由职业审计师和技术人员组成审计机关，提出政府机构的财务报告和营运的审计报告，但是与拿破仑式审计制度的最高审计机关相比，并不特别重视合规性，审计机关没有司法功能，如果需要的话，将其发现的问题提交给司法机关以采取进一步的行动。委员会式审计制度主要流行于亚洲国家（如印度尼西亚、日本、韩国），这种审计制度与威斯敏斯特式审计制度相似，审计机关独立于行政系统，协助议会履行监督职能，设立审计委员会，该委员会有决策机构和执行机构，审计委员会负责人是审计长，审计委员会的主要任务是分析政府收支，并向议会报告其发现。

2.审计业务类型

审计业务有财务审计（Financial Audit）、合规审计（Compliance Audit）、绩效审计（Performance Audit）三种类型，它们共同形成针对于一个组织的完整的综合审计框架。在财务审计中，审计师关注组织财务报告的准确性和公允性。在合规审计中，审计师检查政府收支是否获得授权及是否按批准的用途使用，需要检查相关交易，判断政府部门和机构是否遵守了相关的法律法规。在绩效审计中，审计师检查纳税人的支出和收益情况，并与各领域的专家合作。不同审计机关的绩效审计授权差异较大，有的授权限定在营运效率方面，而有的授权扩大到政府项目效果方面。

3.审计与预算循环

审计通常是预算循环的组成部分，预算确立了政府财政政策，细化了收入、支出，并确定了其依赖的经济政策。作为一个公共文件，预算需要公开、评估、审计。最高审计机关发挥关键作用，基于最高审计机关的审计报告，反映预算实施和管理情况的公共财务报告得以发布。

4.议会的作用

在威斯敏斯特式审计体制下，最高审计机关是议会监督的一个核心要素。议会通常依赖最高审计机关审计公共账目，所以，一个多党派的公共账目委员会通常会审核审计机关提交的审计报告，考虑来自政府部门和机构的证词，并向议会全会（Full Parliament）提交报告，以确定后续行动。审计师通过审计报告提出审计建议，并且跟踪审计建议的实施。在委员会式审计制度下，审计委员会向内阁提交年度审计报告，再由内阁提交议会。在拿破仑式审计体制下，立法机构并不能直接收到最高审计机关的报告。然而，最高审计机关与议会有四种可能的合作方式：一是审计法院负责人根据自己的考虑，向议会的财政委员会报告审计发现；二是议会的某委员会可能要求审计法院实施特定的审计项目，通常会涉及被审计主体的经济性、效率性和效果性；三是将审计法院的年度报告交给议会和总统；四是针对议会批准的上一年度预算，专门提供一个年度报告。

5.最高审计机关为了成功而需要具备的条件

几个重要的特色决定了最高审计机关能否成功：一是支持性环境（Supportive Environment）。最高审计机关是在一定的制度环境中运行的，只有当最高审计机关适应这些制度环境时，它们的报告才会被用于促进问责，这时的最高审计机关才可能是有效的。在不少的国家，公共资金管理水平很差，议会很弱，财政部门不能确保审计发现的问题得到重视，审计发现的权力滥用也不能得到司法制裁。二是明确的任务（Clear Mandate）。审计授权应该由议会通过法律予以规定，审计机关的报告责任、审计范围及审计客体都应该明确规定。三是独立性（Independence）。独立性是审计的基本特征，审计机关直接向议会报告并不受干扰是非常重要的。四是适当的财务资源、设施和员工。五是知识和经验分享。六是遵守国际审计准则。

6.最高审计机关可能存在的局限性

由于各国家的政治、法律、经济和文化制度不同，最高审计机关面临的局限性也不同。大体来说，可能存在以下几个方面的局限性：独立性有限；缺乏合格且有经验的审计人员；对于审计发现缺乏适当的后续监视和跟踪；审计范围受到限制。

7.最高审计机关在反腐败中的作用

虽然反腐败不是最高审计机关的直接责任，但是，审计活动可以发现舞弊和权力滥用，审计机关通过促进政府项目和活动中的问责，以强化财政管理和内部控制，这对于预防和发现腐败是很重要的。

三、政府审计制度的效果研究

Blume和Voigt（2011）指出，为了有效地实行其政策，政府需要依赖许多的政府机构，这就产生了委托代理问题，许多国家为了减少委托代理问题，设立了最高审计机关，这个机关主要关注政府机构支出的合规性，有时也关注其经济性、效率性和效果性。几乎所有的国家都设立了最高审计机关，根据1990年早期国际最高审计机构组织（International Organization Of Supreme Audit Institutions，INTOSAI）对60多个国家的调查，发现这些国家的最高审计机关大概有员工124 000人。然而，以跨国度为背景，最高审计机关的经济效果究竟如何，并没有得到证实。

如果最高审计机关是有效的，它们将有以下效果：（1）在政府财政政策方面，政府支出将降低，财政赤字水平将降低；（2）在政府效果方面，监视政府支出可能会降低腐败，并提升政府效果；（3）在改善经济资源生产效率方面，改进劳动和各种生产要素的生产效率。

目前，关于最高审计机关效果的有效性的实证研究文献很少。Switzerland、Schelker和Eichenberger（2003）发现，强化审计制度能降低税负和支出。Eichenberger和Schelker（2006）发现，强化审计制度能降低税负。Torgler（2005）发现，更多包容的审计授权能增加纳税道德。Torgler和Schaltegger（2006）发现，最高审计机关的强度对基层行政区之间的政治沟通有显著影响。上述这些研究都是以瑞士为研究对象。以其他国家为背景的研究也有少许，Olken（2007）以印度尼西亚公路工程为研究对象，发现审计概率的增加会显著抑制工程不合理支出。Ferraz和Finan（2007）发现，在地方政府选举之前，审计结果公告能降低现任领导被替代的可能性。然而，总体来说，并没有发现最高审计机关的组织结构对经济后果的规律性影响。因此，Blume和Voigt（2011）研究了最高审计机关的组织结构对经济变量的影响。

1.理论分析

首先，由于公共产品竞争性价格的缺乏，政府机构的产出是较难评价的；其次，由于政府机构的垄断性，监视其行为也是较困难的；最后，政府机构也很少有激励性的制度安排来促进政府官员更有效率地行动。所以，公共机构的效果既缺乏外部竞争，也缺乏内部激励。

有不少标准的监督机制对政府机构进行监督，然而，它们的监督效果大多数是无法知晓的。那么，审计这种监督机制的效果能否知晓呢？一些国家的审计机关宣称，它们已经发挥了重要的作用。那么，最高审计机关与经济变量之间的转换机制是什么呢？第一组经济变量是财政政策变量，如果最高审计机关有能力评估政府机构使用公共资金的效率和效果，政府机构将降低开支，从而导致较低的税负；同时，还将降低财政赤字。第二组经济变量是体现政府效果及腐败的变量，审计政府机构的效果是审计授权的组成部分，如果最高审计机关是有效的，则这些审计效果将体现在政府机构的效果和腐败中，即效果将改善，腐败将降低。第三组经济变量是生产率，公共产品是为私人产品生产服务的，公共产品的生产越是有效率，则生产私人产品的生产要素的生产率也就会越高。

上述这些推断是基于最高审计机关不但监视政府机构的行为，还能对其行为有实质性的促进作用。然而，这种乐观的观点可能并不成熟，其原因有以下几个方面：第一，从长期来看，有效的审计可能导致政府支出增加。其原因是，既然在有效的审计制度下，政府支出是有效率的，就应该将更多的资金交由政府来使用，这样可以降低税负。第二，审计师与其授权人或委托人之间也存在委托代理关系，审计师是代理人，他的委托人可能是选民，也可能是议会，还可能是行政机构。如此一来，就产生这样的问题：审计师是否有激励来提供高质量的审计服务呢？最高审计机关的主要委托人是选民和议会。一般来说，选民作为一个整体是没有行动能力的，难以形成实质的审计委托人，而议会也不一定有激励措施来监督行政部门，因为这二者之间也需要合作。这就导致人们怀疑最高审计机关的激励问题。同时，还有其他因素也影响最高审计机关的激励措施。例如，是否存在监督奖励。如果根据监督的结果给审计机关以一定的奖励，则审计机关可能有激励来监督；又如，审计机关是否存在竞争者，如果存在竞争者，审计机关可能有激励来监督。Frey（1994）对最高审计机关的激励问题，提出以下观点：最高审计机关的审计师是官僚机构官员，他们可能偏好规则性的官僚措施，可能更加的无效率甚至增加资源浪费；最高审计机关的审计师可能不会关注无预算的政府行为，机会成本可能不会进入他们的视野；最高审计机关的审计师提交的审计报告，对于偏离法律的轻微行为都有精确的数据，而对于无效率却经常没有报告。一本在德国较流行的公共财政教材（Blankart，2006）对最高审计机关的批评更加严厉：最高审计机关的审计师可以评论政府机构的行为，但是，没有任何正式的否决权来阻止其行为；最高审计机关的审计师要收集证据来证明政府机构的低效率，但是，由于他们是局外人，低效率难以证明；最高审计机关的审计师作为官僚机构官员，最高审计机关是独立者，不存在竞争；最高审计机关报告的浪费和其他各种行为，是数月甚至数年之前发生的，公众对这类事项并不感兴趣；最高审计机关可能享有独立性，但是，并没有惩处具有浪费行为的政府机构的权力。所以，对于最高审计机关的恰当激励是审计机关对上述三组经济变量发挥作用所必须但非充足的前提条件。

另外，还有其他一些原因，让人怀疑最高审计机关对上述三组经济变量的效果。这些原因包括：由于多数的审计是事后的，因此政府机构不一定有任何激励在未来改变它们的行为；如果不公开披露审计报告，这些报告促进政府机构改变其行为的可能性就较低；如果经常公开审计报告，这些报告的作用依赖于媒体的自由程度；如果公开的审计报告很少在大众媒体中出现，则导政府机构改变其行为的可能性也不大。

综合上述分析，最高审计机关对这三组经济变量是否存在积极影响就具有不确定性了。

2.最高审计机关具体的制度维度与经济变量的可能相关性

根据前面的理论分析，最高审计机关不一定对经济变量有作用，如果有作用，也应该是最高审计机关具体的制度维度发挥了这种作用，这些具体的制度维度包括：

（1）最高审计机关的授权：一是审计业务类型，如财务审计、合规审计和绩效审计；二是其他方面的授权，如无论事后审计，还是事前审计，审计结果能否向公众公开、审计机关是否有处理处罚权。

（2）最高审计机关的独立性：独立性既涉及独立于被审计的政府机构，也涉及独立于审计报告的送达者。独立程度体现在以下几个方面：审计师能否获取他认为需要的信息；审计师任期长短；重新获得任期的可能性；审计人员的任免程序是否受到行政系统的控制；审计师免职是否受到行政系统的控制；审计师薪酬待遇；最高审计机关的预算；《宪法》条款对独立性的保障程度。

（3）最高审计机关的制度环境：制度环境对最高审计机关的作用发挥产生重要的影响，当最高审计机关公开审计报告时，如果媒体缺乏自由，不能自由地刊登相关的评论，审计报告的公告作用是有限的；最高审计机关发现有的政府机构违规开支，但没有权力使这个机构得到处理处罚；最高审计机关是有一个还是有两个，如果有两个最高审计机关，可能存在竞争，似乎效果会好些；信息透明方面的要求；反腐败机构的效率、效果及其与最高审计机关的关系；民间审计的发展及其与最高审计机关的竞争程度；民间组织在公共部门管理中的作用。

上述分析表明，可能不只是最高审计机关对经济变量产生影响，而是与其他制度环境一起对经济变量产生影响，这就可能产生无数种组合。此处关注最主要的审计制度——审计体制。在许多文献中提及最高审计机关的三种审计体制模式：拿破仑式、威斯敏斯特式、委员会式。在拿破仑式审计体制下，最高审计机关也称为审计法院，独立于立法和行政系统，有权力对被审计主体进行处理处罚，由于审计人员也是法官，其任期通常没有限制。最高审计机关主要关注合规性审计，效率、效果问题并未得到特别重视。同时，由于缺乏立法系统的介入，因此缺乏公开的检查和辩论。在威斯敏斯特式审计体制下，最高审计机关向公众账目委员会报告，公众账目委员会也会以此为基础来提出自己的报告，并要求政府做出回应。传统上，公众账目委员会的主席是在野党派成员，审计人员通常有财务背景，相对于拿破仑式审计体制来说，审计更加重视财务报告审计。在委员会式审计体制下，最高审计机关向议会提交报告，但是，最高审计机关不是一个人领导，而是一个委员会领导，这是这种体制与威斯敏斯特式审计体制的最大区别。这当然是有利有弊的，有利的是，最高审计机关的工作产出不依赖于一个人；不利的是，委员会的决策效率可能较低。

3.模型和数据

根据理论分析，Blume和Voigt（2011）提出的检查模型如公式（1-1）所示。公式（1-1）中，Y_i表示依存变量，包括财政制度、政府效果和腐败、经济要素生产率三个方面。SAI_i是审计制度变量，M_i是解释Y_i的标准变量（公认的变量），Z_i是其他控制变量。

$$Y_i = \alpha_i + \beta M_i + \gamma SAI_i + \delta Z_i + \varepsilon_i \qquad \text{公式（1-1）}$$

财政制度变量包括：政府支出占GDP的比例；中央政府预算结余占GDP的比例。

政府效果和腐败变量包括：一个是反映腐败程度的指标，根据Kaufmann et al.（2003）的方法，用聚类的方法计算；另一个是反映政府效果的指标，反映政府服务质量和公务员能力及其独立于政治压力的能力，也用聚类方法计算。经济要素生产率采用Hall and Jones（1999）的方法。

最高审计机关的相关变量数据有两组：一组是世界银行同经济合作与发展组织（Organization for Economic Co-operation and Development，OECD）联合开展的预算实践和过程（Budget Practices and Procedures）项目的调查数据，这个项目涉及外部审计制度的一些调查项目（见表1-1），有44个国家的数据；另一组数据是国际最高审计机构组织于1990年早期的调查数据，有60多个国家的数据。预算实践和过程项目的调查数据，根据对调查项目的回答，取值为0或1，形成四个变量：国家审计机关的授权、审计建议跟踪制度、国家审计机关的独立性、审计项目的决定。

表1-1　　　　预算实践和过程项目涉及外部审计的调查项目

调查项目	具体内容
国家审计机关的授权	单个政府机构的财务问责
	政府作为一个整体的财务问责
	审计财务制度、内部控制和审计职能
	授权范围涵盖绩效及合规性
	其他
审计建议跟踪制度	没有
	有，但是相关报告不对外
	有，按年度发布审计建议的相关报告
	有，跟踪审计建议的采纳
国家审计机关的独立性	法律中并没有明确的规定
	管理规则中有规定
	法律中有规定
	《宪法》中有规定
审计项目的决定	议会的要求
	内部决定
	行政机构提出要求
	公众或其他社会组织提出要求
	其他

根据上述数据进行统计分析，统计结果显示，审计制度的这些变量对三组经济变量都没有显著影响，只有一个例外：拿破仑式审计体制与感知的腐败显著正相关。

●第二节　盎格鲁-撒克逊文化国家的政府审计制度研究

一、英国的政府审计制度研究

Radford（1991）指出，英国《地方政府财政法》（Local Government Finance Act，1982）的第3部分建立了英格兰和威尔士地方政府的审计委员会（The Audit Commission）。审计委员会负责英格兰和威尔士地方政府审计。建立这个审计机构是基于两个孪生（Twin）的目标：审计独立性和衡工量值审计（Value for Money

Auditing)。审计委员会已经对地方政府产生了重要影响。然而，在议会层面，关于地方政府和地方政府审计的看法仍然有差异。Radford（1991）对审计委员会的设立背景及其相关制度安排做了一个回顾和分析。

1.审计委员会设立背景

从15世纪开始，地方公共机构就接受独立检查，但是，不断增加的成本以及《济贫法》(Poor Law）的颁布是孕育审计制度的土壤。起初，地方政府相关账户由治安法官检查。到19世纪中期，地方政府相关账户则由独立的审计师进行检查。1934年，济贫法委员会（The Poor Law Commissioner）被授权指派有资历的官员来履行审计活动。10年后，《济贫法修正案》(Poor Law Amendment Act，1844）授权每个区域（District）领导选择本区域的审计师，同时允许本区域的纳税人查看会议账目和参加审计，并可以提出任何问题。这些制度安排体现了地方政府审计的一些传统原则：独立性；为保障财务廉洁的追溯性（Retrospective）检查；对责任者追究责任的权力；利益相关者参与审计的机会。

随着地方公共服务的增加及其多样化，区域审计师的审计范围增加了一些新的领域。1900年，区域审计师的审计范围包括：地方健康委员会、学校委员会、环保当局、县议会、城市社区、农村社区、教区委员会、伦敦自治市镇等。1972年《地方政府法案》(Local Government Act）颁布，所有地方政府均纳入统一的制度体系，地方政府可以选择由区域审计师来审计，也可以选择由会计师事务所来审计，但是都需要由国务大臣（Secretary Of State）批准。区域审计师的效果依赖于他们的独立性和状态，1868年，为了分离区域审计师与被审计主体，区域审计师被纳入公务员系列（Civil Service)。从此之后，区域审计师由政府雇用并支付经费，由于他们是特殊的公务员系统，所以并不以政府部门的名义行使职责。

虽然如此，当时人们仍然担心，区域审计师是在按部长们的意思行事。例如，莱菲尔德委员会在调查地方政府融资（The Layfield Committee of Inquiry into Local Government Finance）项目中指出，原则上来说，由地方政府选择自己的审计师是错误的，审计师应该由中央政府来确定。这个委员会也表示，审计师在地方政府衡工量值方面可以发挥重要的作用。因此，区域审计服务（District Audit Service，DAS）应该完全独立，审计师的任命应该由审计服务部门的领导来执行，而这个审计服务部门也应该由一个特别的高层机构负责。虽然上述建议被当时的地方政府拒绝，然而，后来的审计委员会（The Audit Commissiom）的角色和地位体现了这些建议，主要体现在《地方政府财政法》的以下一些条款中：审计师的任命；审计实务准则的制定和审核；改善地方政府服务的经济性、效率性和效果性的研究性审计业务；报告中央政府法律条款、政府部门指标及指南对地方政府的经济性、效率性和效果性的影响。审计委员会自身不能判定地方政府是否违法，也不能启动对地方政府处罚的程序，这些权力仍然由审计师享有，审计师仍然与审计委员会分离，并保持一定的距离。

根据《地方政府财政法》，虽然审计委员会负责任命审计师，并且实际上也雇用了大量的审计师，但是审计师的独立地位并未改变，审计师仍然独立地承担法律责任。

然而，在现实中，审计委员会也对审计师产生一定程度的影响。例如，审计委员会颁布了《审计实务准则》(Audit Practice Guidelines)，审计委员会认为，这个准则类似于最佳审计实务，要求审计师必须遵守；又如，审计师能否获得再次任命，依赖于审计委员会对审计师是否良好地履行职责，并遵守《审计实务准则》的判断。

2.独立性

审计委员会强调其独立性，特别是独立于中央政府。为了保障财务上的独立性，审计委员的收入来自被审计主体的付费，而不是中央财政的拨款。当然，审计委员会并未完全独立于中央政府，审计委员会的成员由国务大臣（Secretary Of State）任命，国务大臣可以对审计委员会提出建议和要求，还可以要求实施直接或特殊的审计。审计委员会独立于中央政府的一个重要方面，是审计委员会可以独立地审计并报告中央政府法律条款、政府部门指标和指南对地方政府的经济性、效率性和效果性的影响。

3.地方政府审计的领导关系

在审计委员会建立之前，下议院意图将地方政府审计直接向议会报告。根据这个意图，地方政府审计服务（DAS）应该合并于英国国家审计署（National Audit Office，NAO）。如果这个意图能实现，则中央政府审计和地方政府审计就统一于一个审计机关了。议会所属的公共账目委员会（Public Accounts Committee，PAC）力图体现莱菲尔德委员会调查地方政府融资项目中的推荐：地方政府审计摆脱中央政府的控制，并且强调衡工量值审计。为了实现这个目标，公共账目委员会拒绝将地方政府审计（DAS）合并于英国国家审计署，指出隶属于下议院的官员对地方政府进行审计是不合适的。所以，审计委员会就没有直接向议会负责，但议会仍然对审计委员会有一定程度的监督权。例如，审计委员会的实务准则每五年要由议会批准，在两次批准期间的任何变化，需要向议会报备。然而，审计委员会的报告是直接面对公众的，审计委员会在编制审计报告时，树立三个目标：一是满足议会的需求，有助于议会履行法定职责；二是满足地方政府的需求，促进它们有效地使用资源；三是为纳税人及利益相关者提供相关信息。

4.审计委员会与地方政府的关系

审计委员会投入很大精力以获取地方政府对审计服务的信心，一方面是基于一些对审计委员会的反对观点，另一方面也是基于审计委员会对地方政府没有处理处罚权。地方政府审计服务（DAS）需要审计委员会、审计师、地方政府三者合作，审计委员会与地方政府应该是合作关系。对于地方政府审计的最初业务是合规审计(Regularity Audit)，后来，增加了衡工量值审计，地方政府审计服务由最初的“看门狗（Watchdog）”，变成了后来的“导盲狗（Guidedog）”。

二、美国的政府审计制度研究

Niskanen（1975）提出，政府官僚机构有预算最大化的倾向，政府官僚机构的预算事实上是政府官僚机构与立法机构双边垄断的结果。如果立法机构没有监督的动力，则政府官僚机构的预算可能超出其接受的水平。Willison（1987）根据政府官僚机构预算最大化理论，提出预期：议员的行动偏好与其所来自或代表的州有关，如果其代表的州纳税份额较大，则联邦税收贡献份额大于其享受的联邦公共份额。也就是说，税收负担与享受的公共服务越不成比例，则越是可能倾向于要求美国审计署进行审计，议员对美国审计署提出审计需求与其所代表州的纳税份额显著正相关。

Willison（1987）的变量设计如下：依存变量是议员在任职期内是否向美国审计署提出过审计需求，按哑变量处理，提出过要求的，取值为1，否则，取值为0；解释变量是各州对联邦税收贡献份额，分为高、中、低三个档次。控制变量有两个：一是党派；二是议员担任的年限。根据上述变量，Willison（1987）统计分析的结果显示，联邦税收贡献份额与提出审计需求之间存在显著正相关关系。

Adair和Simmons（1988）指出，亚里士多德（Aristotle）认为："一些官员处理大量的公共资金，所以，需要另外一些官员检查账目。这些检查者必须自己不管理资金。不同的城市分别称他们为检查者、审计师、监督者、公共律师。"

问责观念源于盎格鲁-撒克逊文化及对政府的不信任。大陆会议（Continental Congress）就要求在军队设立监察长，并且在1777年正式确定军队内部监察长的设立。今天，联邦政府各主要部门都设立了监察长办公室（Inspector General Office），这个机构在问责（Accountability）中发挥重要作用，通过审计和调查，监察长关注政府内部控制、经济性、效率性和效果性。大多数的监察长办公室是在卡特（Carter）总统时期，根据《总监察长法案》（Inspector General Act，1978）设立的。然而，这种理念在里根（Reagan）总统时期才得以强化，并且成为防止和发现舞弊、浪费及权力滥用的中心。卡特总统和里根总统都很重视监察长办公室的作用，卡特总统在签署《总监察长法案》时指出："监察长对于我们持续地消除舞弊、权力滥用、浪费非常重要。从长远来说，这项立法对政府改进经济性、效率性、效果性和诚信都具有重要的价值。"里根总统在回顾其第一个五年任期时说："我将监察长作为追逐舞弊及浪费的'庭院狗（Junkyard Dogs）'，我必须说，我对这条狗是非常满意的。"

监察长办公室设在联邦各主要部门，由监察长领导，监察长由总统任命，但需要获得参议院（Senate）的同意。监察长在联邦各部门领导的一般监督下工作，但是，这些部门领导不能干预监察长独立地开展审计或调查工作。只有总统才能调离监察长，并且必须向参议院说明原因。

每个监察长办公室都设立审计和调查两个分支机构，审计分支机构通常对联邦部门或机构的内部控制、经济性、效率性和效果性进行评估，形成审计报告，审计报告中通常会包括审计结论和审计建议。调查分支机构会针对不道德行为

(Wrongdoing) 开展调查，但不一定形成调查报告，通常收集证据，提出改善管理的建议，提交给政府检察官 (Government Prosecutor)，由检察官决定是否采取司法行动。

1789—1921年，联邦政府审计人员只有1~6人，隶属于财政部门。他们的工作是检查政府各种单据或凭证，关注合规性和准确性，而不是现今所关注的问责、内部控制、经济性、效率性和效果性等。《预算和会计法》(Budget and Accounting Act, 1921) 改变了政府审计的上述性质，这个立法设立了美国审计署 (United States General Accounting Office, GAO)，将原来的审计职能归属于美国审计署。这个立法中引入的一些理念与监察长办公室相关，其中，一个理念是审计独立性，为了解决这个问题，国会建立了与美国审计署主计长特殊的组织关系，虽然主计长由总统提名，但需要与国会联合决议才能罢免；另一个理念是扩大了审计的范围，并不只是关注审计的合规性和准确性，还关注审计的经济性、效率性等。

随着美国审计署审计模式的深化，越来越要求联邦各部门自己强化内部控制，其中包括内部审计。1962年，农业部将审计职能和调查职能合并，成立了第一个监察长办公室。后来，随着国会和美国审计署对联邦各部门内部控制功能的批评，以及政府舞弊事件的不断披露，许多的政府部门设立了类似的机构。国会于1978年通过《总监察长法案》(Inspector General Act, 1978)，并在许多联邦部门设立监察长办公室。监察长办公室的职责范围包括：防止和发现舞弊行为；评估项目的责任及效果；评估内部控制的恰当性；披露浪费行为。监察长办公室必须与两个部门保持良好且有用的关系：一个是美国审计署，这主要与监察长办公室的审计工作有关；另外一个是联邦调查局 (Federal Bureau of Investigation, FBI)，这主要与监察长办公室的调查工作相关。《总监察长法案》要求监察长办公室关注美国审计署的工作，以避免重复。同时，要求监察长办公室遵守美国审计署颁布的政府审计准则，并确认非联邦审计师实施的审计也要遵守政府审计准则。另外，美国审计署也负责评估监察长办公室的工作，这种评估的目的是向国会报告监察长办公室的效果及改善的可能性。现在由监察长办公室负责调查的不少项目，原来由FBI负责调查，设立监察长办公室后，FBI主要负责一些较大的案例调查或高级别官员的案例调查，二者的工作范围有些重叠，所以经常开展联合调查。

Havens于1980年担任美国审计署主计长助理，Havens (1989) 在公共政策分析与管理年会上介绍了美国审计署的演变。美国审计署是根据《预算和会计法》建立的，是一个属于立法机构的无党派机构。根据《预算和会计法》，美国审计署的责任与公共资金收取、拨付和使用相关。为了理解美国审计署的今天，需要了解美国审计署的昨天，需要了解其来自何处。

1.起源和早年

为了解决美国政府预算碎片化状态，政府内部成立了隶属于总统的美国预算局，管理政府各部门预算的提出和编制。国会认为，如果总统有了这种权力，国会也需要一个对等的力量来了解预算资金是如何使用的，这个对等的力量就是美国审计署。所以，美国预算局与美国审计署是由同一个法案——《预算和会计法》所设立的。在此之前，美国政府的审计部门长期以来由财政部门领导（Comptrollers of the Treasury）。美国审计署的设立背景对其早年的发展有重要的影响。国会对审计隶属总统持情绪态度，因此，1921年的《预算和会计法》为美国审计署的独立性提供了有力的保障，特别体现在美国审计署领导的任期等方面。美国审计署领导的任命较为特殊，由总统提名，但需要国会确认。一旦确认，任期15年，需要联合决议才能免职。这些制度安排，阻止了不恰当的外部干预。在随后的20多年中，美国审计署独立于总统仍然是一个有异议的问题。威尔逊（Wilson）总统否决了《预算和会计法》的提案版，指出主计长应该隶属于总统。然而，国会不同意，经过微小的修改之后，再次将法案提交给继任的哈丁（Harding）总统，他批准了这个法案。起初，美国审计署在政府结构中的地位并不清晰，然而，清楚的是，美国审计署是在国会的推动下建立的，是国会需要一个独立的审计师来为其提供信息。由于是总统任命主计长，再加上这个机构原来由财政部门领导，所以，有些人认为，美国审计署应该跨越在行政与立法之间。直到60多年之后，这个问题才完全解决。

自从1921年创立以来，美国审计署经历了三个阶段：

第一个阶段，美国审计署结束于第二次世界大战之后。在这个阶段，美国审计署的主要工作是单个凭证的详细审计（Detailed Auditing of Individual Vouchers），这种控制导向的审计功能，也是19世纪和20世纪早期的典型特色。在美国审计署的早年，并不判断特定支出的合理性，主要关注特定支出的合法性。然而，第一任主计长McCarl却经常与罗斯福总统的新政（Roosevelt's New Deal）发生矛盾，在McCarl看来，罗斯福总统的新政充满浪费性开支。McCarl的退休，提供一个重新考虑美国审计署地位的机会。哈丁总统批准《预算和会计法》后，很快就改变了主意，想让美国审计署重新归属财政部，罗斯福总统也有类似的想法。布朗洛委员会（Brownlow Committee）建议，美国审计署只能是事后审计，这个建议被国会否决。罗斯福总统接受了这个结果，但是，他选择了他认为具有更多政治认同的Warren作为继任的主计长，这是美国第二任主计长。McCarl时期，美国审计署与罗斯福新政在意识形态方面的矛盾，在Warren时期没有再出现。随着第二次世界大战的来临，由于战争的动员需要，意识形态方面的问题随之搁置。

第二个阶段，Warren最终引导了美国审计署的第一次重大变革。在罗斯福总统任职期间，由于政府开支的增加，美国审计署凭证式审计已经是很困难地勉强运转了，到第二次世界大战期间，彻底衰竭，员工超过14 000人，仍然无法应对各种凭证的审核，根据1945年美国审计署的报告，有3 500万张凭证未能及时审核。

主计长Warren认识到，传统方法是徒劳的。所以，战争结束后的1947年，他联系财政官员提出财政管理和审计的新方式，政府各部门和机构自己检查凭证，美国审计署检查财政管理程序和控制的恰当性。这个理念随后被胡佛委员会（First Hoover Commission）采纳，并体现在《会计和审计法案》（Accounting and Auditing

Act，1950）中。同时，美国审计署的员工队伍也发生了重大变化，大量的凭证式审计人员离开美国审计署，而新式审计人员加入美国审计署。20世纪50年代和60年代的美国审计署，在Campbell（艾森豪威尔总统任命的主计长，服务期间是1954—1965年，是第一位具有注册会计师资历的主计长）和Warren领导期间，基本上按照会计师事务所的方式来改造，大量的职业审计师加入美国审计署。当然，即使在Campbell领导期间，美国审计署虽然未将其审计业务局限于财务报告审计，但是仍然将大量的精力投入到政府部门和机构的行为合法性审核方面。虽然这不是凭证式审计，但是其理念仍然与凭证式审计类似。因此，有人认为，这种审计仍然是挑剔不当行为（Nit-picking Improprieties）。

第三个阶段，现代美国审计署。约翰（Johnson）总统选择Elmer Staats作为Campbell主计长的继任者，Elmer Staats是一名经济学家，在预算管理局有近30年的任职经历，这位主计长的任命决定了美国审计署的第二次转型。Elmer Staats于1966—1981年任主计长。他将预算局的计划、编程和预算系统（Planning、Programming、Budgeting System，PPBS）、分析技术及决策框架带到美国审计署，Elmer Staats相信，PPBS式的正式分析对于国会监督联邦项目是有用的，并且将是美国审计署审计职能的逻辑扩展。美国审计署的这个新职责在《国会改组法》（Legislative Reorganization Act，1970）中得到法定确认，并且以扩大的方式再次体现在《国会预算和扣留控制法》（Congressional Budget and Impoundment Control Act，1974）中。这种政策导向的分析概念被引入美国审计署，最终导致美国审计署的角色发生变化。

1967年，参议员Winston Prouty要求美国审计署对《经济机会法修正案》（Economic Opportunity Act Amendments）中的扶贫项目的效果进行审核，这个审核工作最终产生了一个综合报告和多人单项报告。后来，项目效果审核式的审计工作大量开展，并在财政预算管理中发挥了重要作用。

2.与国会的关系

美国审计署的演变历史显示，其演变是回应国会的证据需求。新职责的增加，有些通过立法，有些通过委员会的需求，少数情形下也有美国审计署自己的提议。新职责的增加将成为美国审计署不断增加的使命。美国审计署寻求在国会政策中发挥直接相关的作用，而国会及其委员会也越来越对这种工作的范围、性质和时间有直接兴趣。当然，随着美国审计署业务的转型，其员工队伍也发生了相应的变化。

3.美国审计署工作的特殊性

即使在立法部门，美国审计署也不是唯一考虑公共政策和管理问题的机构，那么，是什么使得美国审计署的报告与众不同，甚至成为黄皮书呢？美国审计署的工作及其报告具有多个特征：一是问题解决导向（Problem Solving Approach）。当美国审计署识别出项目设计或实施中的问题时，它似乎有一个组织性偏好，就是偏好找到解决问题的方案，因此，美国审计署的报告经常有针对问题的建议。二是重视场情况及数据，强调硬证据。美国审计署的报告依赖收集的数据或经过验证是可靠的数据。美国审计署的上述特征表明，美国审计署的文化价值观是根植于审计职业的特征，这个职业的主题——事实上，也是这个职业存在的原因——在数据用于决策之前，其可靠性必须得到验证。美国审计署只有在对数据质量有合理的信心时，才能使用这些数据。对硬数据的依赖和使用数据前对数据的可靠性进行验证，是美国审计署关注其可信性的一个显性标志，而这种可信性是基于其独立性、客观性、准确性的文化价值观。

Schelker（2009）以公共部门为对象，研究审计长任期长短和任期限制对财政绩效的影响。由于公共部门存在委托代理关系，同样存在代理问题，因此公共部门提供的信息需要审计。然而，只有当审计长真正有激励来揭示问题并且不会受到报复时，审计才会真正有效。审计可能存在的主要问题是审计长与被审计的代理人合谋，如果委托人不能事先预见出现的合谋，他的状况可能会比没有审计时更差。应对合谋的一个重要措施是确保审计长的独立性，让审计长独立于其审计的代理人。审计长的任期长短及任期限制对审计长独立性有重要影响。任期过长，可能与被审计主体形成良好的关系，从而损害独立性；而任期过短，可能使得审计长不愿意投入精力来了解与被审计主体相关的特定知识，从而不利于审计质量。任期限制也可能存在同样的效果，但是，如果每次任期的时间短，则其效果就难以估计。根据上述分析，Schelker（2009）的结论是，审计长任期长短与审计长绩效呈现非线性关系，而任期限制对审计绩效的影响是不清晰的。审计长的绩效会影响审计质量，而审计质量会影响审计效果，进而影响政府的财政绩效。所以，Schelker（2009）以美国各州政府的审计长为对象，研究其任期长短及任期限制对州政府财政绩效的影响，财政绩效用州信用评级来量度。

解释变量及控制变量设计如下：（1）审计长任期长短，以相关法律规定为准，按年计算，如果没有明确规定，取值为0，否则，取值为1。（2）审计长任期限制，如果没有限制，取值为0；如果有限制，取值为1。（3）审计长免职，由单一委员会或官员决定的，取值为0；由国会投票，以简单多数决定的，取值为1；由绝对多数或需要特别程序决定的，取值为2；如果任期内不能免职的，取值为3。（4）审计长选任，如果审计长是由一定的机构来任命的，取值为1；如果是公众选举的，取值为0。（5）绩效审计，它的审计业务类型分为经济和效率审计、项目效果审计、合规审计，每项业务类型取值为1，按算术和计量。如果开展经济和效率审计业务的，取值为1，否则，取值为0；如果开展项目效果审计业务的，取值为1，否则，取值为0；如果开展合规审计业务的，取值为1，否则，取值为0。

州信用评级数据来源于穆迪投资者服务公司（Moody's Investor Services），其他数据来源于美国州审计师（National Association of State Auditors，Comptrollers and Treasurers，NASACT）数据库，共获取美国39个州1990—1999年的数据。统计分析表明，审计长任期长短对州信用评级的影响不确定，而任期限制对州信用评级有显著正面影响，面临任期限制的审计长更有效率，这将促进州信用评级。

三、澳大利亚的政府审计制度研究

English（2003）指出，1998年澳大利亚维多利亚州（Victoria）进行审计体制改革，这次改革的理论依据是制度经济学，其背景是新公共管理运动，其核心理念是将竞争引入公共服务的提供。在这个背景下，审计体制改革采取了分割模式（Segmentation Model），维多利亚州审计署被一分为二，新设立维多利亚审计署，这个机构与私营的会计师事务所竞争获取政府审计业务，对政府各机构实施财务审计和绩效审计，而原来的州审计署被剥夺直接从事审计业务的权力，转向从事审计监管。改革者认为，维多利亚州的审计体制改革，可以提升公共部门审计竞争力，进而有助于公共部门问责。English（2003）不认同上述做法，为此，针对1998年的审计体制改革，分析了审计业务由合同单位来完成，审计署不从事审计业务而只是监督合同单位的审计制度能否实现其问责职能，新公共管理运动能否解释审计体制的这种变革。

当委托人本身不能调查代理人对受托资源的使用情况时，审计在对代理人的问责安排中发挥作用，有人甚至认为，政府审计与公共问责是孪生兄弟。从长期来看，在服务于公共问责需求方面，维多利亚州的审计体制改革，不能产生好的效果。尽管有多种措施为议会问责政府服务，但是由于审计独立于行政，审计发现问题和报告问题的能力，以及审计署与议会的特殊关系，审计仍然是保障政府向议会负责的最重要方式。维多利亚州审计署和议会已经表达了审计体制的市场导向改革对问责的负面影响，但是，一些政治家认为，私营部门的问责标准和机制也适用于公共部门，English（2003）认为，事实上，公共部门的问责需要道德、公平、透明和责任，而私营部门的问责主要依赖有效的市场营运，其需要披露及检查的程度远低于公共部门。由于公共部门与私营部门的问责存在差异，虽然这两个部门的审计都要保持独立性，但仍然存在较多差异，主要体现在审计范围、审计深度、审计质量和无偏向性要求等方面。当公共部门由会计师事务所来审计时，这些会计师事务所要在审计范围、审计深度、审计质量和无偏向性等方面做出改变，以适应对公共部门审计的需求。但是这种改变可能很困难，即使在合同条款中事前提出这种改变的要求，也是难以改变会计师事务所的习惯做法。因此，总体来说，维多利亚州的审计体制改革将会有损公共问责。

关于新公共管理运动能否解释审计体制的这种变革，改革者的主要依据是，在改革前，维多利亚州审计署是公共部门审计业务的垄断者，缺乏效率。English（2003）认为，有证据表明，在1998年改革之前，维多利亚州审计署并不是公共部门审计业务的垄断者，并且在价格和质量方面具有竞争力。外部审计师对维多利亚州审计署的审计意见都是正面的，并且赞扬其在公共问责中的作用。

总体来说，English（2003）认为，维多利亚州1998年的审计体制改革，是政治驱动的，而不是经济驱动的。

四、多国家的政府审计制度研究

Suzuki（2004）指出，公共审计的目的是解除（Discharge）公共责任（Public

Accountability)，实施政府审计是为了确认责任的履行情况。公共责任的范围在扩大，从财务责任（Financial Accountability）扩大到管理责任（Management Accountability）和项目责任（Porject Accountability）。

公共审计的重点已经从关注公共资金的使用，即通常的传统财务审计，转移到绩效审计，重点关注审计的经济性、效率性和效果性，这种转移，扩大了审计范围。那么，这种转移的基础是什么？绩效审计的目标是什么？由政府审计机构来提出绩效评价指标是困难的，所以，需要政府及政府机构本身提出绩效评价报告，政府审计机构对提供的绩效信息进行审计是可行的。美国《政府绩效法》（Government Performance Results Act，1993）要求各政府部门和机构提出绩效报告。有了这种绩效报告，绩效审计的可行性就大大增加。美国审计署1976年出版的《综合审计手册》（Comprehensive Auditing Manual）指出，审计主题（Subjects of Auditing）包括：财务活动与法律遵从、公共服务的效率性和经济性、项目结果。

政府审计的目标是评价公共责任履行绩效，即评价政府机构向公众提供公共服务的目标的达成程度。政府审计最初是开展合规审计，主要关注财务报告的正确性，一般称为财务审计。后来，政府机构被要求提供高质量服务，并且要有效率和效果地履行这些职责。这就要求实施绩效审计以评估政府的产出。主要的研究文献显示，审计范围的扩大是自然的、有逻辑的。

加拿大综合审计基金会（United States General Accounting Office，CCAF）提出以下要求：作为对管理进行绩效审计的前提条件，管理层负责编制绩效报告；管理层的绩效报告根据公认的、可接受的标准编制；绩效报告中的信息应该保证是正确的。加拿大综合审计基金会认为，对于政府机构来说，如果上述条件都已经满足，就可以对这些机构进行绩效审计。

国际审计实务委员会（International Auditing Practices Committee）提出，确认业务有以下要素：审计师、审计主题、责任方、目标用户、标准、程序和结论；确认业务的保证水平取决于审计主题、审计标准、审计程序，以及可获得审计证据的数量和质量四个要素。就绩效审计来说，美国、英国等西方国家都具备上述要素。

绩效审计首先要对绩效报告中的指标进行审计，针对绩效指标的正确性实施审计程序。政府审计准则有五种模式：一是政府审计准则分为财务审计准则和绩效审计准则，每种准则中都包含合规审计，1992年版的美国审计署的准则属于这种情形；二是合规审计、财务审计和绩效审计并行，加拿大采用这种模式；三是法律合规（Legal Compliance）置于政府审计目标的优先地位；四是合规审计准则置于优先地位，国际最高审计机构组织颁布的审计准则属于这种情形；五是财务审计准则、鉴证业务准则及绩效审计准则并行，2003年版的美国审计署的准则属于这种情形。

Norton和Smith（2008）以新公共管理运动为背景，分析和比较美国审计署和英国国家审计署监督行政部门的能力。根据新公共管理的理念，审计应该是结果导向，而不是过程控制导向，为此，政府行政部门需要获得授权，以便于政府部门更好地提供公共服务。在此同时，政府行政部门需要更好地对其结果进行监视，绩效审计恰恰满足了这种需求。绩效审计与新公共管理运动相适应。Norton 和 Smith（2008）分析了美国审计署和英国国家审计署的相关做法及法律规定，得出的结论是，在新公共管理理念下，就监视行政部门来说，美国审计署比英国国家审计署的效果更好。主要原因是，美国审计署的权力和正统性来自书面立法，而英国国家审计署则缺乏这类文献。因此，英国国家审计署的权力、职责及自我感知（Self-perception）都弱于美国审计署。

最高审计机关与内部审计的角色不同，但是，二者的共同目标都是通过推动公共资源使用的透明和问责，提高公共管理的经济性、效率性和效果性，以此来改善良治。最高审计机关与内部审计的共同工作领域为二者的合作奠定了基础，通过合作二者的效率和效果都得到改善。最高审计机关和内部审计部门都能从事政府审计的所有业务，但最高审计机关还能评估内部审计部门的效果。无论是内部审计还是最高审计机关审计，其独立性和客观性都是非常重要的。最高审计机关在考虑是否与内部审计合作时，内部审计独立性和客观性是重要的因素。

●第三节 欧洲大陆国家的政府审计制度研究

一、某个国家的政府审计制度研究

Forte 和 Eusepi（1994）指出，意大利审计法院有着悠久的历史，然而，从其历史变迁来说，其职能有限且不清晰。意大利审计法院是一个代理人（Angent），是一个一直在寻找委托人（Principal）的代理人。它按规定规则来博弈，但是越来越成为无效的博弈，并且合规成本很高。意大利审计法院经常发布繁文缛节的报告，却没有产生真正的实质性效果，对于微小且没有实践价值的问题做费时的裁定。为了激活审计法院并使之现代化，审计法院必须找到一种公共权力对审计有兴趣，也许在新的宪章中需要为审计找到一个委托人，这个委托人应该是议会中的一个特殊机构。很显然，这是一个较困难的任务，因为政府、议会和政府机构并不喜欢外部控制的干预，它们乐于在友好依赖的关系中相互控制。

纳税道德（Tax Morale）也就是内存的纳税动力，它是解释纳税遵从的重要因素。Torgler（2005）以瑞士为对象，研究审计法院的制度设计对纳税道德的影响。

涉及审计法院的研究文献很少，Frey（1994）以问卷调查的方式研究审计法院的优点及系统性问题，他发现，审计法院以提供信息的方式，帮助议会、在野党派和媒体监督政府。然而，Frey（1994）发现，审计法院面临一些主要问题，审计法院侧重于关注对正式规则和规范的遵守，过于强调预算，对于非预算成本关注不够，对效率的关注也较低。Forte 和 Eusepi（1994）研究了意大利审计法院，认为审计法院未产生任何真正有意义的效果。在意大利，审计法院并不受地方层级控制，而这对增加审计法院透明度是至关重要的。Schreim（1994）指出，由于固定的薪酬和任期，要激励审计人员履行高质量的审计是存在困难的，当然，更加有问题的是——如何保障政治家会真正地使用审计结果。Schelker和Eichenberger（2003）以瑞士审计法院为对象进行实证研究。研究表明，强势的审计法院可显著降低税收负担和政府支出。然而，Torgler（2005）认为，由于样本量较少，这个结果要慎重对待。Schelker和Eichenberger（2004）扩大样本量后发现，强势的审计法院与税率显著负相关。

瑞士采用的是审计法院模式，但是其内部各行政区（Cantons）的审计法院存在差异。在一些行政区，审计法院的作用很有限，而在另一些行政区，审计法院成为内阁的影子，这些差异对研究审计法院的影响提供了好的机会。Torgler（2005）参考Schelker和Eichenberger（2003）的方法从多个维度来量度各行政区审计法院的差异：一是资源会计，即是否以会计准则为基础来评估预算建议；二是事前项目评估，即拟投入预算资金的项目，是否有事项的效率评估；三是事后评估，对投入的预算资金是否有事后效率评估；四是建议权，是否将审计建议纳入预算讨论过程，并且为公众提供信息，以降低公众了解政府的信息成本。上述每个方面，都按0~4级量度，然后用这些数据计算审计法院指数。结果显示，各行政区的审计法院指数存在较大的差异。

审计法院如何影响个人的纳税道德呢？各行政区的审计法院为纳税人控制行政官员和公共部门，为纳税人提供公共资金使用情况的信息，这就减少了纳税人与政府之间的代理问题，进而可以推论出政府是在按纳税人的意愿花钱。虽然纳税道德受到较多因素的影响，但是审计法院通过上述路径也能增加纳税人的纳税道德。为此，Torgler（2005）在理论分析的基础上，提出假设：审计法院越是具有广泛的能力，审计人的纳税道德越高。

Torgler（2005）采用国际社会调查项目（The International Social Survey Programe，ISSP）中关于纳税道德的调查项目，以问卷调查的方式获取数据来计算纳税道德，提出的调查项目是，如果纳税人为了少交所得税而不申报他/她的全部收益，你认为这种行为是对还是错？没有错误选择0，有点错误选择1，错误选择2，严重错误选择3。

Torgler（2005）提出的检验模型如公式（1-2）所示。

$$TM_i = \beta_0 + \beta_1 \cdot t_i + \beta_2 \cdot y_i + \beta_3 \cdot CTL_i + \beta_4 \cdot TR_i + \beta_5 \cdot INST_C + \varepsilon_1 \qquad \text{公式（1-2）}$$

公式（1-2）中，TM_i表示纳税道德；t_i表示个人纳税的税率；y_i表示纳税人纳税收入等级；CTL_i表示个人的统计变量，包括年龄、性别、教育、婚姻状况、职业和宗教等因素；TR_i表示个人对法院和司法系统的信任程度；$INST_C$表示行政区层级的制度变量，主要是审计法院指数。为了稳定性检验，增加两个变量，一个是量度公民程度的变量，另一个是量度地方自治程度的变量。

根据上述研究设计，采用国际社会调查项目1998年的数据，分析的结果表明，研究假设得到支持。

二、多国的政府审计制度研究

Nikodem（2004）指出，长期以来，在政府结构研究中，最高审计机关并未受到足够的重视。自20世纪末以来，虽然最高审计机关在政府结构中越来越得到重视，但是相对的研究仍然不多。Nikodem（2004）以转型的中欧国家为对象，分析其最高审计机关制度，主要关注独立性，提出量度独立性的方法，并用这个方法量度一些中欧国家的最高审计机关独立性。

冷战结束之后，中欧国家转型，这其中也包括最高审计机关转型，基本的方向是采用西方模式（Western Patterns），最高审计机关成为确保政府向公众或议会负责的制度安排。同时，最高审计机关的审计范围也增加了经济性、效率性和效果性的内容。

伴随最高审计机关的新使命出现的新问题是，国家审计师需要何种程度的独立性？如何在不损害正统性（Legitimacy）的前提下来保持独立性？最理想的状况是，国家审计同时满足两个条件：一是保持独立性；二是保持正统性。然而，这二者是悖论，难以同时存在。一方面，独立性是有代价的，如果一个机构独立于行政和立法，其正统性何来？可能只有民主选举才能形成真正的正统性，但是由于多种原因，国家审计通过民主选举的可能性不大。另一方面，如果国家审计被设置在一个正统的政府组织之中，国家审计虽保持了正统性，但其独立性会受到损失。“独立性-正统性”悖论（Independence-Legitimacy Dilemma）表明，在民主国家，最高审计机关从来没有真正地完全独立，也从来没有真正地被完全控制。独立性和正统性以不同的比例组合，追求最大独立性伴随的是损失正统性，正统性是重要的，但是独立性也是不可或缺的。最高审计机关需要独立性源于三个原因：一是独立性是对被审计主体进行客观检查的前提；二是最高审计机关必须防护来自政治力量的不当干预，必须使其政治中立性得以保障；三是独立性是公众对最高审计机关有信心的基础。

如何将独立的最高审计机关嵌入民主制度，同时还保持它的正统性？对于中欧国家来说，有三种可能性：第一种可能性是最高审计机关隶属于行政。由于公共资金主要是行政方面在使用，从逻辑上来说，可以将最高审计机关隶属于行政。但是，这种制度安排可能使得权力过于集中于行政。由于这种担忧，所以出现这种最高审计机关制度安排的可能性不大。第二种可能性是最高审计机关隶属于立法。这种制度安排也存在缺陷，中欧国家有足够的历史教训，害怕最高审计机关政治优先，从而出现人为操纵而不是客观的国家审计。第三种可能性是最高审计机关成为第四种机构，具有独立性，能隔离各种政治机构的影响。当然，上述这些选择，都需要立法来保障。

独立性有多方面的含义，现有研究文献涉及的独立性主要包括三个方面：一是人员独立，主要涉及最高审计机关领导的独立性；二是组织和财务独立；三是业务独立。上述三个方面相互补充地形成独立性的完整画面。Nikodem（2004）以上述三个方面为基础，提出量度最高审计机关独立性的指标体系。

最高审计机关领导的独立性指标有四个：（1）任命机制，由法律规定，任何单个机构无权任命；（2）罢免机制，任何单个机构无权罢免；（3）任期限制，任期长、政治官员任期相错开；(4) 不相容性 (Incompatibility)，不兼任其他职务。

组织和财务独立性指标有四个：(1) 最高审计机关独立性，《宪法》中明确最高审计机关的独立性；(2) 最高审计机关预算，最高审计机关直接向议会提出预算草案，议会尊重该草案；(3) 最高审计机关领导的薪酬，法律保障最高审计机关领导的薪酬；(4) 高级员工的雇佣，高级员工的雇佣由最高审计机关领导决定。

业务独立性指标有三个：(1) 最高审计机关工作任务由《宪法》规定，《宪法》明确规定最高审计机关的工作任务；(2) 最高审计机关法定审计授权的指派，根据《宪法》的规定，最高审计机关确定自己的审计工作任务；(3) 审计报告公开，体现审计结果的审计报告向公众公开。

以上述指标为基础，Nikodem (2004) 的计量方法是根据相符程度，最大取值为1，最小取值为0。每个指标的权重相同，根据这个指标的取值情况，计算独立性平均数。几个中欧国家的最高审计机关独立性见表1-2。

表1-2 **中欧国家的最高审计机关独立性**

国家	最高审计机关独立性
捷克共和国 (Czech Republic)	0.659
爱沙尼亚 (Estonia)	0.819
匈牙利 (Hungary)	0.626
拉脱维亚 (Latvia)	0.610
立陶宛 (Lithuania)	0.569
波兰 (Poland)	0.665
斯洛伐克 (Slovakia)	0.645
斯洛文尼亚 (Slovenia)	0.610

Martinis、Clark和Krambia-Kapardis (2007) 指出，最高审计机关在政府及公共部门问责中发挥关键作用。因此，其审计制度体现的审计质量的属性是这种问责效果的基础，他们以欧洲各国和欧盟的政府审计相关立法为依据，评价这些制度中所体现的审计质量属性。在文献综述的基础上，他们认为，各国最高审计机关的审计制度所体现的审计质量属性包括两个方面：一是最高审计机关履行其职责所需要的权力或审计独立性；二是议会或类似机构对最高审计机关的问责机制。上述两个方面的审计质量属性需要再分解为一些具体项目，这些具体项目体现了审计制度的具体安排。English和Guthrie (2000) 将上述两个方面的审计质量属性细分为20个项目，Martinis、Clark和Krambia-Kapardis (2007) 以English和Guthrie (2000) 的项目为基础，进一步参考其他文献，将上述两个方面的审计质量属性进一步细分为5个方面、30个小项目 (见表1-3)。其中，议会或类似机构对最高审计机关的问责机制分为议会的相关权力、财务资源确定和监督三个方面；最高审计机关履行其职责所需要的权力或审计独立性分为审计授权、议会及其委员会的独立性两个方面。

表 1-3　**政府审计制度体现的审计质量属性**

第一层级	第二层级	第三层级
议会或类似机构对最高审计机关的问责机制	1.议会或类似机构对最高审计机关首长的权力	1.任命
		2.任期
		3.连任资格
		4.薪酬决定
		5.首长报酬单独支付
		6.免职
		7.执行首长的任命
		8.向议会提交年度工作计划
		9.提出审计要求的权力
		10.提交审计报告
	2.最高审计机关财务资源的提供	11.财务资源决定者
		12.财务审计付费决定者
		13.被审计主体支付审计成本
	3.对最高审计机关的监督	14.是否由独立审计师审计
		15.独立审计师聘任
		16.接受独立审计师的审计报告
		17.由独立审计师实施财务审计
		18.由独立审计师实施绩效审计
最高审计机关履行其职责所需要的权力或审计独立性	4.最高审计机关的审计授权	19.政府及其机构的财务审计
		20.公共部门财务审计
		21.政府供资的机构或个人的财务审计
		22.政府及其机构的绩效审计
		23.公共部门的绩效审计
	5.最高审计机关的独立性	24.法律中明确规定独立性
		25.不受任何人的控制
		26.审计业务类型或审计客体的选择
		27.广泛的信息获取权
		28.最高审计机关首长是议会官员
		29.最高审计机关首长决定员工任职事项
		30.最高审计机关首长决定业务外包的承包商

以上述审计质量属性框架为基础，根据欧洲26个国家和欧盟的政府审计相关立法，描述其各自的审计质量属性。Martinis、Clark和Krambia-Kapardis（2007）对审计质量属性采用两种方式来描述：一是不区分国家，计算不同制度安排的比例，

以反映整体状况；二是区分具体国家，明确描述各国在不同制度安排项目中的选择。由于篇幅所限，这里仅仅介绍前者。议会或类似机构对最高审计机关首长的权力见表1-4，最高审计机关财务资源的提供见表1-5，对最高审计机关的监督见表1-6，最高审计机关的审计授权见表1-7，最高审计机关的独立性见表1-8。总体来说，各国在审计质量属性方面存在一些共性，但是，也存在不少的差异。同时，还有不少的审计质量属性在多数的国家没有法律规定，这表明，政府审计相关法律还需要完善，对于没有规定的审计质量属性要有明文规定。另外，议会或类似机构对最高审计机关的问责机制也较弱，需要强化。

表1-4 **议会或类似机构对最高审计机关首长的权力**

调查项目	具体制度安排	审计长（14位）		审计法院院长（12位）		合计（26位）	
		数量	比例	数量	比例	数量	比例
任命	国家委员会	1	7.1%	2	16.8%	3	11.5%
	政府	1	7.1%	—	—	1	3.8%
	大公、国王或王后	2	14.3%	1	8.3%	3	11.5%
	议会	5	35.8%	4	33.3%	9	34.6%
	总统	4	28.6%	4	33.3%	8	30.8%
	其他	1	7.1%	1	8.3%	2	7.7%
任期	2~5年	3	21.4%	4	33.3%	7	26.9%
	6~10年	4	28.7%	3	25.0%	7	26.9%
	10年以上	1	7.1%	2	16.7%	3	11.5%
	直至退休	1	7.1%	3	25%	4	15.4%
	其他	2	14.3%	—	—	2	7.7%
	没有规定	3	21.4%	—	—	3	11.5%
连任资格	是	7	50%	3	25%	10	38.5%
	否	—	—	3	25%	3	11.5%
	不适用	2	14.3%	3	25%	5	19.2%
	没有规定	5	35.7%	3	25%	8	30.8%
薪酬决定	欧盟委员会	—	—	1	8.3%	1	3.8%
	与其他政府官员一样	3	21.4%	1	8.3%	4	15.4%
	法律	3	21.4%	—	—	3	11.5%
	财政部	1	7.1%	—	—	1	3.8%
	议会	1	7.1%	—	—	1	7.1%
	没有规定	5	35.7%	3	25%	8	30.8%

续表

调查项目	具体制度安排	审计长（14位）		审计法院院长（12位）		合计（26位）	
		数量	比例	数量	比例	数量	比例
首长报酬单独支付	是	4	28.6%	1	8.3%	5	19.2%
	没有规定	10	71.4%	11	91.7%	21	80.8%
免职	国家委员会	1	7.1%	1	8.3%	2	7.7%
	法院	—	—	2	16.7%	2	7.7%
	议会	7	50%	4	33.3%	11	42.3%
	总统	4	28.6%	3	25%	7	26.9%
	没有规定	2	14.3%	2	16.7%	4	15.4%
执行首长的任命	总审计长	3	21.4%	—	—	3	11.5%
	国家委员会	1	7.1%	—	—	1	3.8%
	政府	1	7.1%	—	—	1	3.8%
	大公（级别仅次于国王）	1	7.1%	—	—	1	3.8%
	最高级别	—	—	2	16.7%	2	7.7%
	其他法官	—	—	2	16.7%	2	7.7%
	议会	2	14.3%	3	25%	5	19.2%
	总统	4	28.7%	1	8.3%	5	19.2%
	没有规定	2	14.3%	4	33.3%	6	23.1%
向议会提交年度工作计划	是	2	14.3%	1	7.1%	3	11.5%
	否	1	7.1%	—	—	1	3.8%
	没有规定	11	78.6%	11	92.9%	22	84.6%
提出审计要求的权力	国家委员会	1	7.1%	—	—	1	3.8%
	否	1	7.1%	—	—	1	3.8%
	议会	3	21.4%	5	41.8%	8	30.8%
	议会委员会	2	14.3%	1	8.3%	3	11.5%
	政府	1	7.1%	—	—	1	3.8%
	议会和政府	—	—	1	8.3%	1	3.8%
	财政部	1	7.1%	—	—	1	3.8%
	议会、总统和总理	—	—	1	8.3%	1	3.8%
	没有规定	5	35.9%	4	33.3%	9	34.6%
提交审计报告	是	12	85.7%	11	91.7%	23	88.5%
	否	2	14.3%	—	—	2	7.7%
	没有规定	—	—	1	8.3%	1	3.8%

表1-5 **最高审计机关财务资源的提供**

调查项目	具体制度安排	审计长（14位）		审计法院院长（12位）		合计（26位）	
		数量	比例	数量	比例	数量	比例
财务资源决定者	议会	7	50%	4	33.3%	11	42.3%
	国家预算	3	21.4%	1	8.3%	4	15.4%
	没有规定	4	28.6%	7	58.4%	11	42.3%
财务审计付费决定者	最高审计机关	1	7.1%	1	8.3%	2	7.6%
	部长	1	7.1%	—	—	1	3.8%
	没有规定	12	85.8%	11	91.7%	23	88.6%
被审计主体支付审计成本	是	3	21.4%	1	8.3%	4	15.4%
	没有规定	11	78.6%	11	91.7%	22	84.6%

表1-6 **对最高审计机关的监督**

调查项目	具体制度安排	审计长（14位）		审计法院院长（12位）		合计（26位）	
		数量	比例	数量	比例	数量	比例
是否由独立审计师审计	是	6	42.9%	1	8.3%	7	26.9%
	没有规定	8	57.1%	11	91%	19	73%
独立审计师聘任	一般审计人员	1	7.1%	—	—	1	3.8%
	国家审计署委员会	1	7.1%	—	—	1	3.8%
	议会	3	21.4%	1	8.3%	4	15.5%
	公共账目委员会	1	7.1%	—	—	1	3.8%
	没有规定	8	57.3%	11	91.7%	19	73.1%
接受独立审计师的审计报告	议会	6	42.9%	1	8.3%	7	26.9%
	没有规定	8	57.1%	11	91.7%	19	73.1%
由独立审计师实施财务审计	是	6	42.9%	1	8.3%	7	26.9%
	没有规定	8	57.1%	11	91.7%	19	73.1%
由独立审计师实施绩效审计	是	2	14.3%	—	—	2	7.7%
	没有规定	2	85.7%	12	100%	24	92.3%

表 1-7　**最高审计机关的审计授权**

调查项目	具体制度安排	审计长（14位）		审计法院院长（12位）		合计（26位）	
		数量	比例	数量	比例	数量	比例
政府及其机构的财务审计	是	14	100%	12	100%	26	100%
公共公司财务审计	是	3	92.9%	10	83.4%	23	88.5%
	只对股权超过50%的公司审计	1	7.1%	1	8.3%	2	7.7%
	没有规定	—	—	1	8.3%	1	3.8%
政府供资的机构或个人的财务审计	是	12	85.7%	11	91.7%	23	88.5%
	没有规定	2	14.3%	1	8.3%	3	11.5%
政府及其机构的绩效审计	是	11	78.6%	10	83.4%	21	80.8%
	没有规定	3	21.4%	2	16.6%	5	19.2%
公共公司的绩效审计	是	10	71.4%	9	75%	19	73.1%
	没有规定	4	28.6%	3	25%	7	26.9%

表 1-8　**最高审计机关的独立性**

调查项目	具体制度安排	审计长（14位）		审计法院院长（12位）		合计（26位）	
		数量	比例	数量	比例	数量	比例
法律中明确规定独立性	是	10	71.4%	10	83.4%	20	76.9%
	有规定，但不清晰	—	—	1	8.3%	1	3.8%
	没有规定	4	28.6%	1	8.3%	5	19.2%
不受任何人的控制	是	10	71.4%	10	83.4%	20	76%
	有规定，但不清晰		—	1	8.3%	1	3.8%
	没有规定	4	28.6%	1	8.3%	5	19.2%
审计业务类型或审计客体的选择	是	6	42.9%	5	41.7%	11	42.3%
	没有规定	8	57.1%	7	58.3%	15	57.7%
广泛的信息获取权	是	13	92.9%	11	91.7%	24	92.3%
	没有规定	1	7.1%	1	8.3%	2	7.7%
最高审计机关首长是议会官员	是	2	14.3%	—	—	2	7.7%
	没有规定	12	85.7%	12	100%	24	92.3%
最高审计机关首长决定员工任职事项	是	9	64.3%	7	58.3%	16	61.5%
	否	2	14.3%	3	25%	5	19.2%
	没有规定	3	21.4%	2	16.7%	5	19.2%
最高审计机关首长决定业务外包的承包商	是	6	42.9%	6	50%	12	46.2%
	没有规定	8	57.1%	6	50%	14	53.8%

政府审计是公共支出经济性、效率性、效果性的前提，然而，政府审计要发挥作用，其制度设计必须具备一些特质。SaŽer、Žager和Sever（2011）研究了27个欧洲国家的最高审计机关的制度特征。

1.保障最高审计机关承担其责任的工具

在文献综述的基础上，SaŽer、Žager和Sever（2011）提出，保障最高审计机关承担其责任的工具包括四个方面：是否向议会报告工作；是否向公众公开项目审计报告，是否设置内部审计部门；是否接受外部审计。调查结果见表1-9，多数国家向议会报告审计工作，并且向公众公开项目审计报告；只有少数国家只公开年度报告；不到半数国家的最高审计机关设置了内部审计；超过半数国家由外部审计对最高审计机关进行年度审计。总体来说，各国采取多种工具来保障最高审计机关承担其责任。

表1-9 **保障最高审计机关承担其责任的工具**

国家	保障工具			
	向议会报告审计工作	向公众公开审计报告	内部审计	接受外部审计
奥地利（Austria）	是	是，通过官方网站	不适用	否
比利时（Belgium）	是	是，通过官方网站	不适用	否
保加利亚（Bulgaria）	是	是，通过官方网站	是	否
塞浦路斯（Cyprus）	是	是，通过官方网站	否	否
捷克共和国（Czecgh republic）	是	否，只是通过官方网站公告年度报告	是	是
丹麦（Denmark）	是	是，通过官方网站	否	是
爱沙尼亚（Estonia）	是	是，通过官方网站	否	是
芬兰（Finland）	是	是，通过官方网站	否	是
法国（France）	是	是，通过官方网站	否	不适用
德国（Germany）	是	否，只是通过官方网站公告年度报告	是	不适用
希腊（Greece）	是	是，通过政府公报	不适用	否
匈牙利（Hungary）	是	是，通过官方网站	是	是
爱尔兰（Ireland）	是	是，通过官方网站	否	是
意大利（Italy）	否	是，通过官方网站	不适用	否
拉脱维亚（Latvia）	是	是，通过官方网站	否	是
立陶宛（Lithuania）	是	是，通过官方网站	是	是
卢森堡（Luxembourg）	是	是，通过官方网站	不适用	不适用
马耳他（Malta）	是	是，通过官方网站	不适用	是
荷兰（Netherlands）	是	是，通过官方网站	不适用	不适用
波兰（Poland）	是	否，只是通过官方网站公告年度报告	否	是
葡萄牙（Portugal）	是	是，官方报纸	不适用	是
罗马尼亚（Romania）	是	否，只是通过官方网站公告年度报告	是	否
斯洛伐克（Slovakia）	是	是，通过官方网站	是	否
斯洛文尼亚（Slovenia）	是	是，通过官方网站	不适用	不适用
西班牙（Spain）	是	是，通过政府公报	不适用	否
瑞典（Sweden）	是	是，通过政府公报	不适用	是
英国（United Kingdom）	是	是，通过官方网站	否	是

2.最高审计机关的组织模式对问责能力的影响

有一种观点认为，最高审计机关能否真正发挥问责作用，其组织模式是基础。如果没有内部审计机构或没有外部审计的最高审计机关，其问责能力可能受到影响，那么，这种国家的最高审计机关的组织模式是否有规律性呢？表1-10列示了这些国家的最高审计机关的组织模式。结果显示，二者之间并不存在系统性的关联。

表1-10 最高审计机关组织模式（没有内部审计机构或没有外部审计的国家）

国家	组织模式
奥地利（Austria）	独任式审计长办公室
比利时（Belgium）	审计法院
保加利亚（Bulgaria）	审计委员会
塞浦路斯（Cyprus）	独任式审计长办公室
丹麦（Denmark）	独任式审计长办公室
爱沙尼亚（Estonia）	独任式审计长办公室
芬兰（Finland）	独任式审计长办公室
法国（France）	审计法院
希腊（Greece）	审计委员会
爱尔兰（Ireland）	独任式审计长办公室
意大利（Italy）	审计委员会
拉脱维亚（Latvia）	审计委员会
波兰（Poland）	审计委员会
罗马尼亚（Romania）	审计法院
斯洛伐克（Slovakia）	独任式审计长办公室
西班牙（Spain）	审计法院
英国（United Kingdom）	独任式审计长办公室

第四节 亚洲国家的政府审计制度研究

一、印度的政府审计制度研究

国际最高审计机构组织的《利马宣言》（Lima Declaration）对最高审计机关提出了各方面的基本要求。Joseph（1986）指出，印度最高审计机关在各方面都超出了《利马宣言》对最高审计机关的要求。因此，在印度政府审计界、学术界甚至其他国家的审计机关中，有一种印象，似乎印度的政府审计是世界最好的。

Joseph（1986）提出，在独立性、背景、经验和传统方面超出《利马宣言》的要求能使得政府审计机关有很好的表现吗？印度公共部门在有效地营运吗？浪费、舞弊和不正确使用是否在合理范围之内呢？政府和立法机构会很认真地对待审计机关的建议吗？只有回答这些问题才能确定印度的最高审计机关是否真正是世界范围内最好的审计机关。Joseph（1986）认为，从上述这些方面来看，印度的政府审计还存在许多需要改进的地方。

1.政府审计相关法案的修改

印度主计审计长的审计报告，特别是其中的“审核”项目报告受到国际组织，特别是世界银行及一些学者的赞扬。但是，根据审计报告产生的影响来判断，其对公共资金管理的改善是无效的。审计理论和审计实务之间有一种不可接受的差距，奇怪的是，这种差距并没有引起人们的关注。现在，特别需要对政府审计的作用进行彻底的检查。

在英国，这种检查于1981年已经完成，三卷本（550页）的调查报告——《审计长和审计员的角色》（The Role of the Comptroller and Auditor General）由下议院（House of Commons）出版。这个报告引起了议员及学者的激烈讨论，最终的结果是1983年通过的《国家审计法案》（National Audit Act，1983）。

在加拿大，审计长的作用是1975年《独立审计委员会报告》的主题，这个报告160页，由专家提出，并且以广泛的调查研究为基础。这个报告最终导致1977年《总审计长法案》（Auditor General Act）的确立，这个法案确定了加拿大现代政府审计的制度安排。

毫无疑问，美国审计署是全世界最强势的政府审计机构，它根据《预算和会计法》建立，后来，根据Hoover Commission的推荐，这个法案得到《预算和会计程序法案》（Budget and Accounting Procedures Act，1950）的修订。在Elmer Staats任主计长期间（他于1981年退休），美国审计署在经济性、效率性和效果性方面的作用大大加强。

印度审计部门从来没有这种类似的检查。1971年通过的《主计与审计长法》（The Comptroller and Auditor General Act，1971）表明，议会在内容方面主要依赖审计部门，在此之前，很少有公开的讨论，这与前面介绍的几个国家形成鲜明的对比。

2.印度政府审计是保密的

印度审计部门对任何批评都非常敏感。当一个中央部门的部长从《审计行为规范》（The Audit Code）引用一段文字以证明审计部门有不当之处时，《审计行为规范》立即成为机密文件，不向公众披露。至此以后，审计部门的审计方法和原则不再向外界公开。印度审计部门的一位高级官员解释说，如果审计方法向外界披露，政府部门“雇用的坏人”可能会利用这些方法在原始单据上进行欺诈。

3.《主计与审计长法》存在的问题

与其他国家的类似法案相比较，《主计与审计长法》过多关注主计审计长的个人待遇，而较少关注主计审计长的职责。同时，这个法案的名称也存在问题，应该是关于审计机构的法案，而不是关于主计审计长的法案。

4.效率附加绩效审计

在过去的20多年中，审计部门一直在从事效率附加绩效审计。1980年，审计部门发布的审计手册中指出，除了合规审计（Regularity Audit）外，审计部门也开展了效率附加绩效审计。但是，《主计与审计长法》中并没有提到这种审计类型。

5.审计报告的及时性

审计报告应该在有使用者需要时提供，因此，需要对审计报告的提交时间做出规定。例如，加拿大的《总审计长法案》规定，审计长交给下议院的年度报告应该在该报告相关年度的12月31日之前交给下议院发言人；英国的《财政和审计部门法》（The Exchequer and Audit Department Act，1986）规定了年度报告的提交日期。印度并没有明确规定提交年度审计报告的日期，这导致审计报告经常严重滞后。

6.《主计与审计长法》对审计人员缺乏明确的要求（略）

7.《主计与审计长法》缺乏对审计部门的外部审计规定

多数国家的审计法案中都规定了对审计部门的外部审计。例如，英国《国家审计法案》要求，公共会计委员会任命审计师对审计署进行审计，并且规定审计师有权力对审计署实施经济性、效率性和效果性审计，审计师的审计报告通过公共会计委员会交下议院。加拿大《总审计长法案》规定，财政委员会（Treasury Board）提名合格的审计师对审计署进行审计，并且规定了给下议院提交审计报告的时间。在美国，众议院（The House of Representatives）所属的政府营运委员会（The Committee on Government Operations）的二级委员会——立法和国家安全小组委员会（Sub-committee on Legislation and National Security），每隔几年对美国审计署的工作进行听证。但是，印度《主计与审计长法》缺乏对审计部门的外部审计规定。

Joseph（1994）指出，印度的政府审计有良好的名声，在国际审计界建立了一席之地，印度主计审计长成为国际最高审计机构组织所属EDA委员会的主席，并且在一些论坛做主席。同时，印度还成为三个负责联合国审计的国家之一。联合国的一个文献对各国政府会计质量进行了评价，印度得分6.5，在世界各国中处于较高水平。

如果上述这些情形都是真的，为什么印度政府还会发生如此多的舞弊和浪费？在印度独立不久后，B. R. Ambedka自己曾经说过，在他看来，审计的作用比最高法院还要大。现在需要反思，审计是否实现了《宪法》制定者确定的高目标。当然，这种研究是很困难的，因为相关的材料难以获得，并且政府审计机构不习惯接受他人的批评。政府审计不能受到指责，是完全错误的观念。在英国、美国、加拿大这些国家，对于审计部门的批评是经常发生的，由于对审计部门的不满意，这些国家的审计部门已经发生了变革。

在美国、英国、澳大利亚等国家，政府审计机关要接受外部审计，并且审计师的审计报告和评价要对外公开。但是印度政府审计机关并不存在外部审计，议会也没有途径知道印度政府审计机关的真实情况。美国审计署还有独立外部同业互查

(Independent External Peer Review)，通过这种互查，为审计署内部质量控制提供进一步的确认，保障审计署的内部质量控制系统是有效营运的，审计工作是符合相关政策、程序和准则的。

印度政府审计机关可能是世界上唯一不公开其审计准则的国家，所有的审计规范都保密，这其中的原因是，当一个中央部门的部长从《审计行为规范》中引用一段文字以证明审计部门有不当之处时，《审计行为规范》立即成为机密文件，不向公众披露。从此以后，审计部门像被包裹的谜，审计方法和原则不再向外界公开。其他各国都公开审计规范，例如，美国的《政府审计准则》是公开的，并且定期修订。

印度是世界上少数几个由单一审计机关来同时审计中央政府和地方政府的国家，印度主计审计长负责审计中央政府，也负责审计地方政府。由于语言不通，再加上地理位置，地方政府的审计经常被严重耽搁，造成地方政府财务账目严重混乱。

政府任命的主计审计长大多数不懂审计业务。印度政府审计的糟糕状况，是因为不懂审计的人员来担任主计审计长，从而使其情况更加严重。

Joseph（1997）对印度政府审计不能有效地发挥作用提出了批评。他指出，H. D. Deve Gowda总理在出席一个会议时指出，政府审计机关和立法机关的财务委员会的业绩在下降，他希望强化审计，并希望就如何强化听到政府审计机关的建议。过去的经验表明，这种善意的建议会被遗忘或忽视，甚至会议还没有结束就可能被遗忘了。在印度《宪法》中，政府审计机关在政府问责中发挥重要的作用，《宪法》已经给了政府审计机关完全的独立性和广泛的权力。政府审计机关是中央政府的唯一审计者。然而，并没有任何制度安排来评估政府审计机关对上述《宪法》责任的履行情况，这不像其他国家是由立法机关履行这种职责的。报刊上经常报道政府由于舞弊、浪费、腐败等导致巨额损失，这清楚地表明，政府审计机关并没有很好地履行其职责。公布的政府账目有明显的合计错误。审计报告对于违规行为的报告经常是严重滞后的，并且这些审计报告多年得不到立法机关的讨论。没有途径知道政府审计机关是否知道所有的重大违规行为。《宪法》规定的通过政府审计机关来实施的立法控制，事实上并不存在，公共财政正在被任意掠夺。最近发生的Bihar案例表明，政府审计机关事实上并没有发挥作用。Bihar是政府的一个小部门官员，在数年间通过重复违反基本的财务规则，实现偷窃巨额资金。这个案例表明，政府审计已经倒塌，公共财政正在被任意掠夺。如果基本的财务规则被遵守，则Bihar案例就不会发生。国际最高审计机构组织曾经一度倡导大家向一些发达国家学习，但其后来意识到，让发展中国家将绩效审计置于合规审计之上，可能犯了个错误，这可能会引起大量的舞弊、浪费和腐败。近年来，由于任命的政府审计机关的领导缺乏职业资质，导致审计被弱化，而弱化审计总是会受到被审计主体的欢迎。

二、日本的政府审计制度研究

Kishimoto（2002）认为，私营企业有激励追求效率（Efficiency），而公共部门不一定有这种激励，所以，需要外部监督来促进公共部门追求效率，政府审计是行使这种监督功能的重要机构。如果一个公共组织增加努力，该组织的成本可能会降低，当然，公共组织也可能不愿意增加努力，因为增加努力也会发生付出成本。因此，公共组织有可能减少努力，当其做出的努力不对外披露时尤其如此。为了应对公共组织的这种选择，政府审计机构被授权监督公共组织，以保障公共组织的工作效率。然而，政府审计机构的监督也会发生成本。为此，需要考虑三个成本要素：公共组织的效率成本、公共组织增加努力时付出的成本和政府审计监督成本。

从理论上来说，政府审计机构应该主要关注公共组织履行其职责的效率。然而，政府审计机构也是个公共组织，也需要维持自己的生存和发展，为了实现这个目标，需要按其效果来对其进行评价。政府审计机构的效果在很大程度上由其帮助公共组织实现的效率来评价，评价这种效果的最简单指标就是政府审计机构发现的超额支出（Excess Expenditure），即公共组织完成既定业务发生的支出超过完成该业务的最小支出的部分。对于政府审计机构来说，这个超额支出称为“发现金额”（Indicated Amount）。政府审计机构的工作就由这个指标来评价。日本政府审计机构的审计报告特别重视这个指标。

这就产生一个问题，如果政府审计机构关注这样一个指标，政府审计机构能否履行好其法定职责呢？政府审计机构为了证明自己在努力工作，必须增加“发现金额”，这样一来，政府审计机构宁愿公共组织有一定程度的低效率。这就产生一个悖论（Dilemma），即政府审计机构既希望促进公共组织提升效率，又希望公共组织存在一定的低效率。Kishimoto（2002）用博弈论来分析这个悖论。

公共组织提供既定公共服务的成本依赖于公共组织付出多大努力来降低这种成本。如果公共组织在成本降低方面不付出特别的努力，则公共组织的成本可能高达F_0；如果做出一定的努力以降低成本，则公共组织的成本可能降到F_1。当然，公共组织付出努力来降低成本也会发生新的成本C，政府审计机构认为，如果公共组织的营运处于良好状况，则公共组织的成本将降到T（$F_0 > F_1 > T$），T是该公共组织的最小营运成本。

政府审计组织对公共组织实施审计的概率为α（$0 \leqslant \alpha_1$），政府审计机构的审计成本是α的函数，用G（α）表示，一般来说，G（α）=0，G′（α）=0，G′（α）>0，G′（α）>0。同时，假设政府审计机构的审计活动能够识别出公共组织是否付出努力来降低成本，并且也只有通过政府审计机构才能识别出来。

如果审计结果显示，公共组织的业务成本超过T，将对该公共组织处以相当于“发现金额”的惩罚。这种惩罚有多种表现形式，包括没收、未来预算的削减以及社会声誉损失等。一般来说，如果没有审计，就没有这种惩罚。

公共组织的行动选择是在降低成本方面付出努力或不付出努力，其报酬（Payoff）取决于是否付出努力来降低成本，当然，这种决定与政府审计组织是否审计相关。公共组织的报酬矩阵见表1-11。

表1-11 **公共组织的报酬矩阵**

类型	付出努力	不付出努力
审计	F_1-T+C	F_0-T
不审计	C	0

假定公共组织和政府审计机构都是风险中性。如果没有政府审计，公共组织不会付出努力来降低成本。以α的概率开展审计，公共组织的预期损失如下：

当公共组织付出努力来降低成本时，$\alpha(F_1-T)+C$；当公共组织不付出努力来降低成本时，$\alpha(F_0-T)$。

公共组织是否付出努力来降低成本，取决于以下条件：

$$\alpha(F_1-T)+C\leqslant\alpha(F_0-T)$$

将上式进行变换，得到：

$$\alpha\geqslant\frac{C}{F_0-F_1}\equiv\alpha^{※}$$

公共组织的营运成本超出T的部分、公共组织付出努力以降低成本而增加的开支以及政府审计组织的审计成本，合并称为社会损失（Social Loss）W。如果政府审计组织以α的概率开展审计，则社会损失如下：

如果公共组织付出努力来降低成本，则 $W_1(\alpha)=F_1-T+C+G(\alpha)$；如果公共组织不付出努力来降低成本，则 $W_0(\alpha)=F_0-T+G(\alpha)$。

如何选择审计概率α呢？很显然，对于整个社会来说，需要社会损失最小，达到这个目标的α是（1）式：

$$(1)\quad\begin{cases}\alpha=\alpha^{※}，如果F_0-F_1-C\geqslant G(\alpha^{※})\\ \alpha=0，如果F_0-F_1-C<G(\alpha^{※})\end{cases}$$

等式的左边是实施审计的社会收益，而等式的右边是实施审计的社会成本，很显然，只有符合（1）式的审计才是有意义的。那么，政府审计机构是否按这个条件来选择审计概率α呢？并不一定！前面已经指出，如果以“发现金额”来评价政府审计机构，政府审计机构会选择使其净收益（发现金额-审计成本）最大的审计概率α，而不是社会损失最小的审计概率$\alpha^{※}$。

当公共组织付出努力来降低其成本时，政府审计机构的净收益为：

$$(2)\quad\alpha(F_1-T)-G(\alpha)$$

很显然，这里需要$\alpha\geqslant\alpha^{※}$。

当公共组织不付出努力来降低其成本时，政府审计机构的净收益为：

$$(3)\quad\alpha(F_0-T)-G(\alpha)$$

很显然，这里需要$\alpha<\alpha^{※}$。

我们来寻找使得（2）式最大化的α，对（2）式求一阶导数并命其为零，得到：

$G'(\alpha_1) = F_1 - T$

在这个条件下，对于政府审计机构净收益最大化的审计概率为：

（4）$\begin{cases} \alpha = \alpha^{※}，如果\alpha_1 \leqslant \alpha^{※} \\ \alpha = \alpha_1，如果\alpha_1 > \alpha^{※} \end{cases}$

我们来寻找使得（3）式最大化的 α，对（3）式求一阶导数并命其为零，得到：

$G'(\alpha_0) = F_0 - T$

在这个条件下，对于政府审计机构净收益最大化的审计概率为：

（5）$\begin{cases} \alpha = \alpha_0，如果\alpha_0 < \alpha^{※} \\ \alpha = \alpha^{※}\_，如果\alpha_1 > \alpha^{※} \end{cases}$

$\alpha^{※}\_$ 是比 $\alpha^{※}$ 略小的一个取值。

下面用图形来分析政府审计机构的审计概率选择，根据前面的分析，$\alpha^{※}$ 表示公共组织预期损失最小时的审计概率，α_0 表示当公共组织不付出努力来降低成本时的审计概率，α_1 表示当公共组织付出努力来降低成本时的审计概率，G（α）表示审计成本。

一般来说，公共组织不付出努力来降低成本时，审计概率应该大些，通常 $\alpha_0 > \alpha_1$，$\alpha(F_0-T)$ 表示公共组织不付出努力而被审计时的预期“发现金额”，$\alpha(F_1-T)$ 表示公共组织付出努力而被审计时的预期发现金额，$G(\alpha)$ 表示审计成本，通常 $\alpha(F_0-T) > \alpha(F_1-T) > G(\alpha)$，所以，三者的关系如图 1-1 所示。

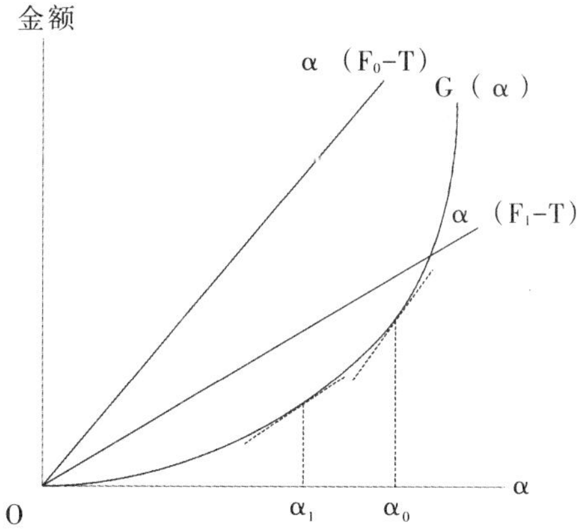

图 1-1　α_0 和 α_1 的测算

但是，政府审计机构可能为了自身的净收益最大化，而不保持 $\alpha_0 > \alpha_1$ 这种关系，从而使得审计概率选择呈现复杂化。具体来说，有三种情形：

情形 1：$\alpha^{※} \leqslant \alpha_1 < \alpha_0$

在这种情形下，政府审计机构选择的审计概率 α 依赖于两个数值的相对值：一个是 $\alpha^{※}(F_0-T) - G(\alpha^{※}\_)$，也就是图 1-2 中的线段 AB；另一个是 $\alpha_1(F_1-T) - G(\alpha_1)$，也就是图 1-2 中的线段 CD。

如果（6）式成立，政府审计机构的审计概率将选择 $\alpha^{※}\_$：

（6） $\alpha^{※}(F_0-T)-G(\alpha^{※})>\alpha_1(F_1-T)-G(\alpha_1)$

$\alpha^{※}$并未实现社会损失最小化。为了实现政府审计机构的净收益最大化，政府审计机构宁愿公共组织不付出努力来降低成本，因为要实现发现金额最大化，就需要公共组织不付出努力来降低成本。在这种情形下，较小的α有利于政府审计机构。当然，如果α选择极端小，政府审计组织的预期净收益也会较小。总体来说，将α确定在对不付出努力的公共组织进行审计是能使得政府审计机构净收益最大化的审计概率。

如果（6）式不成立，政府审计机构将选择α_1，因为$\alpha_1>\alpha^{※}$，这可能会激励公共组织付出努力来降低成本，不等式$G(\alpha^{※})<G(\alpha_1)$，表示较高的审计成本能够促使公共组织付出努力来降低成本。

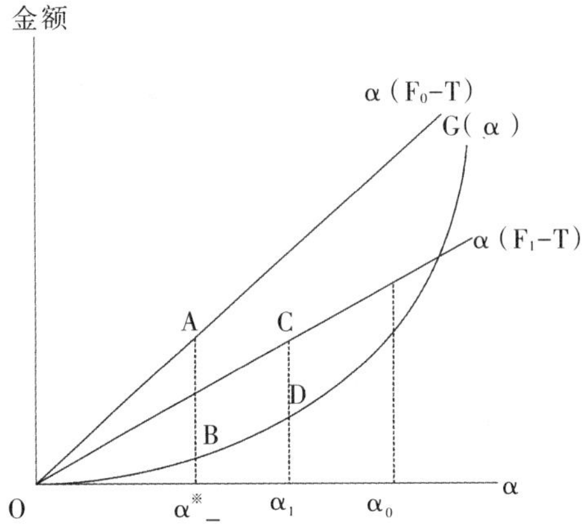

图1-2　情形1

情形2：$\alpha_1<\alpha^{※}\leqslant\alpha_0$

政府审计机构选择的审计概率α带来较大的$\alpha^{※}(F_1-T)-G(\alpha^{※})$值和较大的$\alpha^{※}_(F_0-T)-G(\alpha^{※}_)$值。如果政府审计机构选择$\alpha^{※}_$，将诱导公共组织不付出努力来降低成本；如果政府审计机构选择$\alpha^{※}$，将会诱导公共组织付出努力来降低成本，从而使政府审计机构的“发现金额”降低。图1-3列示了政府审计机构关注“发现金额”的后果。

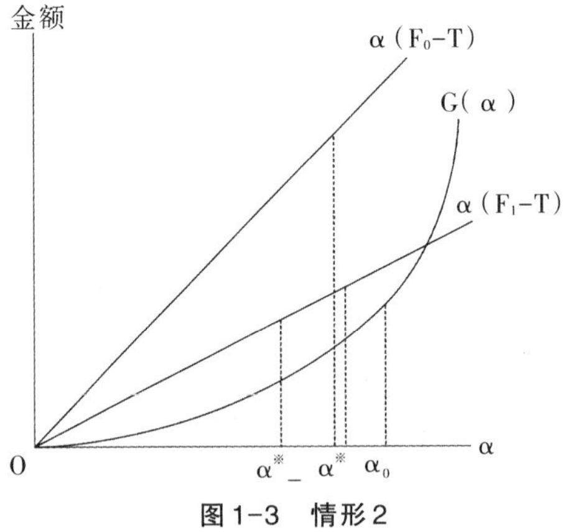

图1-3　情形2

情形3：$\alpha_1 < \alpha_0 < \alpha^※$

这种情形如图1-4所示，政府审计机构为了使自身净收益最大化，审计概率将选择α_0，也就是公共组织不付出努力来降低成本。

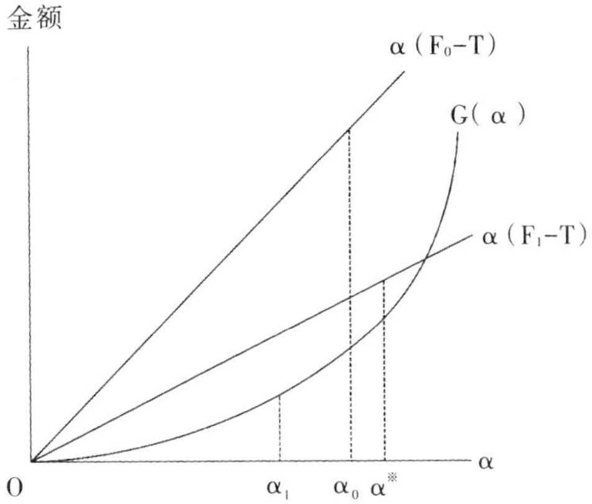

图1-4　情形3

上述各种情形的分析结果见表1-12。

表1-12　**不同情形的结果**

调查项目	情形1		情形2	情形3
审计概率	（1A）：$\alpha^※\_$	（1B）：α_1	$\alpha^※\_$	α_1
公共组织是否付出努力以降低成本	未付出努力	付出努力	未付出努力	未付出努力
审计机构的净收益	$R^※\_$	R_1	$R^※\_$	R_0
社会损失	$W_0(\alpha^※\_)$	$W_1(\alpha_1)$	$W_0(\alpha^※\_)$	$W_0(\alpha_0)$

注：$R^※\_=\alpha^※\_(F_0-T)-G(\alpha^※\_)$，$R_1=\alpha_1(F_1-T)-G(\alpha_1)$，$R_0=\alpha_0(F_0-T)-G(\alpha_0)$。

在情形（1A）、情形2和情形3中，政府审计机构实行了审计，发生了审计成本。虽然公共组织并未付出努力来降低成本，但是与未审计相比，社会损失增大了，这个结果是由审计机构追求自身净收益最大化造成的，与审计制度建立的初衷是背道而驰的。在情形（1B）中，政府审计机构通过审计诱导公共组织付出努力来降低成本，选择审计概率α_1，即使在这种情形下，也未能实现社会损失最小化。这是因为使得社会损失最小化的审计概率是$\alpha^※$，而$\alpha_1>\alpha^※$。

总之，如果公共组织降低成本的努力是有效的，政府审计机构的工作能够促使社会损失降低（当然，不一定能达到社会损失最小化）；如果公共组织降低成本的努力是无效的，政府审计机构的工作可能与社会损失最小化存在背离。

三、其他亚洲国家的政府审计制度研究

Henry和Attavitkamtorn（1999）介绍了泰国政府审计制度并提出改进建议。1975年，国王Chulalongkorn建立审计办公室（Audit Office）和审计财政部门。现

在的政府审计机构——总审计长办公室（Office of Auditor General，OAG）是根据1979年的《国家审计法》（State Audit Act）建立起来的，审计中央政府各部门和地方政府。总审计长办公室是一个向首相负责的独立机构，为了强化其独立性，总审计长的任命由内阁提名且需要议会确认。尽管《国家审计法》允许总审计长办公室从事多种审计业务，但是目前总审计长办公室的主要业务类似于美国审计署早年的凭证审计（Voucher Audits）。然而，美国审计署属于立法系统，而总审计长办公室属于行政系统。

对于审计发现的不同问题，其报告路径也不同。如果发现的是与法律法规相关的过错或违规（Errors or Noncompliance），总审计长办公室通知被审计主体，要求提交解释，并在既定期限内更正过错或违规。如果既定期限已过，被审计主体并未更正或解释其过错或违规，总审计长办公室会直接通知管理这个被审计主体的上级部门。如果发现的是欺诈迹象（Indication of Dishonesty），总审计长办公室要通过调查官员（Inquiry Official）启动其法律程序，同时，通知被审计主体的上级部门。此外，在每个财政年度，总审计长办公室需要向首相提交年度财政收支和财政状况审计报告，并通过首相提交议会。

Henry和Attavitkamtorn（1999）提出了完善泰国政府审计制度的建议，例如，改变总审计长办公室报告路径，从向行政负责转为向立法机构负责，开展绩效审计业务等。

Huy（2015）指出，越南国家审计机关向国民大会（National Assembly）报告工作，依法独立运作，实施财务审计、合规审计和营运审计，拥有调查权以及向相关部门提出处理处罚的权力。

第五节　拉丁美洲国家的政府审计制度研究

Santio（2006）指出，对于新兴经济体来说，为了强化财政责任和反腐败，公共财政的外部监督是一个挑战。为了促进公共资源的有效使用，预算监察和财政问责成为公共财政外部监视的重要方式。基于预算政治过程理论（Wildavsky和Caiden，2003），人们对于政府财政管理效果的影响因素的理解越来越深入，人们越来越重视公共预算治理和制度安排，特别是议会、独立审计机构（Autonomous Audit Agency）和民间社会组织对公共预算治理的重视。

然而，独立审计的效果究竟受到哪些因素的影响？独立审计在促进财政问责、改善财政治理和反腐败方面的效果如何？独立审计机构如何嵌入财政控制与公共财政问责的框架中？Santio（2006）以拉丁美洲新兴经济体为对象，研究上述问题。

1.政府审计方式

政府审计并不只是发现和预防腐败，它也有助于改善财政治理。有效且独立的财政审计对于增加公共财政信用和公共管理的廉政是非常重要的。独立审计机构也称为最高审计机关，其传统任务就是监督政府财政，为政府财务报告的可靠性提供合理保证，通过审计报告和审计意见，验证政府财政信息的真实性。它是政府内部横向问责的重要制度设计，在改善公共管理和反腐败中发挥重要作用。独立审计机构通过法律合规审计和财务认证审计，验证政府对预算规则、财政规则以及立法机构对预算的其他要求的遵守情况，从而促进公共财政的依法治理。事实上，在许多国家，审计机构是具有准司法权力的审计法院。

不同国家的政府审计机构具有不同的特色及功能，过去20多年里，政府审计路径已经发生了重要的变化。独立审计机构在很大程度上扩大了其角色的类型，扩大了其传统的任务范围，导致公共财政控制模式发生变化。现代的独立审计机构通过绩效审计，更加重视公共支出的经济性、效率性和效果性，寻求预算目标与达成结果的实质性相符。另外，在有些国家，独立审计机构通过对财产申报的监督、公共采购的事前控制、私有化过程的监督，发挥反腐败功能。在少数国家，独立审计机构也审计立法机构和司法机构的财务活动。

2.政府审计制度规定

Stapenhurst和Titsworth（2001）指出，各国不同的外部审计制度安排，反映了政府审计的不同历史轨迹和制度传统。独立审计机构有三种理想的类型：①法庭模式（Court Model），审计师组成合议法庭，具有准司法权力，如法国、意大利、西班牙、葡萄牙，拉丁美洲的巴西、萨尔瓦多都属于这种类型；②委员会模式（Board Model），设立合议决策机构，但没有司法权，如德国、荷兰、瑞典，拉丁美洲的阿根廷、尼加拉瓜都属于这种类型；③独任模式（Monocratic Model），由一个审计长领导审计机构，通常是议会的辅助机构，在盎格鲁-撒克逊国家较为流行，如美国、英国、加拿大，拉丁美洲的智利、哥伦比亚、墨西哥、秘鲁都属于这种类型。

在现实中，独立审计机构是混合产物，并不是很容易地适应传统的分权模式，通常是不同模式的几个因素的组合。不同审计机构的关键变化体现在控制时间（事前控制还是事后控制）、控制性质（合规审计还是绩效审计）、控制效果（审计建议的后续跟踪）和地位（审计裁决的法律地位）四个方面。然而，最重要的问题是独立审计机构的财政控制和财政问责的方式。财政控制可以是预防性的、更正性的和惩罚性的；合规控制关注预算形成过程是否符合法律和财政规范；绩效控制关注预算目标的实质性合规。独立审计机构被两个忧虑所扯裂：一个是关于自由的忧虑，主要是限制的行政权力，它可以通过事前的合规控制来实现；另一个是关于管理的忧虑，主要是改善公共管理，它可以通过绩效审计来实现。对于有效且负责的政府财政管理来说，二者都重要，然而，对于某个方面的相对重视程度则依赖于这个国家的预算制度作为一个整体的发展水平。政府审计制度的发展趋势是，通过对事后绩效审计更加重视预防和更正功能。

3.独立审计机构的效果衡量

发展中国家和新兴经济体国家的政府审计，希望重新界定它们对政府问责和财政控制的贡献。一个关键问题是，独立审计机构如何嵌入财政治理及分权的整体框架之中，特别是独立审计机构与立法监督和司法控制的政治问责的关系。然而，人们对于独立审计机构效果的解释因素以及如何量度效果都知之甚少，很少有关于财政控制与不同制度安排效果的比较研究，政府审计对财政治理质量的影响仍然没有得到研究。不少的教训启示我们，独立审计机构的表现需要理解政府审计的政治环境，特别是制度安排在政治激励中的不同角色。政治竞争者和不同政见者是关键，因为他们才有激励和兴趣来监督政府。

为了量度独立审计机构的效果，Santio（2006）构建了一个指标，并用这个指标来量度10个拉丁美洲国家的政府审计效果，这个指标包括政府审计的四个关键属性：对行政的独立程度；审计发现的可信度；审计报告的及时性；审计建议的实施。表1-13是按上述方法计量的10个拉丁美洲国家的政府审计效果。

表1-13　**10个拉丁美洲国家的政府审计效果**

国家	总指标	独立性	信任度	及时性	效果性
阿根廷（Argentina）	0.28	0.44	0.22	0.13	0.33
巴西（Brazil）	0.63	0.88	0.42	0.24	1.00
智利（Chile）	0.59	0.78	0.40	0.18	1.00
哥伦比亚（Colombia）	0.61	0.75	0.46	0.21	1.00
哥斯达黎加（Costa Rica）	0.49	0.66	0.48	0.16	0.67
厄瓜多尔（Ecuador）	0.28	0.66	0.14	—	0.33
萨尔瓦多（El Salvador）	0.40	0.53	0.08	—	1.00
墨西哥（Mexico）	0.36	0.59	0.38	0.12	0.33
尼加拉瓜（Nicaragua）	0.42	0.78	0.20	0.03	0.67
秘鲁（Peru）	0.32	0.78	0.12	0.04	0.33
拉丁美洲10国（LAC10）	0.44	0.68	0.29	0.11	0.67

注：调查取值范围0~1，低分值意味着低效率。

这些数据说明三个问题：首先，与理想模式相比，每个国家的审计制度安排都有较大的变化；其次，治理环境对审计机构的表现有较大的影响；最后，特定国家对于政府外部审计模式的选择，并不能决定该审计机构的综合业绩。厄瓜多尔、秘鲁、哥斯达黎加、墨西哥、智利、哥伦比亚都属于独任模式，然而，审计机构的业绩却差别较大。同时，巴西、萨尔瓦多都属于法庭模式，审计机构的业绩差别也很大。

4.政府审计与财政治理

Santiso（2006）设计了一些反映政府财政和制度质量的指标，进一步检验独立审计机构对财政业绩和财政治理（Fiscal Governance）的影响。用赤字水平、波动性、集中度和预算透明等指标量度财政政策的业绩，用法治、政府效率、腐败控制、行政权力约束等指标量度制度质量。Santiso（2006）发现，外部审计质量对财政效果只有有限的解释力，并且只有间接影响。然而，如果用财政透明指标量度预算过程的可信度，则外部审计质量对其有显著影响。奇怪的是，外部审计与立法机构的预算监督力度无关，这可能表明，外部审计与立法机构的预算监督是分裂的。事实上，外部审计与行政部门的预算权力集中程度有重大关系，这似乎表明，外部审计必须弥补立法监督的弱点并约束行政自由裁量权，外部审计与财政治理质量有重要关系，以此为基础引导独立审计机构对财政业绩的间接影响。Santiso（2006）还发现，外部审计可信性与财政治理质量，特别是与腐败控制和政府效率有很强的相关性。上述这些数据显示，独立审计机构是财政控制和政府财政问责的核心制度要素。然而，外部审计与法治、行政权力约束之间只有较弱的关系，独立审计机构对于制衡体系只有较少的贡献。虽然独立审计机构有可能在强化政府问责中发挥重要作用，但是由于其嵌入的财政控制系统的结构性障碍，独立审计机构经常失败。这些结果不但表明了政府审计制度的系统性失败，而且表明了与治理环境相关的更加广泛的因素对不同国家、不同时期的独立审计机构的绩效有更多的影响力。根据对阿根廷、巴西、智利三个国家的多年研究，发现独立审计机构的最终效果不一定依赖于其选择的组织模式或分权程度，由广泛的组织功能障碍引发的预算监督中的问责期望差，是基础性的原因。在很大程度上弱化的政治激励能够解释独立审计机构的有限效果。总体来说，Santiso（2006）认为，为了改善政府审计业绩，改变政府审计制度本身的设计所能带来的影响是有限的，而外部因素是关键因素，如财政控制系统、预算问责循环、政治权力平衡等因素。

Santiso（2006）指出，越来越多的人认识到，在新兴经济体中，强化公共财政的预算透明和问责能改善经济治理的财政责任。在新兴经济体中，关键的挑战是如何有这样一种制度保障——在保证行政权威强势的同时能确保问责，并防止腐败。在民主制度中，国家议会和外部审计是预算监督和财政控制的关键制度，它们是改善预算透明并确保政府负责任的有效力量。国际金融机构（The International Financial Institutions，IFI）多年来致力于帮助新兴经济体改善财政管理，其中的一个重要方面是强化行政系统之外的预算监督，特别是议会、外部审计机构和民间协会等机构的监督。过度的行政裁量权和强势的立法监督限制了议会在预算过程中的作用，经常造成问责机制形式化。然而，强化预算透明和问责确实能改进财政治理的质量。关于立法监督和外部监督对财政治理的影响，现有的实证证据并没有确定性的结论，主要原因是缺乏可比较的数据。然而，有些证据表明了外部审计对财政治理的贡献。Santiso（2006）构建了外部审计制度质量指数，量度外部审计制度的可信度和效果，它包括四个方面的内容：一是外部审计独立性，根据《宪法》或法律对独立性的规定来量度；二是感知到的审计发现可信度；三是审计报告的及时性，根据已经完成的预算实践调查的数据来量度；四是审计建议实施力度，采用联合国开发计划署（United Nations Development Programme，UNDP）的评估数据。每个调查项目的取值分为1或0两种情形。根据上述方法，10个拉丁美洲国家的外部审计制度质量指数如图1-5所示，图中数据显示，不同国家的外部审计制度质量差别较大。10个拉丁美洲国家的外部审计制度质量与腐败控制的关系如图1-6所示，图中数据显示，外部审计制度质量与腐败控制显著正相关。10个拉丁美洲国家的外部审计制度的质量与预算透明的关系如图1-7所示，图中数据显示，外部审计制度质量与预算透明显著正相关。

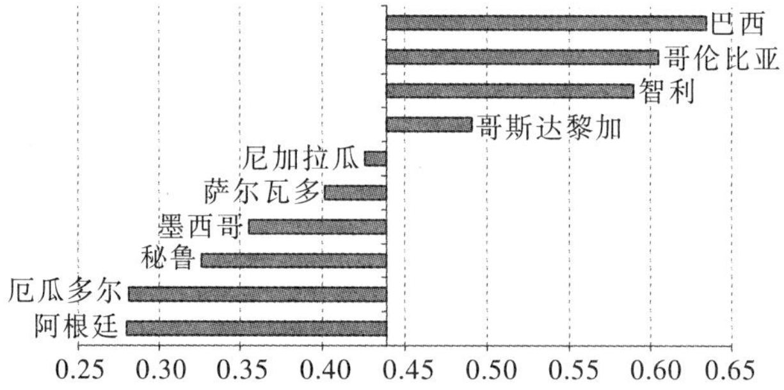

图1-5 外部审计质量指数

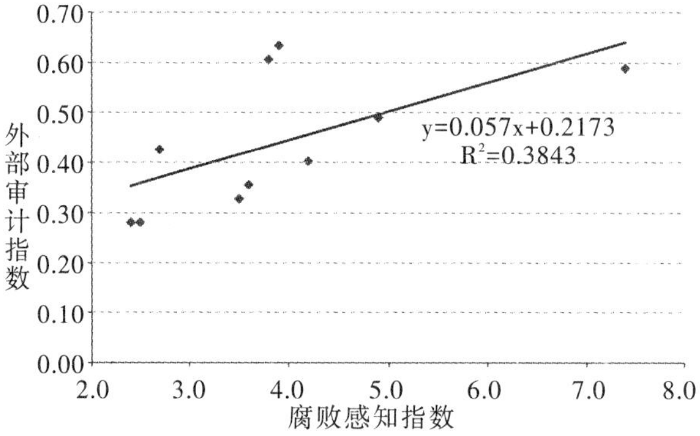

图1-6 外部审计制度质量与腐败控制

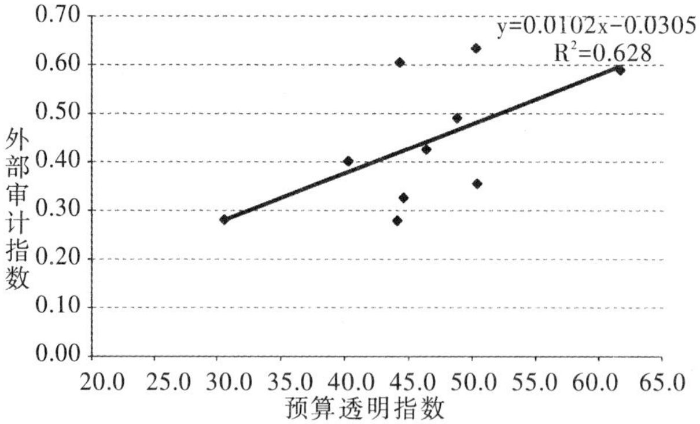

图1-7 外部审计制度质量与预算透明

●第六节 非洲国家的政府审计制度研究

Rakgailwane（2004）指出，在殖民地时期，博茨瓦纳的各个区域都设立了高级审计长（Senior Auditor），后来改称审计主管（Director of Audit）。博茨瓦纳成为独立国家之后，仍然称为审计主管，1970年，审计主管改称审计长（Auditor General）。博茨瓦纳的主要审计业务是财务审计，关注财务报告的准确性、完整性和及时性。近年来，审计业务有以下改进：审计手册和审计准则的引进；地方审计分部的合并；绩效审计和计算机审计的引入。这些变化已经改进了审计工作的质量和及时性，使审计机关在公众面前更加地形象。

博茨瓦纳《宪法》第124节规定，国家设立公共审计办公室及审计长，审计长由国民议会任命，由总统批准。审计业务包括财务审计、绩效审计、地方政府审计、计算机审计和专项审计。审计报告送给国民议会下属的公共账目委员会。

Salawu和Agbeja（2007）介绍和分析了尼日利亚政府审计，指出公众需要审计报告来评价公共部门对资源使用的绩效，恰当的审计能促进问责，并确保公共资源的良好使用。在尼日利亚，1999年的《宪法》对审计长的任命、权力及职责都做出了规定。概要地说，审计长及其指派人员有权对联邦所有机构及法院进行审计，审计长要向议会负责，向公共账目委员会提交审计报告。尽管《宪法》没有授权审计长审计联邦机构，但是审计长有权定期检查这些机构的账目，并且还被授权确定这些机构可聘任的外部审计师的名单，即这些机构只能从这个名单中聘任外部审计师。同时，《宪法》还规定，每个州都要建立审计长办公室，其功能和权力与联邦审计长办公室类似。主要审计业务类型包括：会计审计（Accountancy Audit），根据会计原则和准则要求，对账户凭证进行检查；拨款审计（Appropriation Audit），将会计账目与预算进行比较，以检查是否按预算开支；管理审计（Administrative Audit），监督政府机构是否按法律法规及规则营运。

Salawu和Agbeja（2007）还通过问卷调查的方式，调查了尼日利亚所属奥雄州（Osun）政府审计长办公室的审计情况，收回有效问卷81份，调查结果如下：

（1）内部控制调查情况。一般认为，调查内部控制是审计的基础，调查结果显示，奥雄州政府审计长办公室70%的人员，基本上不调查内部控制，具体情况见表1-14。

表1-14 **审计人员在审计时是否调查内部控制**

调查项目	数量	比例
经常调查内部控制	21	26%
有时调查内部控制	3	4%
基本不调查内部控制	57	70%
合计	81	100%

（2）被审计主体内部控制的有效性。许多审计人员不调查被审计主体的内部控制，主要原因是认为其内部控制不值得信赖。审计人员感知的被审计主体内部控制的有效性见表1-15。数据显示，只有35%的人认为，被审计主体的内部控制是有效的。

表 1-15 **审计人员感知的被审计主体内部控制的有效性**

调查项目	数量	比例
非常有效	23	35%
无效	36	38%
无法评估	22	27%
合计	81	100%

（3）存货及有价证券审计。对于存货及有价证券，有效的审计方法是盘点，调查结果见表1-16。数据显示，38%的审计人员并不盘点实物。

表 1-16 **存货及有价证券的盘点方式**

调查项目	数量	比例
实物盘点	45	56%
观察	18	22%
检查账簿	13	16%
上述全部方法	5	6%
合计	81	100%

（4）工资薪金审计方法。表1-17数据显示，只有38%的审计人员将工资薪金与员工名册进行对比。

表 1-17 **工资薪金审计方法**

调查项目	数量	比例
获取员工名单	31	38%
获取每个员工考勤卡	25	31%
获取工资薪金卡	20	25%
所有上述方法	5	6%
合计	81	100%

（5）审计准则和职业道德的遵守情况。表1-18是审计人员回复的在审计过程中对审计准则和职业道德的遵守情况。数据显示，48%的审计人员在审计过程中未遵守审计准则和职业道德。

表 1-18 **审计准则和职业道德的遵守情况**

调查项目	数量	比例
遵守	42	52%
未遵守	39	48%
合计	81	100%

（6）现行审计和问责体系的恰当性。表1-19是审计人员对现行审计和问责体系恰当性的调查情况。数据显示，44%的审计人员认为，现行审计和问责体系不恰当。

表1-19　　现行审计和问责体系的恰当性

调查项目	数量	比例
恰当	45	56%
不恰当	36	44%
合计	81	100%

（7）问责对政府营运效率的影响。表1-20是审计人员对问责是否能改进政府营运效率的调查情况。数据显示，37%的审计人员认为，问责并不能改进政府营运效率。

表1-20　　问责改进政府营运效率

调查项目	数量	比例
完全同意	28	35%
同意	23	28%
不同意	30	37%
合计	81	100%

（8）公共部门审计对问责的影响。表1-21是审计人员对公共部门审计能否促进有效问责的调查情况。数据显示，43%的审计人员认为，公共部门审计并不能促进有效问责。

表1-21　　公共部门审计对问责的有效性

调查项目	数量	比例
非常有效	31	38%
无效	35	43%
无法评价	15	19%
合计	81	100%

Kwanbo（2010）指出，财政透明和问责是良治的基础。为了在地方政府实现财政透明和问责，尼日利亚政府于1989年建立了负责审计地方政府的审计机关。这个审计机关的建立，为地方政府内部审计机构的设立铺平了道路。Kwanbo（2010）研究了地方政府的内部审计部门对地方政府财政透明和问责的影响，采用问卷调查的方式收集证据，并提出一些问题来量度财政透明和问责，通过比较内部审计部门设立前后的财政透明和问责的差异，分析内部审计部门对财政透明和问责

的作用。Kwanbo（2010）发现，地方政府的内部审计部门与地方政府的财政透明和问责有弱的正向相关关系。

参考文献

［1］ ADAIR J J， SIMMONS R.From voucher auditing to junkyard dogs： the evolution of federal inspectors general ［J］. Public Budgeting and Finace， 1988 （8）： 91-100.

［2］ BLUME L， VOIGT S. Does organizational design of supreme audit institutions matter？ A cross-country assessment ［J］. European Journal of Political Economy， 2011 （27）： 215-229.

［3］ EICHENBERGER R， SCHELKER M.Independent and competing agencies： an effective way to control government ［J］. Public Choice， 2006 （130）： 79-98.

［4］ ENGLISH L.Emasculating public accountability in the name of competition： transformation of state audit in Victoria ［J］. Critical Perspectives on Accounting， 2003 （14）： 51-76.

［5］ ENGLISH L， GUTHRIE J. Mandate， independence and funding： resolution of a protracted struggle between parliament and the executive over the powers of the Australian auditor general ［J］. Australian Journal of Public Administration， 2000， 59 （2）： 98-114.

［6］ FERRAZ C， FINAN F. Exposing corrupt politicians： the effects of Brazil's publicly released audits on electoral outcomes ［R］. IZA Discussion Papers， 2007.

［7］ FREY B S. Supreme auditing institutions： a political-economic analysis Euro ［J］. Law Economic， 1994 （1）： 69-176.

［8］ FORTE F， EUSEPI G.A profile of the Italian state audit court： an agent in search of a resolute prinicpal ［J］. European Journal of Law and Economics， 1994， 1 （2）： 151-160.

［9］ HENRY L J， ATTAVITKAMTORN P.Governmental accounting and auditing in Thailand： an overview and some suggestions for improvement ［J］. The International Journal of Accounting， 1999， 34 （3）： 439-454.

［10］ HUY P Q.The benefit of state audit and significance to enhancing the validity of Vietnamese State budget accounting ［J］. Journal of Modern Accounting and Auditing， 2015， 11 （3）： 143-149.

［11］ HALL R， JONES C. Why do some countries produce so much more output per worker than others？ ［J］. The Quarterly Journal of Economics， 1999 （114）： 83-116.

［12］ HAVENS H S.The evolution of the general accounting office： from voucher audits to program evaluations ［J］. United States General Accounting Office， History

Program, 1990 (1): 1-27.

[13] JOSEPH K P.Accountability of government audit in India [J]. Economic and Political Weekly, 1986, 21 (22): 59-65.

[14] JOSEPH K P.Decline and fall of government audit [J]. Economic and Political Weekly, 1994, 29 (10): 533-534.

[15] JOSEPH K P.Plunder of public exchequer as government audit sleep [J]. Economic and Political Weekly, 1997, 32 (3): 75-76.

[16] KISHIMOTO T.A dilemma in auditing systems [J]. Government Auditing Review, 2002 (9): 3-9.

[17] KWANBO M L.Fiscal transparency and accountability in governance: the role of local government [J]. SSRN Electronic Journal, 2010.

[18] KAUFMANN D, KRAAY A, MASTRUZZI M. Governance matters III: governance indicators for 1996—2002 [R]. World Bank Policy Research Department Working Paper, 2003.

[19] NORTON S, SMITH M.Contrast and foundation of the public oversight roles of the U.S. government accountability office and the U.K. national audit office [J]. Public Administration Review, 2008, 68 (5): 921-931.

[20] STREIM H.Agency problems in the legal political system and supreme audit institutions [J]. European Journal of Law and Economics, 1994, 1 (3): 177-191.

[21] STAPENHURST R, TITSWORTH J. Features and functions of supreme audit institutions [M]. Washington, DC: World Bank, 2001.

[22] TORGLER B, SCHALTEGGER C. The determinants of political discussion: how important are audit courts and local autonomy? [R]. CREMA Working Paper, 2005.

[23] OLKEN B A. Monitoring corruption: evidence from a field experiment in Indonesia [J]. Journal of Political Economy, 2007 (115): 200-249.

[24] STREIM H. Agency problems in the legal political system and supreme audit institutions [J]. Law Economic, 1994 (1): 177-191.

[25] RADFORD M.Auditing for change: local government and the audit commission [J]. Law and Accountancy, 1991: 912-932.

[26] WILLISON D. Agency audits and congressional oversight: the impact of state tax burdens on GAO audit [J]. Public Choice, 1987, 54 (3): 277-281.

[27] MARTINIS M D, CLARK C, KRAMBIA - KAPARDIS M.Audit quality attributes of European Union supreme audit institutions [J]. European Business Review, 2007, 19 (1): 40-71.

[28] NISKANEN W. Bureaucrats and politician [J]. Journal of Law and Economics, 1975 (18): 617.

[29] NIKODEM A.Constitutional regulation of supreme audit institutions in central Europe in a comparative perspective [J]. Managerial Law, 2004, 46 (6): 32-52.

[30] RAKGAILWANE M W.Audit profile: the office of the auditor general of Bostwana [J]. International Journal of Government Auditing, 2004 (10): 22.

[31] SCHELKER M.Auditor terms and term limits in the public sector: evidence from the U. S. States [J]. SSRN Electronic Journal, 2009.

[32] SUZUKI Y. Basic structure of government auditing by a supreme audit institution [J]. Government Auditing Review, 2004, (11): 4-9.

[33] SCHREIM H. Agency problems in the legal political system and supreme auditing institutions [J]. European Journal of Law and Economics, 1994 (1): 177-191.

[34] SCHELKER M, EICHENBERGER R. Starke rechnungsprüfung skommissionen: wichtiger als direkte demokratie and föderalismus? [J]. Journal of Economics and Statistics, 2003: 139, 351-373.

[35] SCHELKER M, EICHENBERGER R. Independent and competing institutions: an effective way to control government [R]. Paper Presented at the ISNIE Annual Meeting Tucson, 2004.

[36] SAČER I M, ŽAGER L, SEVER I.An accountability of supreme audit institutions in the European union countries [R]. The 5th International Scientific Conference Entrepreneurship and Macroeconomic Management: Reflections on the World in Turmoil, 2011: 81-104 .

[37] SANTIO C.Improving fiscal governance and curbing corruption: how relevant are autonomous audt agencies? [J]. International Public Management Review, 2006, 7 (2): 97-108.

[38] SANTISO C.Banking on accountability? Strengthening budget oversight and public sector auditing in emerging economies [J]. Public Budgeting and Finance, 2006, 26 (2): 66-100.

[39] SALAWU R O, AGBEJA O.Auditing and accountability mechanism in the public sector [J]. The International Journal of Applied Economics and Finance, 2007, 1 (1): 45-54.

[40] TORGLER B.A knight without a sword? The effects of audit courts on tax morale in Switzerland [J]. Journal of Institutional and Theoretical Economics, 2005, 161 (4): 735-760.

[41] WILDAVSKY A, CAIDEN. The new politics of the budgetary process [M]. 5th ed. New York: Longman, 2003.

第二章

财务审计及与其结合实施的其他审计研究（上）

对于公共部门财务审计及需要与其结合进行的其他审计，有不少的研究文献，涉及的研究主题包括：公共部门审计收费研究、公共部门审计质量研究、公共部门审计重要性水平研究、公共部门审计延滞研究、公共部门审计师选择及变更研究、公共部门审计师聘任方式研究、公共部门财务审计的其他问题研究。由于内容很多，本书分两章介绍，本章关注公共部门审计收费和公共部门审计质量这两个研究主题，对相关的研究文献做一个概要性的介绍。

第一节　公共部门审计收费研究

一、公共部门审计收费影响因素研究

Rubin（1988）指出，审计责任委员会的报告中已经提到审计费用与审计绩效相关。有些文献研究了审计质量、审计市场竞争、审计专长及审计成本等因素对审计费用的影响，这些研究是以私营部门或经济部门的数据为基础。与私营部门相似，许多地方政府也聘任会计师事务所对政府机构进行审计，而这些公共部门的会计、审计与私营部门有较大的区别，并且还有不同的聘任方法及监管要求，所以，公共部门的审计定价也可能出现区别。Rubin（1988）认为，由于有些政府机构也由会计师事务所进行审计，从而形成一个政府部门审计市场，Simunic（1980）的私营部门审计定价模型用于政府部门审计市场可能不完全适用，需要做些修改。Rubin（1988）的目的是以Simunic（1980）的私营部门审计定价模型为基础，检验影响政府部门审计费用的影响因素。

Rubin（1988）对影响公共部门审计定价的因素分析如下：

（1）被审计主体规模（Auditee Size）。规模越大，需要付出的审计努力越多。对于政府部门的规模，用管辖地区的公民人数表示，并取自然对数。

（2）被审计主体损失风险（Loss Exposure）。如果被审计主体损失风险较大，

则审计师面临的风险增大，从而要求较高的审计费用。用两个指标量度政府部门的风险：一是人均负债（Per Capita Debt），即政府负债总额与管辖地区的公民人数之比；二是政府债券评级，评级越低，风险越大。

（3）被审计主体复杂性（Entity Complexity）。政府的复杂性由基本服务之外的服务决定，基本服务包括警察、消防和市政管理。衡量指标是服务指数（Service Index），这个指数变量是指基本服务之外的服务数量，每一种服务得分为1，全部基本服务之外的服务得分之和就是服务指数，这些服务包括教育、图书馆、公用设施、福利和住房等。被审计主体复杂性与审计费用正相关。

（4）报告复杂性（Report Complexity）。有三个指标衡量政府部门报告的复杂性：①分别编制的审计报告份数，用自然对数表示。②财务报告种类哑变量，政府的财务报告分为通用财务报告（General Purpose Financial Statement，GPFS）和综合年度财务报告（Comprehensive Annual Financial Report，CAFR）两种类型。综合年度财务报告除了包括通用财务报告的全部内容外，还包括一些其他内容，因此综合年度财务报告比通用财务报告要复杂。区分被审计主体是采用综合年度财务报告还是通用财务报告，按哑变量处理，若采用综合年度财务报告，取值为1，否则，取值为0。③审计意见哑变量，越是非标准审计意见，审计师的风险越大，所以若是非标准审计意见，取值为1，否则，取值为0。

（5）审计师留任与选择（Auditor Retention and Selection）。招标对审计费用有降低效用，初次审计可能有降价，同时，审计次数增加后会有学习效用，从而会降低审计成本，这种成本的降低在一定程度上由被审计主体分享。因此Rubin（1988）设计了两个变量来量度审计师的留任与选择：一是审计师招标哑变量，采用招标方式的，取值为1，否则，取值为0；二是审计师任期哑变量，经常更换审计师的，取值为1，否则，取值为0。

（6）审计成本（Audit Cost）。它包括两个变量：一是审计时间，如果是高峰期，则审计成本较高，按哑变量处理，高峰期，取值为1，否则，取值为0；二是被审计主体CFO任职时间，CFO任职时间越长，则与审计师的合作可能越好，从而能降低审计成本。

（7）审计师规模（Auditor Size）。有的实证研究表明，“八大”有溢价效果，区分“八大”和“非八大”，按哑变量处理，“八大”，取值为1，否则，取值为0。

根据以上分析，Rubin（1988）提出的检验模型如公式（2-1）所示。公式（2-1）中，ln（FEE）是审计费用的自然对数；ln（POP）是被审计主体规模，用人口的自然对数表示；ln（DEBT）是人均负债的自然对数；RATING是政府债券评级哑变量，如果评为非投资等级，则取值为1，否则，取值为0；INDEX是服务指数；ln（REP）是分别编制的审计报告份数的自然对数；CAFR是被审计主体财务报告哑变量，如果是CAFR，则取值为1，否则，取值为0；MOD是审计意见哑变量，非标准审计意见，取值为1，否则，取值为0；TENBID是审计师选择哑变量，招标的被审计主体，取值为1，否则，取值为0；TENNOBID是审计师任期哑变量，不经常更换的，取值为1，否则，取值为0；BUSY是审计时间哑变量，11月至3月期间的，取值为1，否则，取值为0；FOTEN是被审计主体CFO类型哑变量，任期较长的，取值为1，否则，取值为0；SB8、LNB8和LB8是审计师与城市规模结合变量，SB8表示小城市由“八大”审计的，取值为1，否则，取值为0；LNB8表示大城市由“非八大”审计的，取值为1，否则，取值为0；LB8表示大城市由“八大”审计的，取值为1，否则，取值为0；u是误差项目。

$$\ln(FEE) = b_0 + b_1 \ln(POP) + b_2 \ln(DEBT) + b_3 RATING + b_4 INDEX + b_5 \ln(REP) + b_6 CAFR + b_7 MOD + b_8 TENBID + b_9 TENNOBID + b_{10} BUSY + b_{11} FOTEN + b_{12} SB8 + b_{13} LNB8 + b_{14} LB8 + u \qquad \text{公式（2-1）}$$

Rubin（1988）的样本是美国189个城市1982年的审计费用数据（这些城市都是由会计师事务所审计的），根据这个样本和上述模型进行统计分析，统计结果显示：被审计主体的规模与审计费用的相关性最强；被审计主体的损失风险与审计费用显著正相关；被审计主体的复杂性与审计费用显著正相关；招标和审计师更换与审计费用显著负相关；审计时间（忙季）与审计费用显著正相关；被审计主体CFO任期与审计费用显著负相关；未发现其他变量与审计费用之间的系统关系。

Ward、Elder和Kattelus（1994）对Rubin（1988）的模型进行扩展，增加以下因素研究其对政府部门审计费用的影响：审计经验（Auditor Experience），是指审计师是否具有政府部门审计经验；调整数量（Number of Adjusting），即审计师建议的会计调整项数；保留意见（Qualified Opinions），即审计意见是保留意见，不是无保留审计意见；代理成本（Agency Cost），因政府官员和公民之间有代理成本，政府官员掌握的资源越多，代理成本越高，代理成本与审计费用正相关；政治竞争（Political Competition），政党之间的正常竞争程度会通过审计影响政府的行为，从而影响审计费用。

根据以上分析，结合Rubin（1988）确定的变量，Ward、Elder和Kattelus（1994）提出了政府部门审计费用的解释变量和预期方向（见表2-1）。

根据上述设计，Ward、Elder和Kattelus（1994）对密歇根州（Michigan）地区86个城市、79个镇和6个村庄1988年的审计费用数据进行统计分析，统计结果显示：审计师的政府审计经验与审计费用正相关；调整分类账笔数与审计费用正相关；未发现保留意见与审计费用之间的系统关系；代理成本与审计费用正相关；未发现政治成本与审计费用之间的系统关系。

Copley、Gaver和Gaver（1995）以政府部门审计市场为对象，采用联立方程（Simultaneous Equation）方法研究政府部门审计市场的供给与需求。Copley、Gaver和Gaver（1995）用会计师事务所名望表示审计需求（Demand），用审计费用表示审计供给（Supply）。Copley、Gaver和Gaver（1995）认为，由于审计需求和审计供给密切相关，所以单独考虑任何一个方面所得出的结论都可能是不正确的。例如，

表2-1 影响政府部门审计费用的变量

变量分类	变量名称	变量描述	预期方向
客户规模	LREV	收入的自然对数	+
审计和报告复杂性	SFUNDS	独立基金数量	+
	COMB	独立审计的基金数量	+
	CAFR	综合财务报告	+
	FITEN	CFO任期	-
	AJE	调整分类账笔数	+
	FAQUAL	关于固定资产的保留意见	-
	OTQUAL	关于其他项目的保留意见	+
审计师选择和成本	BID	招标选择审计师	-
	AUDTEN	审计师任期	+
	BUSY	审计时间在忙季	+
	BIG_6	“六大”审计	+
	EXPAUD	审计师的政府审计经验	+
客户风险	CAPDEBT	人均负债	+
	BONDRATE	政府债券评级	+
代理成本	REVPER	财产税占全部收入的比例	+
	TAX	财税税率	+
	MGR	城市治理方式	不一定
	TYPE	城市所有权形式	不一定
政治成本	TURNOVER	官员任期	+
	MINPAR	少数党席位数量	+

根据代理成本理论，代理成本越高的企业，对审计质量的需求越高，从而可能会选择大型会计师事务所，但是实证检验的结果并不支持这个预期。这其中的原因是只考虑了客户的需求，没有考虑会计师事务所的供给，因为代理成本越高的企业，审计风险也越大，从而审计师的供给意愿也越低。如果将供需双方结合起来就能解释实证检验结果，只从需求方面考虑是无法解释实证检验结果的。

Copley、Gaver和Gaver（1995）认为，从审计需求来说，审计服务是具有质量差异的，不同的会计师事务所具有不同的质量，会计师事务所的名望可以代表审计质量。对不同审计服务的需求实际上也就是对不同名望的会计师事务所的需求，所以影响客户对不同类型会计师事务所需求的主要因素是客户代理成本和审计费用，客户代理成本可以用客户的一些特点指标表示。从审计供给来说，审计需求及客户本身的一些特点决定审计师的供给，所以审计需求和供给是相互影响的。根据以上分析，在文献综述基础上，Copley、Gaver和Gaver（1995）提出的联立方程如公式

（2-2）所示。

$$\begin{cases} REPUTATION = \beta_0 + \beta_1 MARGFEE + \beta_2 TAXSHARE + \beta_3 PROP\text{-}TAX + \\ \quad \beta_4 NEWDEBT + \beta_5 RATING + \beta_6 MANAGER + \beta_7 LN(POPUL) + \beta_8 MAYORTURN + \\ \quad \beta_9 B8OFFICE + \varepsilon_d \quad (demand) \\ MARGFEE = \gamma_0 + \gamma_1 REPUTATION + \gamma_2 LN(POPUL) + \gamma_3 SERVICES + \gamma_4 DEBT + \\ \quad \gamma_5 RATING + \gamma_6 SEASON + \varepsilon_s \quad (supply) \end{cases}$$

公式（2-2）

公式（2-2）中，REPUTATION代表审计师名望，根据审计师服务的证券交易委员会（Securities and Exchange Commission，SEC）的客户数量、审计师服务的证券交易委员会客户的营业收入合计和审计师服务的政府部门数量三个指标，采用主成分分析法获得指标数据（Principal Component Analysis），此指标数据是一个连续变量；TAXSHARE表示人均收入，用政府所管辖地区的人口与政府总收入之比表示；PROP-TAX表示财产税占政府全部收入的比例；NEWDEBT表示审计之后人均新增加的负债，用政府所管辖地区的人口与审计之后政府新增加的负债之比表示；RATING表示政府债券等级，根据是否低于AAA，按哑变量处理；MANAGER表示政府的管理方式，根据不同管理方式按哑变量处理；LN（POPUL）是政府所管辖地区的人口的自然对数；MAYORTURN表示市长是否在随后的选举中连任，按哑变量处理；B8OFFICE表示是否有“八大”的分支机构在该城市，按哑变量处理；SERVICES是政府服务指数，根据政府提供的基本服务之外的服务种类计算；DEBT表示人均负债，用政府所管辖地区的人口与政府全部长期负债之比表示；SEASON表示要求的审计时间是否在忙季，按哑变量处理；MARGFEE是边际审计费用，根据公式（2-3）进行估计，公式（2-3）中，REPUTATION代表审计师名望，与公式（2-2）中的计算方法相同，LN（REV）代表客户规模，用客户收入的自然对数表示。

$$FEE = \gamma_1 REPUTATION + \gamma_2 LN(REV) + \gamma_3 REPUTATION \times LN(REV) + \gamma_4 REPUTATION^2 + \gamma_5 [LN(REV)]^2 + \varepsilon_5$$

公式（2-3）

Copley、Gaver和Gaver（1995）的样本是1985年美国162个人口在5万以上且由会计师事务所审计的城市。他们根据这个样本，进行了两种分析：一种是根据联立方程公式（2-2）和上述变量界定进行统计检验；另一种是改变联立方程中的REPUTATION和MARGFEE的设计，REPUTATION用主成分分析法计算结果，并将会计师事务所区分为“八大”和“非八大”，MARGFEE不再采用公式（2-3）进行估计，而是直接用审计费用的自然对数表示。根据上述两种统计分析的数据，统计结果显示，客户特点（规模、风险和财务杠杆）是决定审计需求和审计费用的主要因素，审计需求是决定费用的一个重要因素。

Hackenbrack、Jensen和Payne（2000）指出，为了确保审计质量，抑制会计师事务所之间的价格竞争，鼓励非价格竞争，美国佛罗里达州对该州公共部门如何选择外部审计师做了明文规定，潜在的审计师在给客户提供的资料中，不能包括审计费用数字，客户要根据非价格偏好（Non-Price Preference）对潜在的审计师进行排名，首先与排名第一的审计师谈判，如果没有谈成，则与排名第二的再谈，如此下去，直到与一个审计师签订合约为止。

Hackenbrack、Jensen和Payne（2000）研究了这种限制价格竞争的措施对公共部门审计市场的审计价格和审计质量的影响：

（1）限制价格竞争对审计价格的影响。在文献综述的基础上，他们提出的检验模型如公式（2-4）所示。公式（2-4）中，LN（audit fees）是依存变量，用审计费用的自然对数表示；BASE和BIDDING是解释变量，BASE表示客户所在地区是否允许审计师进行竞争性谈判和要约，如果允许，则取值为1，否则，取值为0；BIDDING表示客户所在地区是否允许审计师进行竞争性谈判和要约，如果不允许，则取值为1，否则，取值为0；其他变量都是控制变量，LEXP表示客户规模，用客户年度支出的自然对数表示；MANAGER是客户治理类型哑变量，有市长的，取值为1，否则，取值为0；DEBT_EXP是客户风险，用同一个年度的负债与支出之比表示；YEAR3表示审计师对客户审计的次数，如果次数在四次以下，则取值为1，否则，取值为0；BIG6表示审计师类型，“六大”，取值为1，否则，取值为0；SPECIALIZATION表示审计师专业化程度，用审计师在公共部门的客户数量表示；CAE是审计质量哑变量，如果审计之后客户获得优秀财务报告证书，则取值为1，否则，取值为0。

$$\begin{aligned}LN(audit\ fees) = a + b_1LEXP + b_2MANAGER + b_3DEBT\_EXP + b_4YEAR3 + b_5BIG6 + \\ b_6SPECIALIZATION + b_7CAE + b_8BASE + b_9BIDDING\end{aligned} \quad \text{公式（2-4）}$$

（2）限制价格竞争对审计质量的影响。在文献综述的基础上，Hackenbrack、Jensen和Payne（2000）提出的检验模型如公式（2-5）所示。公式（2-5）中，Q_OP_FA表示审计师审计意见，如果是非标准审计意见，则取值为1，否则，取值为0。从公共部门的特殊情况出发，非标准审计意见可能主要针对客户的固定资产的会计处理。其他变量的含义与公式（2-4）相同。

$$\begin{aligned}CAE = a + b_1LEXP + b_2MANAGER + b_3DEBT\_EXP + b_4Q\_OP\_FA + b_5BIG6 + \\ b_6SPECIALIZATION + b_7BASE + b_8BIDDING\end{aligned} \quad \text{公式（2-5）}$$

Hackenbrack、Jensen和Payne（2000）的样本是1992年美国东南部8个州的675个公共部门的审计数据。675个公共部门分布于三类审计市场：一是限制竞争性报价的审计市场（Bdding Restriction Market），样本中处于这个市场的公共部门有141个；二是限制直接请求的审计市场（Solicitation Restriction Market），样本中处于这个市场的公共部门有280个；三是数据库市场（Baseline Market），样本中处于这个市场的公共部门有254个。根据这个样本和上述模型，Hackenbrack、Jensen和Payne（2000）进行了统计分析，统计结果显示，限制竞争性报价和限制直接请求与审计费用显著正相关，即这些限制会提高审计费用。同时，限制竞争性报价和限制直接请求与获得优秀财务报告证书显著正相关，这在一定程度上表明限制竞争性报价和限制直接请求能提高审计质量。

Thorne et al.（2000）以会计师事务所对美国北卡罗来纳州（North Carolina）地

方政府机构的审计为对象，研究审计收费方式对审计费用的影响。审计收费有固定收费合约（Fixed Fees Contracts）和成本补偿合约（Cost Reimbursement Contracts）两种主要方式。在固定收费合约中，审计师向客户收取审计费用（审计前事先约定好一个固定数字，事后不改变），并且不考虑事后实际投入的资源（当然，审计师在合约谈判时已经考虑了这些因素）。在成本补偿合约，双方当事人事先没有约定好审计费用总额，但是事前约定好不同审计人员投入审计时间的单价，实际审计费用由审计人员的实际投入时间及相应的单价来确定。可以预期，在不同收费合约下，审计人员的行为方式可能会不同，从而审计费用会不同。Palmrose（1989）对上市公司的研究发现，当采用固定收费合约时，审计费用较低，但是并没有发现审计收费方式与审计时间之间的系统关系，这说明固定收费合约在降低审计费用的同时，并没有带来审计师审计投入的降低。根据Palmrose（1989）的结论，Thorne et al.（2000）预期，在会计师事务所对公共部门的审计中，固定收费合约下的审计费用会低于成本补偿合约下的审计费用。但是，为什么审计师对不同的客户会采取不同的审计收费方式呢？Raman 和 Wilson（1992）对上市公司的研究发现，当审计师认为客户风险较大时，会通过增加审计程序的方式来降低自己的诉讼风险。所以Thorne et al.（2000）预期在公共部门审计中，当客户的财务状况不好时，审计师可能选择成本补偿合约。此外，还有的研究发现，审计师行业专长和特定客户专长也影响审计收费方式，越是具有行业专长的审计师，其审计的效率越高，越是偏好固定收费合约；越是了解客户的审计师，审计效率越高，从而越是偏好固定收费合约。

具体来说，Thorne et al.（2000）在文献综述的基础上，提出以下假设：

假设1：固定收费合约下的审计收费低于成本补偿合约下的审计收费。

假设2：随着客户的财务风险的增加（降低），选择成本补偿合约（固定收费合约）的可能性增加。

假设3：随着审计师行业专长的增加（降低），选择固定收费合约（成本补偿合约）的可能性增加。

假设4：随着审计师对特定客户专长的增加（降低），选择固定收费合约（成本补偿合约）的可能性增加。

根据上述四个假设，Thorne et al.（2000）的检验设计如下：

（1）不同合约方式对审计收费的影响（假设1），检验模型如公式（2-6）所示。公式（2-6）中，LN（FEE）是依存变量，用审计费用的自然对数表示；CONTRACT是解释变量，固定收费合约，取值为1，否则，取值为0；其他变量都是控制变量，GOVTYPE是客户类型，县政府，取值为1，城市政府，取值为0；PCDEBT是客户的人均负债，即政府总负债与管辖的人员之比；BDRATE是客户的政府债券评级，A级及其以上，取值为1，否则，取值为0；LN（POP）是客户管辖区的人口的自然对数；INDEXP是审计师行业专长变量，用审计师在美国北卡罗来纳州的政府客户数量表示；CLIEXP是审计师特定客户专长变量，用现任审计师对本客户已经审计的次数表示；QUALITY是审计质量哑变量，事后美国财政部所属机构复核确定为完全合格的，取值为1，否则，取值为0；下标t表示年度。

$$LN(FEE)_t = a_0 + a_1GOVTYPE + a_2PCDEBT_t + a_3BDRATE_t + a_4LN(POP)_t + a_5INDEXP_t + a_6CLIEXP_t + a_7QUALITY_t + a_8CONTRACT_t + e$$ 公式（2-6）

（2）不同合约方式的选择（假设2至假设4），检验模型如公式（2-7）所示。由于本年度的合约方式是由上年度的客户及审计师相关特点所决定的，所以，检验本年度的合约选择方式要用上年度的数据，只能采用逻辑回归方法进行分析。公式（2-7）中的下标t表示当年，下标t-1表示去年；Probability（$CONTRACT_t$）是依存变量，表示第t年的合约方式，按哑变量处理，固定费用合约，取值为1，否则，取值为0；其他变量的含义与公式（2-6）相同，只是数据用t-1年的数据。

$$Probability(CONTRACT_t) = b_0 + b_1GOVTYPE + b_2LN(FEE)_{t-1} + b_3LN(POP)_{t-1} + b_4PCDEBT_{t-1} + b_5BDRATE_{t-1} + b_6CLIEXP_{t-1} + b_7INDEXP_{t-1} + e$$ 公式（2-7）

Thorne et al.（2000）的样本是1995—1996年美国北卡罗来纳州99个县和87个城市的数据，其中1995年的数据用于检验合约方式的选择。根据上述样本和检验设计的统计分析数据，统计结果显示，假设1和假设3得到支持，假设2和假设4没有得到支持。

Johnson、Davies和Freeman（2002）指出，一般来说，审计师的工作具有季节性（Seasonality），在会计年度结束的时期，审计师工作较忙，这可能影响审计师的审计收费和审计延滞。在以往的研究中，往往只是设计一个哑变量来处理审计师工作的季节性，这种处理方法过于简单。由于美国各州的会计年度结束时间不同，为研究审计师的工作具有季节性对审计收费和审计延滞的影响提供了好机会。

在文献综述和理论分析的基础上，Johnson、Davies和Freeman（2002）提出以下假设：

假设1a：以9月30日作为会计年末日期的政府机构，审计费用将高于以6月30日作为会计年末日期的政府机构。

假设1b：以12月30日作为会计年末日期的政府机构，审计费用将高于以6月30日作为会计年末日期的政府机构。

假设1c：以12月30日作为会计年末日期的政府机构，审计费用将高于以9月30日作为会计年末日期的政府机构。

假设2：以12月30日作为会计年末日期的政府机构，审计延滞将高于以9月30日作为会计年末日期的政府机构。

检验审计费用的模型如公式（2-8）所示，公式（2-8）中，LAFEE表示审计费用，按审计收费的自然对数计算；SYE表示以9月30日作为会计年末日期的政府机构；DYE表示以12月30日作为会计年末日期的政府机构；OYE表示以其他时间作为会计年末日期的政府机构；LTR表示总收入；CU表示内部单位的数量；B6表示是否是“六大”，若是“六大”，取值为1，否则，取值为0；BID表示是否是竞争性投标，若是竞争性投标，取值为1，否则，取值为0；LOBR表示债券评级高低，债券评级低，取值为1，否则，取值为0；TENURE表示审计师任期；LDELAY表示审计延滞，按延滞天数的自然对数计算。

$$LAFEE = b_0 + b_1SYE + b_2DYE + b_3OYE + b_4LTR + b_5CU + b_6B6 + b_7BID + b_8LOBR + b_9TENURE + b_{10}LDELAY + e \quad \text{公式（2-8）}$$

检验审计延滞的模型如公式（2-9）所示，公式（2-9）中，SYE、DYE、OYE、LAFEE变量的计算方法与公式（2-8）的相同；GFOA表示是否获取财务成就认证，按哑变量处理；DIVR表示由审计师共同完成审计项目，并分担审计责任；CITY表示被审计主体类型，分为城市和县；SAI表示审计长办公室对会计师事务所的监督；VAR表示按小时收费；CPA表示财务负责人是否具有注册会计师资格证书。

$$LDELAY = b_0 + b_1SYE + b_2DYE + b_3OYE + b_4GFOA + b_5DIVR + b_6CITY + b_7SAI + b_8VAR + b_9CPA + b_{10}LAFEE + e \quad \text{公式（2-9）}$$

样本是1993年美国各州的城市或县的审计数据，共302个政府机构。根据上述研究设计，统计分析表明：以6月30日作为会计年末日期的政府机构，审计费用低于以9月30日或12月30日作为会计年末日期的政府机构；以6月30日或9月30日作为会计年末日期的政府机构，审计延滞无显著差异；以9月30日作为会计年末日期的政府机构，审计延滞最小。

Shailer et al.（2004）指出，从1991年开始，澳大利亚国家审计署（Australian National Audit Office，ANAO）对于公共部门的审计实行收费制度，对于具有企业性质的政府公司（Government Corporations），经过主管部门（不是澳大利亚国家审计署）批准后，可以聘用会计师事务所进行审计，法人化的联邦法定机构也可以聘请会计师事务所进行审计。所以，澳大利亚国家审计署对不同的公共部门的垄断程度是不同的，对政府部门的垄断程度最强，对政府公司的垄断程度最弱，对联邦法定机构的垄断程度介于二者之间。Shailer et al.（2004）认为，对于不同垄断程度的公共部门，澳大利亚国家审计署可能采取歧视性定价，垄断程度越高，定价越高。

Shailer et al.（2004）的变量设计如下：（1）依存变量。审计费用，用年度审计费用的自然对数表示。（2）解释变量。澳大利亚国家审计署对公共部门的垄断程度设置三个变量，分别表示政府部门、联邦法定机构和政府公司。（3）控制变量。在这种垄断的市场中，澳大利亚国家审计署本身的特点对审计收费的影响可以不考虑（会计师事务所对客户的审计必须考虑会计师事务所本身的特点），因此，客户的复杂性（包括风险）和规模是影响澳大利亚国家审计署收费的主要因素。Shailer et al.（2004）将有关私营部门的复杂性和规模的量度指标进行归纳见表2-2，将有关公共部门的复杂性和规模量度指标进行归纳见表2-3。在此基础上，Shailer et al.（2004）将澳大利亚的公共部门分为联邦法定机构（Commonwealth Statutory Authorities）、政府部门（Government Department）和政府公司（Government Business Enterprises）三种类型，并分别提出这三类客户的复杂性和规模量度指标见表2-4。

表 2-2　**私营部门复杂性和规模量度指标**

研究者及年份	客户复杂性/风险		客户规模
	复杂性	某种资产占全部资产的比例	
Simunic（1980）	子公司数量 行业数量	海外资产	
Taylor 和 Baker（1981）	子公司数量		总资产
Francis（1984）	子公司数量	流动资产	总资产
Simon（1985）	子公司数量	流动资产	总资产
Francis 和 Stokes（1986）	子公司数量	存货 应收账款	总资产
Palmrose（1986）	地理颁布数量 报告份数		总资产
Francis 和 Simon（1987）	子公司数量	海外资产 存货 应收账款	总资产
Simon 和 Francis （1988）	子公司数量 海外子公司占全部的子公司的数量	存货 应收账款	总资产
Haskins 和 Williams （1988）	子公司数量		总资产 净收益 总收入
Gist （1992）	审计地点数量 子公司数量		总资产 总收入
Chan、Ezzamel 和 Gwilliam（1993）	子公司数量 所有权分期状况		总收入
Anderson 和 Zeghal （1994）	海外子公司数量	存货 应收账款	总资产
Pong 和 Whittington （1994）	子公司数量		总资产 总收入
Butterworth 和 Houghton（1995）	子公司数量		总资产
Jubb、Houghton 和 utterworth（1996）	子公司数量	存货 应收账款	总资产

表2-3　　**公共部门复杂性和规模量度指标**

研究者及年份	客户复杂性	客户规模
Baber、Brooks和Ricks（1987）		人口数量
Rubin（1988，1992）	服务指数 服务种类	客户收入 人口数量
Copley（1989，1991）	服务种类	人口数量
Sanders、Allen和Korte （1995）	报告数量种类	人口数量

表2-4　　**三类公共部门复杂性和规模量度指标**

机构分类	客户复杂性和风险	客户规模
政府部门	1.流动资产与全部资产之比 2.审计意见类型，非标准审计意见，取值为1，否则，取值为0 3.服务种类数	部门费用 总资产
联邦法定机构	1.流动资产与全部资产之比 2.审计意见类型，非标准审计意见，取值为1，否则，取值为0 3.服务种类数 4.附属单位数量 5.是否是法人组织，按哑变量处理	部门费用 总资产
政府公司	1.流动资产与全部资产之比 2.审计意见类型，非标准审计意见，取值为1，否则，取值为0 3.附属单位数量 4.是否是法人组织，按哑变量处理	部门费用 总资产

注：在运用模型分析时，部门费用、总资产及审计费用都取自然对数。

根据上述设计，Shailer et al.（2004）提出的概念模型如公式（2-10）所示，公式（2-10）中，审计费用是被审计主体损失风险（Loss Exposure）、复杂性及风险（Complexity/Risk）和垄断权力（Monopoly Power）的函数。其中，垄断权力是解释变量，被审计主体复杂性及风险是控制变量。

$$\text{audit fee} = \left[\begin{pmatrix}\text{loss exposure}\\\text{expenditure}\\\text{total assets}\end{pmatrix}, \begin{pmatrix}\text{complexity/risk}\\\text{incorporation}\\\text{subsidiaries/programs}\\\text{CA/TA}\\\text{qualification}\end{pmatrix}, \begin{pmatrix}\text{monopoly power}\\\text{agency type}\end{pmatrix}\right] \qquad \text{公式（2-10）}$$

Shailer et al.（2004）以1992—1994年澳大利亚国家审计署审计的198个客户的收费数据作为样本，统计分析的结果显示，澳大利亚国家审计署对公共部门的定价存在歧视行为，垄断程度与定价水平正相关。

Giroux和McLelland（2008）指出，关于地方政府审计费用的影响因素有不少的研究，这些研究基本上都是在分析影响因素之后，用标准的回归分析来检验各因素对地方政府审计费用是否存在影响（Baber、Brooks和Ricks，1987；Rubin，1988）。Giroux和McLelland（2008）认为，回归分析不能有效地解决多重共线性问题，也不能分析对依存变量有间接影响的因素。因此，Giroux和McLelland（2008）采用结构方程（Structured Equation）来分析地方政府审计费用的影响因素，并将分析结果与回归分析结果相比较。在文献综述的基础上，Giroux和McLelland（2008）将影响地方政府审计费用的因素分为五类：客户规模、客户营运复杂性、财政风险及人口统计特征、审计因素、治理结构。每类因素都有具体的因素和表征该具体因素的变量（见表2-5）。

表2-5 **地方政府审计费用影响因素及变量设计**

变量分类	变量名称及符号	变量描述	预期方向
客户规模	地方政府所辖地区人口（LNPOP）	人口的自然对数	+
客户营运复杂性	自有税收收入（TAXSHARE）	人均自有税收	?
	固定收益养老金计划（PENSION）	哑变量，存在未供资固定收益养老金计划，取值为1，否则，取值为0	+
	报表组成单位数（COMPUNIT）	政府合并报表中包含的单位数量	+
财政风险及人口统计特征	发行债券（DEBTPC）	人均已发行债券	+
	财政能力（FV）	权益性收入与全部收入的比值	-
	赤字/结余（SURDEF）	财政收入与财政支出的比值	-
	平均收益（AVGINC）	财政收入与人口的比值	-
	1990—1996年人口变化（CPOP）	人口增减数量	?
审计因素	审计意见（AUDOPN）	哑变量，标准意见，取值为1，否则，取值为0	-
	“六大”（BIG6）	哑变量，“六大”，取值为1，否则，取值为0	+
	首次审计（FIRSTYR）	哑变量，首次审计，取值为1，否则，取值为0	-
治理结构	城市职业管理者或市长（MGR）	哑变量，城市职业管理者，取值为1，否则，取值为0	-
	成就认证（CA）	哑变量，成就认证，取值为1，否则，取值为0	-

依存变量是审计费用（LNFEE），按审计费用的自然对数计算。根据上述变量设计，回归模型如公式（2-11）所示，初始的结构方程如公式（2-12）所示。

$$LNFEE = \alpha + \beta_1 + LNPOP + \beta_2 FV + \beta_3 TAXSHARE + \beta_4 PENSION + \beta_5 COMPUNIT + \beta_6 DEBTPC + \beta_7 FV + \beta_8 SURDEF + \beta_9 AVGINC + \beta_{10} CPOP + \beta_{11} AUDOPN + \beta_{12} BIG6 + \beta_{13} FIRSTYR + \beta_{14} MGR + \beta CA + e \quad \text{公式（2-11）}$$

$$LNFEE = \beta_1 LNPOP + \beta_2 FV + \beta_3 TAXSHARE + \beta_4 PENSION + \beta_5 COMPUNIT + \beta_6 DEBTPC + \beta_7 FV + \beta_8 SURDEF + \beta_9 AVGINC + \beta_{10} CPOP + \beta_{11} AUDOPN + \beta_{12} BIG6 + \beta_{13} FIRSTYR + \beta_{14} MGR + \beta CA + e_1 \quad \text{公式（2-12）}$$

其中：$FV = \beta_{15} MGR + e_2$

$TAXSHARE = \beta_{16} MGR + \beta_{17} FV + \beta_{18} DEBTPC + e_3$

$BIG6 = \beta_{19} LPOP + \beta_{20} FV + \beta_{21} TZXSHARE + e_4$

$COMPUNIT = \beta_{22} LNPOP + e_5$

Giroux 和 McLelland（2008）以人口在10万以上的140个地方政府的1996年财政年度及其审计相关数据作为最终样本。根据上述研究设计，最终的结构方程中有七个变量。统计分析表明，下列六个变量对审计费用有直接解释力：LNPOP、COMPUNIT、FV、TAXSHARE、CPOP和BIG6，这六个变量的R^2为60.2%，拟合优度具有合理显著性。MGR对审计费用没有直接作用，但是会影响其他变量，对审计费用具有间接作用。另外，COMPUNIT、BIG6、FV、TAXSHARE和CPOP都发挥中间变量的作用。这个结果表明，结构方程能够解释审计费用的影响因素，并且能提供更多的信息。

Redmayne、Bradbury 和 Cahan（2011）指出，新西兰的公共部门分为两种类型：一是盈利导向；二是公共福利导向。同时，公共部门是否设置审计委员会需自行决定。Redmayne、Bradbury 和 Cahan（2011）研究在不同的公共部门中，审计委员会的设置与审计费用是否相关。

从理论上来说，随着风险的增加，外部审计需求增加，所以审计费用也会增加。然而，正是由于审计风险的增加，对审计之外的其他治理机制的需求也会增加，审计委员会正是这种外部审计之外的其他机制之一，随着风险的增加，对其需求也会增加。如此一来，风险、外部审计费用及审计委员会的关系就有可能呈现两种关系：一是风险和审计委员会共同催升审计费用，审计委员会与外部审计之间呈现互补（Complement）关系；二是由于审计委员会抑制了一部分风险，需要外部审计应对的风险反而降低了，审计费用会降低，审计委员会与外部审计之间呈现替代（Substitute）关系。在理论分析和文献综述的基础上，Redmayne、Bradbury 和 Cahan（2011）就公共部门审计委员会与审计费用的关系提出的理论模型如公式（2-13）所示。

$$\text{Audit fee} = b_0 + \sum_i b_{1i} e_i + \sum_j b_{2j} r_j + b_3 AC + \sum_j b_{4j} AC \cdot r_j \quad \text{公式（2-13）}$$

公式（2-13）中，e表示审计努力，r表示审计风险，AC表示审计委员会是否存在。基于上述理论模型，提出以下假设：

假设1：审计费用与审计委员会存在正相关关系。

假设2：审计风险与审计委员会的交互项同审计费用负相关（因为风险增加后，审计委员会会加强审计力度，从而降低了对外部审计的需求）。

检验上述假设的模型如公式（2-14）所示。

$$\ln AFEE = b_0 + b_1 \ln ASSETS + b_2 \ln NSUBS + b_3 INVREC + b_4 LEV + b_5 LOSS + b_6 BUSYDIR + b_7 CEODIR + b_8 BIG5 + b_9 POE + b_{10} AC + b_{11-14} AC \cdot r_4 + \varepsilon \quad \text{公式（2-14）}$$

公式（2-14）中，lnAFEE是审计费用的自然对数；lnASSETS是总资产的自然对数；lnNSUBS是下属单位的自然对数；INVREC是存货与应收账款之和占总资产的比例；LEV是负债占总资产的比例；LOSS是被审计主体是否亏损，亏损，取值为1，否则，取值为0；BIG5是会计师事务所是否属于“五大”，是“五大”，取值为1，否则，取值为0；POE是被审计主体是否属于利润导向，属于利润导向，取值为1，否则，取值为0；CEODIR是被审计主体的CEO是否是董事，是董事，取值为1，否则，取值为0；BUSYDIR是忙的董事占董事会的比例；AC是是否有审计委员会，有审计委员会，取值为1，否则，取值为0。INVREC、LEV、LOSS这三个变量都体现了被审计主体的营运风险，也可以是审计风险的替代变量。AC是解释变量，其他变量都是控制变量。

Redmayne、Bradbury和Cahan（2011）的样本是1998—2000年新西兰的一些公共部门（大部分是国有企业）的审计相关数据。在这个期间，这些公共部门是否设立审计委员会由本单位自行决定。

根据上述研究设计，统计分析的结果表明，对于利润导向的公共部门，审计委员会与审计费用存在正向关系，但不显著；对于公共福利导向的公共部门，审计风险与审计委员会的交互项同审计费用负相关。研究结论表明，审计委员会是公共部门的有效治理机制之一。

二、单一审计的审计收费研究

Raman和Wilson（1992）指出，1984年美国的《单一审计法案》（Single Audit Act）超出了传统财务报表审计，强调内部控制审核和合规性测试。美国审计署（GAO）、国会的相关委员会和美国注册会计师协会（Americal Institute of Certified Ppublic Accountants，AICPA）都表示了对单一审计的审计收费、审计质量及低价揽客行为的担忧，Raman和Wilson（1992）以问卷调查为基础，研究了上述相关问题。

（一）单一审计对审计费用影响的理论分析

Raman和Wilson（1992）首先从理论上分析了单一审计的可能影响，并指出关于单一审计的可能影响还无法提出一个理论框架，但是可以分析单一审计的一些因素对审计费用的影响。

首先，由于审计工作增加，需要新的审计技术，单一审计可能增加审计费用。单一审计要求内部控制审核和合规性测试，并且要求出具单独的内部控制审核报告和合规性审计报告。在内部控制审计报告中，不要求对内部控制发表意见，只要求报告发现的内部控制缺陷；在合规性审计报告中，要求对被审计主体的合规性发表意见。上述这些工作都超出了传统财务报表审计的内容。另外，对政府机构进行审计，也需要增加一些新的技术。上述审计工作的增加及新技术的需求，可能会增加审计费用。

其次，会计师事务所之间的竞争可能抑制审计费用的增加。同时，单一审计消除了重复审计，也会降低审计费用。

再次，不同的会计师事务所也可能影响审计收费。大型的会计师事务所的审计质量较高，其收费也可能相对较高。

最后，内部审计部门的支出。一般来说，内部审计的支出可能会降低外部审计费用，可是由于单一审计要求接受援助的单位加强内部控制，而内部审计可能是其中的重要举措，所以增加的内部审计费用可能是用于内部控制的强化，而不是降低外部审计费用。

（二）研究设计及统计分析结果

1984年的《单一审计法案》，真正开始生效是在1986年，样本是1984—1987年人口在2.5万以上的城市，对650个由会计师事务所进行审计的城市进行问卷调查，最终得到1984年167个城市、1985年178个城市、1986年185个城市、1987年192个城市，共计722个观测数据。

Raman和Wilson（1992）设计了基本模型、结构性变化模型和首次业务模型来分别检验不同的问题。

基本模型检验单一审计对审计费用的影响。根据前面的理论分析，并参考已有的研究模型（Simunic，1980；Baber et al.，1987；Rubin，1988），Raman和Wilson（1992）提出的基本模型变量设计见表2-6。

表2-6 **基本模型变量设计**

变量分类及名称		变量描述
依存变量	审计费用	用1982年物价指数调整后的外部审计费用的自然对数表示
控制变量	城市规模	用1985年城市人口的自然对数表示
	城市债券评级	Baa及其以下取值为0，其他，取值为1
	审计范围	用综合年报报表审计，取值为1，用财务报表审计，取值为0
	审计意见	保留意见，取值为1，否则，取值为0
	审计时期	忙季（11月至3月），取值为1，否则，取值为0
	城市政府类型	委员会-经理型，取值为1，否则，取值为0
	招标类型	竞争型招标，取值为1，否则，取值为0
解释变量（单一审计相关变量）	单一审计	单一审计，取值为1，否则，取值为0
	内部控制缺陷报告	在内部控制报告中，报告具有重要性的内部控制缺陷，取值为1，否则，取值为0
	违规报告	在合规性报告中，报告具有重要性的违规，取值为1，否则，取值为0
	事务所类型	“八大”，取值为1，否则，取值为0
	小城市请大所	城市人口低于平均数，但取证“八大”，取值为1，否则，取值为0
	内部审计规模	用1982年物价指数调整后的内部审计费用的自然对数表示

根据上述变量设计，回归分析的结果是，“单一审计”与审计费用无显著相关性，这表明会计师事务所自己消化了单一审计额外的成本，或者是单一审计消除了重复审计，从而抵销了审计费用。“内部控制缺陷报告”与审计费用弱正相关（$P<0.1$），“违规报告”与审计费用显著正相关（$P<0.05$），“小城市请大所”与审计费用显著正相关。

结构性变化模型检验单一审计对审计费用的影响是否具有稳定性，即检验单一审计强制实施之后，由于政府审计机关的检查，导致审计质量提高，而这种审计质量提高是否会提升审计费用。为此，Raman和Wilson（1992）在基本模型的基础上，增加了一些表示结构性变化的变量见表2-7。统计分析表明，增加的这些结构性变化的变量，都没有增加解释力，都与审计费用无关，说明审计质量的提高并没有伴随审计费用的增加。

表2-7 **结构性变化模型变量设计**

变量分类	变量描述
单一审计实施时期	1986—1987年为单一审计实施期间，取值为1，其他时间，取值为0
内部控制缺陷报告的交互项	1986—1987年内部控制缺陷报告的交互项，取值为1，否则，取值为0
违规报告的交互项	1986—1987年违规报告的交互项，取值为1，否则，取值为0
事务所类型的交互项	1986—1987年“八大”的交互项，取值为1，否则，取值为0
小城市请大所的交互项	1986—1987年小城市请大所的交互项，取值为1，否则，取值为0

首次业务模型检验单一审计中是否存在低价揽客行为，在基本模型的基础上，增加的变量见表2-8。统计分析表明，这些变量并没有增加解释力，都与审计费用无显著相关性，单一审计并不存在低价揽客行为。

表2-8 **首次业务模型变量设计**

变量分类	变量描述
首次业务	首次业务，取值为1，否则，取值为0
审计师变换第一年	审计师变换之后的第一年，取值为1，否则，取值为0
审计师变换第二年	审计师变换之后的第二年，取值为1，否则，取值为0

●第二节　公共部门审计质量研究

一、公共部门审计质量及影响因素研究

Copley（1991）研究审计质量与政府地方披露实务的关系，认为较全面的披露

能提高独立审计机构的声誉。同时，企图维持较高声誉的独立审计师，会对客户财务报告中的财务信息披露水平有正面影响。美国审计署认为过分强调独立审计质量的成本和不适当报酬可能对政府审计的质量有不利影响。Copley（1991）检验政府审计质量中的变量对财务报告质量的影响，以及本地政府披露水平与审计质量的关系。Copley（1991）在文献综述的基础上提出假设：提供较高质量服务的独立审计师希望较完全地披露，因此，财务报告质量反映了审计师的声誉。

由于各州的财务信息披露有较大的差异，Copley（1991）将财务披露水平分为两种类型，分别确定财务披露的内容，根据这些内容，分别计算财务披露指数，取名为Disclosure Index A和Disclosure Index B，各指数的财务披露项目见表2-9。

表2-9 **财务披露项目**

项目	说明
A-1	实际数与调整预算数比较
A-2	不同年度的收入、支出差异
A-3	按基金类型编制通用财务报告
A-4	按来源和用途对收入和支出进行分类
A-5	未供资养老金负债
A-6	应计生病及休假负债
A-7	按基金类型编制财务状况变动表
A-8	用于企业的企业型基金
A-9	租赁及购买承诺
A-10	政府基金采用修正的应计制
A-11	已经履行债券及债务的相关计划
A-12	财产税比例
A-13	征税的法律限制
B-1	要用于未来的基金余额
B-2	依赖可接受的清算方法确定的养老金数额
B-3	重大的或有事项
B-4	一般固定资产表
B-5	预算程序及政策
B-6	收入和支出确认时间的说明
B-7	一般基金和其他基金的补助金额
B-8	披露债券法定要求是否满足
B-9	可征税财税估值
B-10	负债的法律限制和可用负债额度
B-11	利率
B-12	复合债券

根据上述披露项目，分两种类型进行问卷调查，根据调查结果，分别计算Disclosure Index A和Disclosure Index B，每个披露项目取值为1，即有该项目得1分，否则，取值为0。解释变量是审计质量，用会计师事务所规模和审计费用模型的残差变量表示。影响审计费用的因素较多，除了已知的有关人员主要因素之外，残差表示审计质量，在文献综述的基础上提出的审计费用检验模型如公式（2-15）所示，各变量的含义如名称所示，模型的残差表示审计质量。

$$\begin{aligned}\text{Log Audit fees} = & b_0 + b_1(\text{Log Population}) + b_2(\text{Number of Services}) + \\ & b_3(\text{Long Term Debt/Population}) + b_4(\text{Low Bond Ration}) + \\ & b_5(\text{Busy Section}) + u\end{aligned}$$ 公式（2-15）

Copley（1991）的主要数据来源于政府调查的年度财务统计（Survey of Governments：Annual Financial Statistics），并进行了问卷调查（分两组），共获得有效样本265个，其中A组129个，B组136个。根据上述研究设计，统计分析表明，审计质量与财务信息披露显著正相关。

Deis和Giroux（1992）研究在公共部门里影响审计质量的因素。有人认为面对竞争价格的压力，现任审计师会选择较低的审计质量和审计价格来维持客户和保留准租金。一个拥有许多客户的审计师愿意维护他的声誉，因此，提供较低审计质量的可能性较低。审计价格和客户规模相关，大客户的审计对现任审计师的竞争者充满诱惑，而大客户更可能用竞争环境的压力来按照自己的意愿解决审计矛盾。审计师抵制客户压力的能力受经济合同和某些环境和行为因素的影响，包括职业道德准则、低质量审计发现的概率、职业行为的有效性和清晰度、审计师在职业界的级别、审计师影响同行的程度和审计师职业规范的内在化。Deis和Giroux（1992）在文献综述的基础上，提出以下四个假设：

假设1：审计质量随着审计师任期的增加而减少。

假设2：审计质量随着独立学区（Independent School District，ISD）的数量增加。

假设3：审计质量与客户、独立学区的规模和财务状况负相关。

假设4：当审计师的工作将受第三方复核或其低质量工作将被申请得到认可时，审计质量将提高。

Deis和Giroux（1992）提出的检验模型如公式（2-16）所示。

$$\begin{aligned}\ln(\text{QUALITY}) = & \alpha_0 + \beta_1\text{TENURE} + \beta_2\text{CLIENTS} + \beta_3\text{PEER} + \beta_4\text{BOARD} + \beta_5\ln(\text{SIZE}) + \\ & \beta_6\ln(\text{WEALTH}) + \beta_7\text{YEAR} + \beta_8\text{REPORT} + \beta_9\text{TIME} + \beta_{10}\text{Ln(HOURS)} + e\end{aligned}$$

公式（2-16）

公式（2-16）中ln（QUALITY）是基于质量控制复核（QCR）的加权质量尺度。声誉因素：TENURE表示审计师审计独立学区的年数；CLIENTS审计师审计独立学区的客户数量。权利矛盾因素：PEER是哑变量，审计师是与美国注册会计师协会同等地位的复核部门的成员，取值为1，否则，取值为0；BOARD是独立学区中最近两个年度新入选成员的比例；ln（SIZE）是独立学区中平均每日学生参与人数的自然对数；ln（WEALTH）是独立学区财产的自然对数。其他变量：REPORT

是哑变量，审计师的内部控制或证据收集程序不符合法律和规则，取值为1，否则，取值为0；TIME是审计报告在120天内必须按TEA填制的比例；ln（HOURS）是审计师实际工作时间的自然对数。

Deis和Giroux（1992）的样本是1984—1989年的232个质量控制复核（QCR），根据这个样本和上述模型的统计分析，统计结果显示，假设都得到支持。

Kidwell（1999）指出，一般公认的政府审计标准（Generally Accepted Government Auditing Standards）要求，除了关注财务报告的公允性外，还要关注相关内部控制及法律法规的遵守情况，并出具审计报告（可以作为独立报告，也可以包含在财务报告中），所有具有重要性的违规行为都要出现在报告中。对于政府机构审计，要遵守一般公认的政府审计标准，如果使用了联邦政府的支助，还要遵守《单一审计法案》的要求，路易斯安那州各政府机构接受联邦政府支持的很少，所以，主要遵守一般公认的政府审计标准的要求。路易斯安那州各政府机构都要向该州的立法审计员办公室（Office of the Legislative Auditor）提交经过审计的财务报告，并报告其对路易斯安那州地方政府《预算法案》的遵守情况。Kidwell（1999）以美国路易斯安那州的预算制度为背景，研究预算变化程度、审计师类型、财政压力、政治家流转等因素对违规是否具有重要性的影响。

对于路易斯安那州地方政府《预算法案》具有重要性违规的界定，并不是很清晰，从技术上来说，超支应该是违规行为，审计师需要考虑其重要性和披露程度，对重要性做出主观判断，这可能导致报告实务的多样化。

一般公认的政府审计标准要求，一旦发现被审计主体违反相关法律法规，审计师必须做出披露，但是披露的方式多种多样。对于不具有重要性的违规行为（第一层级），审计师可以以口头或书面的方式告知被审计主体，或以向管理层致函的方式告知被审计主体可能更好。对于第二层级的违规行为，一般要求在财务报告的附注中披露。通常对于不具有重要性，但又不能在财务报告中省略的违规行为，需要采取这种方式。财务报告是由被审计主体编制的，审计师不能直接在财务报告的附注中披露这些违规行为，只能建议被审计主体做出这种披露；当发现对于财务报告具有重要性的违规行为，必须以合规性报告的方式来披露，当然并不一定要求单独出具合规性报告，也可以与财务报告、审计报告合并。

路易斯安那州地方政府《预算法案》要求，每个政府机构在年度开始前都要提交年度预算，在年度营运中，如果发生了变化，致使预算超支5%以上时，则需要对预算进行调整。在政府机构中，预算超支是较普通的现象，在研究的100个样本机构中，有68个样本机构预算超支。其中，40个样本机构预算超支5%以上。

对于预算执行来说，不利预算偏离（超支）类似于私营部门的净利润。研究发现，政府机构的不利预算偏离可能是审计师判断违规重要性的重要依据之一，基于此，Kidwell（1999）提出以下假设：

假设1：较高的不利预算偏离将导致较高水平的违规报告。

政府审计机关的审计人员与会计师事务所的审计人员存在一些差异：一是在审

计专长方面，前者专门在公共部门审计，具有这方面审计的专长，后者从事各种部门的审计业务，在公共部门并不一定具有特长；二是在审计理念方面，政府审计机关的审计人员比较倾向于找被审计主体的问题，集聚于负面证据，而会计师事务所的审计人员并没有这种思维，他们希望提供证据来证明客户是好的。一般来说，当不利预算偏离显著超过5%时，两类审计人员都会将其确定为具有重要性的违规；当不利预算偏离显著低于5%时，两类审计人员都不会将其确定为具有重要性的违规；当不利预算偏离在5%左右时，两类审计人员可能会有不同的态度，由于政府审计机关的审计人员对于违规较为敏感，可能倾向于确定为显著违规，而会计师事务所的审计师不一定会这样确定。基于此，提出以下假设：

假设2：政府审计机关的审计师报告的违规水平将高于民间会计师事务所的审计师。

一些研究以私营企业为对象，发现财务变化会影响审计意见；也有些以公共部门为对象的研究文献发现，财政状况会影响审计质量，财政状况好，反而会降低审计质量。基于上述这些研究发现，提出以下假设：

假设3：高财政压力与高违规报告水平相关，而低财政压力与低违规报告水平相关。

政治家流转也会影响违规报告水平，需要继任的政治家，可能会掩盖财政恶化和预算超支，这种需求可能会影响审计师对违规的报告水平；而新任的政治家可以将发现的任何问题都归罪于前任，不会有掩盖财政恶化及预算超支的动机。基于以上分析，提出以下假设：

假设4：政治流转与违规报告高水平相关。

由于政府审计机关的审计师在公共部门审计方面具有专业特长，并且审计组内部的所有成员都具有这种共同的特长，因此对于违规重要性的判断更可能具有一致性；而会计师事务所的审计人员并不具有共同的专业特长，对于公共部门违规的判断可能存在差异。基于以上分析，提出以下假设：

假设5：政府审计机关的审计师在违规报告水平方面的共识高于会计师事务所的审计人员。

Kidwell（1999）的变量设计如下：

依存变量（RD）：违规报告水平，区分为没有沟通、与管理层口头沟通、向管理层致函、财务报告附注中披露、合规报告、审计意见六种情形。其中，最后两种情形并无实质性区别，所以计量方法是按报告水平，分别取值为0~4。

解释变量包括：不利预算偏离（BV）、审计师类型（ES）、财政压力（FS）、政治家流转（PT）。各变量的计量方法包括：不利预算偏离确定为4%、7%、16%三种水准；审计师类型分为政府审计机关审计人员和会计师事务所审计人员两种类型；财政压力用税收基础来表示，税收基础越是稳定，财政状况越是良好，用就业和关闭企业来表示税收基础稳定状况；政治家流转表示当年是否有新市长上任。

根据上述变量设计，Kidwell（1999）提出的检验模型如公式（2-17）所示。

$$RD = f(BV, ES, FS, PT, ES \times BV, ES \times FS, ES \times PT)$$ 公式（2-17）

模型中的交互项是用于检验不同的审计师对其他三个方面因素的敏感性是否有显著区分。

Kidwell（1999）用实验方法获取数据，实验材料以路易斯安那州地方政府《预算法案》为背景，提供了一些预算超支案例，要求实验人员就这种预算超支的报告水平做出选择。实验人员是参加过路易斯安那州政府机构审计的审计人员，包括政府审计机关的审计人员和会计师事务所的审计人员，参加实验的人员共55名，最终的有效实验数据来源于44人。数据分析结果显示，假设1、假设2、假设5得到支持，假设3和假设4没有得到支持。

Samelson、Lowensohn和Johnson（2006）指出，政府审计质量受到质疑。美国审计署（1986）披露，在检查的120个公共部门审计项目中，有34个不符合政府审计准则要求。关于私营部门的审计质量有不少的研究，然而，关于公共部门审计质量的研究却很少。Samelson、Lowensohn和Johnson（2006）以地方政府审计为样本，研究政府审计质量的影响因素，对于政府审计质量，从两个角度来量度：一是感知的审计质量（Perceived Audit Quality）；二是被审计主体的满意度（Auditee Satisfaction）。

Samelson、Lowensohn和Johnson（2006）以问卷调查的方式收集数据，感知的审计质量和被审计主体的满意度都是依存变量，按七级利科特量度。在文献综述和理论分析的基础上，影响政府审计质量的因素及变量设计见表2-10。

表2-10　**影响政府审计质量的因素及变量设计**

变量名称	变量描述
ATEN	事务所作为政府审计师的任期，按年数计算
EXPERT	审计团队在政府审计方面的专长，按七级利科特量度
SCHED	审计团队对政府计划需求的回应，按七级利科特量度
INDEP	审计团队形式上的独立程度，按七级利科特量度
DPCARE	审计团队在审计过程中表现的应用职业关注程度，按七级利科特量度
MGRTIME	业务经理在审计项目中的参与程度，按七级利科特量度
ACCTSYS	审计团队对政府会计系统的理解的恰当性，按七级利科特量度
ICS	审计团队对政府内部控制的了解程度，按七级利科特量度
FIELDW	ACCTSYS与ICS在现场的组合
SKEPT	审计团队在审计业务中的职业怀疑程度，按七级利科特量度
B5	是否是“五大”，是“五大”，取值为1，否则，取值为0

根据上述变量设计，感知的审计质量检验模型如公式（2-18）所示，被审计主体满意度的检验模型如公式（2-19）所示。

$$HIQUAL = b_0 + b_1ATEN + b_2EXPERT + b_3SCHED + b_4INDEP + b_5DPCARE + b_6MGRTIME + b_7FIELDW + b_8SKEPT + b_9B5 + \varepsilon$$ 公式（2-18）

$$OSAT = b_0 + b_1ATEN + b_2EXPERT + b_3SCHED + b_4MGRTIME + b_5FIELDW + b_6SKEPT + b_7B5 + \varepsilon$$ 公式（2-19）

问卷调查对象是人口在2.5万以上的地方政府机构的财务主管，发出调查问卷1 217份，收回有效问卷302份。根据这些数据，统计分析表明：审计师专长、对客户的回应、职业怀疑态度、对客户会计系统的了解、内部控制调查与感知的审计质量显著正相关；审计师专长、对客户的回应、业务经理在审计项目中的参与程度、对客户会计系统的了解、内部控制调查与被审计主体的满意度显著正相关；“五大”除了审计费用显著高于“非五大”之外，在感知的审计质量、被审计主体的满意度方面与“非五大”并无显著差异。

二、单一审计的审计质量研究

Meinhardt、Nioraglio和Stoinborg（1987）介绍了美国注册会计师协会对注册会计师从事的政府审计质量的研究。美国审计署抽查120个由注册会计师实施的政府机构项目，发现34%的审计项目不符合适用的审计准则，在这些不符合审计准则的项目中，50%严重违背审计准则的要求；很少或根本没有测试法律法规的遵守情况；对内部控制的评估不恰当或没有证据；审计工作底稿不完整。其他一些机构也发现了类似的问题。这些发现引起了审计界的高度重视。美国注册会计师协会于1985年成立专门的小组来研究注册会计师实施的政府机构项目的审计质量问题，要分析其原因并提出实质性改善审计质量的计划。这个小组由广泛的成员组成，经过深入的研究之后，认为改善政府审计质量涉及五个重要的领域：一是审计师教育(Education of Auditors)，由于政府审计涉及一些其他审计没有的要素，所以对拟从事政府审计的人员进行政府会计和审计培训是必须的。当然，培训课程必须是高质量的。美国注册会计师协会的审计准则委员会需要发布一个关于审计法律法规遵循情况的准则。二是审计业务承接（Egagement of Auditors)，承担审计业务的审计师具有按审计准则实施审计的最终责任。但是，审计师在拟承揽这个审计项目之前，对于审计项目的期望和需求有足够的了解，有足够的时间提出完整的审计投标方案。当然，审计招标过程也需要高质量，避免片面强调审计费用。三是审计质量评估（Evaluation of Audit Quality)，对于审计工作的反馈可能有助于审计师改进不符合审计准则的行为，也能使职业界了解到普遍性的问题，并采取相应的行动。四是审计准则的执行标准（Enforcement of Standards)，需要一个专业、简单的机制来判定审计师对审计准则的偏离，以便于政府机构采取行动。五是信息交换(Exchange of Information)，注册会计师需要与政府审计机关的各方进行广泛的信息交换，这种交换能强化职业精神，改善审计质量。例如，注册会计师加入政府的审计论坛。

美国审计署（1987）指出，会计师事务所通过业务外包的方式对使用政府资金的单位进行审计。然而，审计质量一直是美国审计署和美国注册会计师协会关注的问题。过去2年中，美国审计署发布了两个针对注册会计师审计质量的报告，报告指出注册会计师的审计质量未达到审计准则的要求。美国注册会计师协会最近的一个研究报告也证实了美国审计署的报告内容。在影响审计质量的许多因素中，审计服务采购是其中的重要因素之一，因此，有必要对被审计单位的审计服务采购进行专题研究。由于没有现成的审计服务采购过程评价标准，美国审计署组建的一个团队提出"四特征"标准：竞争（Competition）、询价（Solicitation）、技术评估（Technical Evaluation）和书面协议（Written Agreement）。同时，通过问卷调查了解"四特征"与注册会计师审计质量的关系。基于上述研究，美国审计署认为，需要审计服务采购的被审计主体要仔细评估其采购实务，将"四特征"融入其审计采购流程中。美国审计署有以下建议：在选择合格的审计师时，确保至少有两个会计师事务所可以考虑，以获得竞争的效果；准备好询价，要有全面性，并且将所有审计要求传递给有兴趣的会计师事务所；在选择合格的会计师事务所时，考虑特定的技术因素；准备好书面协议，使得会计师事务所和被审计主体都要承担其责任；考虑协议期限，最好是5年期的协议；请熟悉政府会计和审计的专业人士协助规划和实施审计服务的采购过程，考虑使用审计委员会来帮助和监督审计服务的采购过程。

美国审计署（1989）向国会一个专门委员会报告单一审计质量，首先介绍了单一审计的背景，大量的联邦资金补助没有得到审计，或者是有的接受多种补助的机构接受多次审计（每种补助单独审计），这些问题引起了国会及一些联邦机构的关注。因此，1984年国会通过了《单一审计法案》，规定地方政府机构接受联邦补助超过10万美元的都要接受单一审计，而接受补助在2.5万～10万美元的，可以自主选择：一是按单一审计法进行审计；二是按提供补助的联邦部门的审计要求进行审计。《单一审计法案》要求的审计内容包括财务审计、合规审计和相关的财务营运流程（内部控制）审计。在此基础上，美国审计署指出，这次对单一审计质量的报告主要关注两个问题：一是单一审计质量，即单一审计与适用的政府审计准则之间的相符程度；二是单一审计报告对于审计报告接受者的有用性。关于单一审计的质量，美国审计署从450份审计报告中随机抽取了40个审计项目，对这些审计项目的审计工作底稿进行检查，并与该审计项目的负责人进行交流，这些工作基本上都在会计师事务所进行。为了评价单一审计报告的有用性，对450份审计报告进行评估，以识别这些审计报告中的审计发现类型，即这些审计发现究竟是与内部控制相关，还是与合规相关。如果单一审计对内部控制或合规进行了确认，并发现有需要改进之处，则这种审计应该是有用的。在此基础上，再抽取40个最有实质性审计发现的审计项目，跟踪这些审计发现采取的整改情况。最后，对审计师、监察长及项目管理者进行访谈，以判断单一审计作为其他各项工作的起点的情况。例如，单一审计是否成为后续绩效审计的基础。

根据上述方法，研究结果显示：关于审计质量，在抽取的40个审计项目中，有35个项目符合审计准则的要求，有5个项目不符合审计准则的要求。其中，有4

个项目不符合报告准则的要求。与监察长的交流也证明了这点，监察长认为，单一审计质量有较大的提升，但是仍然存在改进的需要。检查表明，与1986年的检查相比，注册会计师在内部控制评估及法律法规遵守性测试方面有了较大的改进。在抽取的40个审计项目中，有36个项目满足报告准则的要求，有4个项目对内部控制和合规测试的结果不符合报告准则的要求，注册会计师没有就这些方面增加任何报告内容，这不符合相关准则关于单一审计报告的要求。关于审计报告的有用性，64%的单一审计报告中包含特别的审计发现。在审核的450份审计报告中，共有1 434项审计发现，60%是合规方面的缺陷，40%是内部控制方面的缺陷。对40个最有实质性审计发现的审计项目进行跟踪，发现有35个审计项目有后续的实质性整改行动。在此基础上，美国审计署提出两项建议：一是对单一审计的监管进行明确的责任划分；二是对政府管理预算局（Office of Management and Budget，OMB）的《Circular A-128》进行修改，要求进一步明确合规性测试。

美国审计署（2007）就单一审计的审计质量向国会的一个专门委员会做证词。报告指出，1980年初期，国会担心对联邦补助给地方各级政府的公共资金缺乏恰当的监督和问责。实际情况是，有些联邦补助根本没有审计，而有些地方政府机构则接受多次审计。为了解决这个问题，国会通过了《单一审计法案》，它引入了单一审计（Single Audit）这个概念，以确保联邦补助资金能得到审计，同时，每个地方政府机构只接受一次审计，这就为联邦政府补助资金的审计建立了统一的结构。美国审计署支持《单一审计法案》的通过，支持单一审计作为联邦补助资金问责机制的概念及原则。单一审计的质量是一个需要关注的领域，总统委员会在2007年的《国家单一审计抽样项目报告》（Report on National Single Audit Sampling Project）中指出，49%的单一审计项目是可以接受的，51%的单一审计项目存在较严重的缺陷。总统委员会还发现，不同规模的联邦补助，其审计质量有显著区别，在5 000万美元及其以上的联邦补助项目中，63.5%的审计项目是可以接受的，而在此规模以下的联邦补助（50万～5 000万美元）项目中，只有48.2%的审计项目是可以接受的。总统委员会的报告有力地说明，单一审计质量存在问题。美国审计署担心单一审计未能按职业准则和要求来实施，这些审计可能提供错误的确认，并误导单一审计报告的使用者。总统委员会的报告推荐了三个措施来降低不合规审计，以改善单一审计质量，分别是修正和完善单一审计准则、规范和指南；对从事单一审计的审计师建立最低职业教育要求，以使得这些审计师具有合格的资格；审核和强化对单一审计的监管，关注不可接受的审计。在这个证词中，美国审计署支持总统委员会的建议，并且还提出了重要的补充因素，这些因素对改善单一审计质量也是非常重要的。美国审计署认为，总统委员会的数据显示97.8%的审计项目只占全部金额的16%，这表明，不同审计项目之间的金额规模或审计规模差异很大。同时，数据还表明，审计规模越小，不可接受的审计项目的比例越大。联邦补助金额（即审计规模）不同，审计质量的分布也不同。美国审计署建议，在未来应对单一审计质量的计划中，需要考虑审计规模这个特征。例如，对于不同规模的联邦政府补助，可以考虑使用有区别的审计模式；对于小规模的审计项目，可以考虑采用简化模式；对于规模较大的审计项目，可以考虑进一步强化监管。

参考文献

[1] COPLEY P A, GAVER J J, GAVER K M. Simultaneous estimation of the supply and demand of differentiated audits: evidence from the municipal audit market [J]. Journal of Accounting Research, 1995, 33 (1): 137-155.

[2] COPLEY P A.The association between municipal disclosure practices and audit quality [J]. Journal of Accounting and Public Policy, 1991 (10): 245-266.

[3] CARCELLO J V, HERMANSON R H, MCGRATH N T. Audit quality attributes: the perceptions of audit partners, preparers, and financial statement users [J]. A Journal of Practice and Theory, 1992, 11 (1): 1-15.

[4] DEIS D R, GIROUX G A. Determinants of audit quality in the public sector [J]. The Accounting Review, 1992, 67 (3): 462-479.

[5] GIROUX G, MCLELLAND A.A municipal audit fee model using structural equation modeling [J]. Journal of Applied Business Research, 2008, 24 (3): 135-146.

[6] UNITED STATES GENERAL ACCOUNTING OFFICE.CPA audit quality: a framework for procuring audit services [M]. Washington, DC: GAO, 1987.

[7] UNITED STATES GENERAL ACCOUNTING OFFICE.Single audit quality has improved but implementation problems remain, report to the chairman, legislation and national security subcommittee, committee on government operations, house of representatives [M]. Washington, DC: GAO, 1989.

[8] HACKENBRACK K, JENSEN K L, PAYNE J L. The effects of a bidding restriction on the audits services market [J]. Journal of Accounting Research, 2000, 38 (2): 355-374.

[9] JOHNSON L E, DAVIES S P, FREEMAN R S. The effect of seasonal variations in auditor workload on local government audit fees and audit delay [J]. Journal of Accounting and Public Policy, 2002 (21): 395-422.

[10] KIDWELL L A.Compliance reporting decisions in municipal audits: the impact of budget variance and employment sector [J]. Journal of Public Budgeting Accounting and Financial Management, 1999, 11 (3): 325-356.

[11] MEINHARDT J, NIORGLIO J F, STOINBORG H I.Governmental audits: an action plan for excellence [J]. Journal of accountancy, 1987 (7): 86-91.

[12] PALMROSE Z V. The relation of audit contract type to audit fees and hours [J]. The Accounting Review, 1989, 64 (3): 488-499.

[13] RUBIN M A.Municipal audit fee determinants [J]. Accounting Review,

1988, 63 (2): 219-236.

[14] RAMAN K, WILSON W. An empirical investigation of the market of single audit services [J]. Journal of Accounting and Public Policy, 1992, 11 (4): 271-295.

[15] RAMAN K K, WILSON E R. An empirical investigation of the market for single audit services [J]. Journal of Accountmg and Public Policy, 1992 (11): 271-295.

[16] REDMAYNE N B, BRADBURY M E, CAHAN S F.The association between audit committees and audit fees in the public sector [J]. International Journal of Auditing, 2011, 15 (3): 301-315.

[17] SIMUNIC D A. The pricing of audit service: theory and evidence [J]. Journal of Accounting Research, 1980, 18 (1): 161-190.

[18] SHAILER G, CUMMINGS L, VATULOKA E, et al. Discretionary pricing in a monopolistic audit market [J]. International Journal of Auditing, 2004 (8): 263-277.

[19] SAMELSON D, LOWENSOHN S, JOHNSON L. The determinants of perceived audit quality and auditee satisfaction in local government [J]. Journal of Public Budgeting Accounting and Financial Management, 2006, 18 (2): 139-166.

[20] THORNE J, HOLMES S A, MCGOWAN A S, et al. The relation between pricing and audit contract type: a public sector analysis [J]. Journal of Accounting and Public Policy, 2000 (20): 189-215.

[21] UNITED STATES GENERAL ACCOUNTING OFFICE. CPA quality: many governmental audits do not comply with professional standards [M]. Washington, DC: GAO, 1986.

[22] WARD D D, ELDER R J, KATTELUS S C. Further evidence on the determinants of municipal audit fees [J]. The Accounting Review, 1994, 69 (2): 399-411.

第三章

财务审计及与其结合实施的其他审计研究（下）

对于公共部门财务审计及需要与其结合进行的其他审计，有不少的研究文献，涉及的研究主题包括：公共部门审计收费研究、公共部门审计质量研究、公共部门审计重要性水平研究、公共部门审计延滞研究、公共部门审计师选择及变更研究、公共部门审计师聘任方式研究、公共部门财务审计的其他问题研究。由于内容很多，本书分两章介绍，前章已经介绍了公共部门审计收费和公共部门审计质量这两个研究主题，本章介绍其他五个主题的相关研究。

第一节　公共部门审计重要性水平研究

一、审计重要性水平的分布研究

Stout（2001）指出，在计划和实施非营利组织时，重要性是一个存在困难的问题。对于营利组织审计时的一些关于重要性的规范，例如，按总资产、总收入或其他量度组织规模的指标的一定比例计算重要性水平，难以应用于非营利组织审计。1994年美国注册会计师协会提出对非营利组织进行审计和会计指导要从定量和定性两个方面来评价审计重要性，然而，并没有更进一步的详细指引。对于非营利组织，相关规范强调采用项目支出（Program Spending）占全部支出（Total Spending）的比例来量度其业绩，这个指标用PE/TE表示，表明非营利组织筹措到的资金真正用于其组织目标的程度。

Stout（2001）对美国非营利组织的分配委员会成员进行问卷调查，将PE/TE设定为五个等级，共有15个非营利组织，在总额既定的情况下，请各位分配委员会成员向不同等级PE/TE水平的非营利组织分配资金（同时还提供了这些非营利组织的财务报告及相关资料），以检验不同的PE/TE水平是否存在显著差异。分配结果见表3-1。

表3-1 **不同PE/TE水平分配的资金平均数**

PE/TE水平	分配资金平均数	标准差	分组*
85%	258 511	7 397	A
80%	252 896	5 687	A
75%	238 188	39 189	A/B
70%	224 705	66 818	B
60%	177 877	67 288	C

注：这里的分组表示分配资金平均数按差异显著性分组，85%、80%、75%这三组分配的资金平均数不存在显著差异（α=0.025），70%与75%不存在显著差异，但与80%、85%存在显著差异，60%与其他各级都存在显著差异。

表3-1的数据表明，五个等级只能分成三组，各组之间存在显著差异，而组内并不存在显著差异。

Schaik（2010）指出，由于审计范围不同，民间审计与政府审计在审计重要性方面存在差异。民间审计的主要业务是财务报告审计，所以，相关审计准则界定的重要性主要是财务审计重要性；而政府审计除了可能涉及财务审计外，还有合规审计、内部控制审计、绩效审计，这些审计业务都需要重要性判断。

民间审计准则规定，由审计师自己决定审计重要性。政府审计准则ISSAI 1320要求，公共部门审计师不仅要考虑立法机构、监管机构的期望，还要考虑控制及违规的成本效益性。事实上，有些国家的政府相关部门对公共部门审计的重要性做出了规定。例如，荷兰的内政部长和国王关系部长（Minister of the Interior and Kingdom Relations）对地方政府机构的审计重要性做出了规定，总支出的1%作为重要性水平，总支出的3%作为重大不确定性（Significant Uncertainties），这里的不确定性是指其结果依赖于未来的行动或事件，这些行动或事件对财务报告有影响，并且是报告主体本身无法控制的。同样，荷兰负责交通、公共工程和水资源管理的国务秘书长（State-Secretary of Transport，Public Works and Water Management）也规定了适用于下属单位的重要性水平。荷兰的财政部长（Minister of Finance）在征得荷兰审计法院（Netherlands Court of Audit）、议会及其他一些部门的同意后，在《中央政府审计手册》（Handbook for Central Government Auditing）中对中央政府财务报告的重要性水平也做出了明文规定见表3-2，这些重要性水平同样适用于合规审计。

表3-2 **中央政府审计的重要性水平**

调查项目	审计意见类型			
	标准意见	非标准审计	无法表示意见	反对意见
财务报告错报占总支出的比例	≤1%	＞1%，＜3%	不适用	≥3%
不确定性占总支出的比例	≤3%	＞3%，＜10%	≥10%	不适用

二、审计重要性水平的影响因素及其后果研究

Sinason（2000）指出，审计重要性用于审计的全过程，一般公认的政府审计标准要求，由于政府机构承担的公共责任或法律法规问题，对这些机构进行审计时要确定更低的重要性水平。而许多的研究表明，被审计主体的风险会影响重要性水平。所以，Sinason（2000）从公共部门责任和审计业务风险两个角度研究影响公共部门审计重要性的因素。

在文献综述和理论分析的基础上，Sinason（2000）以零假设形式（Null Form）提出以下假设：

假设1：重要性水平与被审计主体的公共责任无关。

假设2：重要性水平与审计业务风险无关。

检验上述假设的样本是医院和学校，背景是政府会计标准委员会所倡导的补偿缺席（Compensated Absences）的会计政策，Sinason（2000）要检验这些会计政策变化所导致的信息披露的变化，即重要性水平的决定是否依赖于会计主体的公共责任和审计业务风险。

样本是采用了这种会计政策的医院或学校，通过问卷调查，获得44个机构的有效数据。依存变量是被审计主体的审计报告中是否提到采用这项会计政策，如果提到，则取值为1，否则，取值为0。解释变量是被审计主体的公共责任和审计业务风险，前者用组织规模来表示，组织规模越大，承担的公共责任越大，按该组织年度收入的自然对数计算；后者按被审计主体的信用评级计量，低于Aa，取值为1，否则，取值为0。控制变量包括两个：一是会计政策变化导致的变化金额，按补偿缺席的应计责任（Accrued Liability for Compensated Absences）占全部资产的比例计算；二是审计质量，按会计师事务所来区分，“六大”，取值为1，否则，取值为0。根据上述变量设计，统计分析的结果是，假设1得到支持，假设2没有得到支持。

Price和Wallace（2002）根据美国、英国、新西兰、苏格兰、爱尔兰的审计准则，研究审计重要性问题，特别关注其在政府、公共部门和慈善机构审计中的应用。研究发现，审计重要性特别是在政府、公共部门和慈善机构审计中，用语多样化，关注的维度多样化，定量的门槛（Threshold）也多样化，并且更加注重重要性评价。经验、敏感性、不确定性、理念、观点、不寻常的环境变化、媒体关注、公众意愿、风险是影响公共部门重要性评价的主要因素。

第二节　公共部门审计延滞研究

一、审计延滞的影响因素研究

Payne和Jensen（2002）指出，地方政府财务报告的及时性对利益相关者比较重要。关于地方政府审计延滞有一些研究文献，Payne和Jensen（2002）对前人的研究做了两方面的扩展：一是增加了一些新的解释因素；二是前人的研究主要是以

规模较大的地方政府为研究对象。他们将样本区分为规模大的地方政府和规模小的地方政府两个样本，将影响审计延滞的因素区分为审计客体因素和审计师因素两大类，每类再分具体因素。审计客体因素包括地方政府在报告及时性方面的激励、地方政府审计环境、地方政府特征三个方面，针对上述每个方面，在文献综述和理论分析的基础上，提出研究假设。

关于地方政府在报告及时性方面的激励，提出以下假设：

假设1：地方政府由职业经理管理会降低审计延滞。

假设2：获得财务报告杰出成就奖会降低审计延滞。

假设3：证券化债务的存在会降低审计延滞。

关于地方政府审计环境方面的因素，提出以下假设：

假设4：竞争性投标及禁止直接非邀请报价方面的规则将影响审计延滞。

假设5：要求三年以上审计业务安排的招标将影响审计延滞。

假设6：竞争性审计购买程序的存在将影响审计延滞。

关于地方政府特征方面的因素，提出以下假设：

假设7：规模大的地方政府将会增加审计延滞。

假设8：审计的复杂性与审计延滞正相关。

假设9：审计师在传统较忙的季节实施审计将增加审计延滞。

假设10：非标准审计意见将增加审计延滞。

假设11：遵守《单一审计法案》将增加审计延滞。

关于审计师方面的因素，在文献综述和理论分析的基础上，提出以下假设：

假设12：审计专长与审计延滞负相关。

假设13：审计师对特定地方政府的审计任期与审计延滞负相关。

假设14：同时聘任其他审计师将会增加审计延滞。

假设15：会计师事务所人员规模与审计延滞负相关。

假设16："六大"的聘任会影响审计延滞。

根据上述假设，Payne和Jensen（2002）的依存变量是审计延滞（Audit Delay），按财政年度结束到审计报告日的天数计算。解释变量设计见表3-3。

样本是美国东南部各州，由于有些数据要通过问卷调查获取，最终样本由410个审计项目组成，都是地方政府1992年的年度财务审计报告。统计分析的结果显示，审计延滞时间平均数是100天，各假设的检验情况是：

下列假设得到支持：假设1、假设2、假设3、假设4（正相关）、假设7、假设8、假设11、假设12、假设15。

下列假设没有发现相关性：假设5、假设6、假设13、假设14、假设16。

下列假设的检验结果与原预期相反：假设9、假设10。

在上述检验的基础上，将样本分为两组：一组是人口在2万以上；另一组是人口在2万以下，分别进行统计分析。结果显示，这两组样本的审计延滞影响因素存在差异。

表3-3　**解释变量设计**

变量分类	变量名称	变量描述	预期关系
及时性激励因素	职业经理（MANAGER）	哑变量，由职业经理管理，取值为1，否则，取值为0	-
	财务报告杰出成就奖（CAFRE）	哑变量，获得杰出奖，取值为1，否则，取值为0	-
	证券化债务（DEBT）	哑变量，有证券化债务，取值为1，否则，取值为0	-
审计环境因素	禁止直接询价（RESTRICT）	哑变量，禁止，取值为1，否则，取值为0	?
	多年度的审计业务（THREEEYR）	哑变量，有这种政策要求，取值为1，否则，取值为0	?
	竞争性招标（COMP）	哑变量，是竞争性招标，取值为1，否则，取值为0	?
地方政府因素	地方政府非转移性开支（LEXP）	地方政府非转移性开支金额	+
	基金数量（FUND）	哑变量，财务报告中的基金数量超过三个，取值为1，否则，取值为0	+
	审计时点要求（BUSY）	哑变量，要求在12月至4月审计的，取值为1，否则，取值为0	-
	审计意见（OPINION）	哑变量，标准审计意见，取值为1，否则，取值为0	-
	《单一审计法案》（SINGLEA）	哑变量，遵守《单一审计法案》，取值为1，否则，取值为0	+
审计师因素	审计师专长（EXPERT）	哑变量，审计师审计两个以上地方政府，取值为1，否则，取值为0	-
	审计师任期（CONAUD）	按审计师对特定地方政府的任期年数计算	-
	其他审计师（ASST）	哑变量，有其他审计师，取值为1，否则，取值为0	+
	员工人数（EMP）	哑变量，会计师事务所员工人数在10人以下，取值为1，否则，取值为0	+
	“六大”（BIG6）	哑变量，“六大”，取值为1，否则，取值为0	?

Cohen和Leventis（2013）指出，关于公司审计报告延滞的影响因素有不少研究，大致可以归结为公司因素和审计师因素两大类（Owusu-Ansah，2000）。关于公共部门审计延滞影响因素的研究较少，并且主要是以美国公共部门为研究对象（Dwyer和Wilson，1989；Rubin，1992；Deis和Giroux，1992；Payne和Jensen，2002；Johnson、Davies和Freeman，2002；Giroux和Jones，2002），缺乏对美国之外的其他国家的研究。Cohen和Leventis（2013）以希腊地方政府财务报告审计为

研究对象，研究影响审计延滞的政治因素。虽然希腊人口不多、国土面积不大，但是有914个地方政府，这些地方政府既有自己的收入，也从中央政府获得补助。地方政府的治理框架基本相同，由市长、市长委员会、市政委员会（Municipal Council）组成，市民每四年一次选举市长及市议会成员。市长委员会除市长之外，还有属于执政党的成员及其他少数派代表。市长委员会的主要职责是财政管理，其做出的决策需要市议会多数通过。希腊地方政府财务报告采用权责发生制，按年度提交经过审计的财务报告，并且对审计及提交财务报告的最后期限都有明文规定。地方政府财务报告都由民间的会计师事务所审计。

审计延滞是被解释变量，用财务年度结束到审计报告发布这期间的天数表示。影响希腊地方政府财务报告审计延滞的因素分为地方政府因素、政治因素、审计相关因素三类。

Cohen和Leventis（2013）分析的地方政府因素包括权责发生制会计、对中央政府财政补助的依赖程度、地理位置。对于上述因素，在理论分析的基础上，提出以下假设：

假设1：权责发生制会计经验与审计延滞负相关。

假设2：地方政府对中央财政补助的依赖程度与审计延滞负相关。

假设3：地方政府地理位置与审计延滞负相关。

Cohen和Leventis（2013）分析的政治因素包括反对派和连任，在理论分析的基础上，提出以下假设：

假设4：反对派势力与审计延滞正相关。

假设5：连任市长与审计延滞负相关。

Cohen和Leventis（2013）分析的审计相关因素包括权责发生制会计外部顾问、权责发生制会计内部团队、审计意见是否包括审计评价、在当地开展业务的会计师事务所。对于上述因素，在理论分析的基础上，提出以下假设：

假设6：权责发生制会计外部顾问的存在与审计延滞正相关。

假设7：权责发生制会计内部团队的存在与审计延滞负相关。

假设8：审计意见是否包括审计评价与审计延滞正相关。

假设9：在当地开展业务的会计师事务所与审计延滞正相关。

解释变量的设计如下：权责发生制会计经验按采用该类会计制度的年数计算；地方政府对中央财政补助的依赖程度按补助收入占全部收入的比例计算；地方政府地理位置区分为是否属于经济中心，按哑变量处理；反对派势力按哑变量处理，地方议会中，反对派党派在2个及其以上，取值为1，否则，取值为0；连任市长按哑变量处理，连任，取值为1，否则，取值为0；权责发生制会计外部顾问是否存在，按哑变量处理；权责发生制会计内部团队是否存在，按哑变量处理；审计意见是否包括审计评价，按审计评价的数量计算；在当地开展业务的会计师事务所是否主要在当地开展审计业务，按哑变量处理。此外，还考虑了一些可能影响审计延滞的控制变量。样本是希腊在一定规模以上的2006—2007年地方政府年度财务报告的审计数据，最终样本是116个观测点。统计分析的结果是，假设4、假设5、假设7、假设8均得到支持。

二、审计报告时间的影响因素研究

McLelland和Giroux（2000）指出，对地方政府的外部审计报告需要在限定的期间内完成，审计报告时间是指地方政府财政年度结束之日到审计报告提交之日这段时期，Dwyer和Wilson（1989）以美国1982年地方财政年度的审计数据为样本，发现审计报告时间是3个月，由于财务会计和审计技术都在进步，合理的预期应该是审计报告时间的缩短，而研究发现，审计报告时间在延长。McLelland和Giroux（2000）研究这种时间延长的原因，认为审计报告时间延长的原因可能是帮助联邦法规增加了财务报告审计的复杂性和风险，特别是1984年的《单一审计法案》，增加了外部的要求。

McLelland和Giroux（2000）将可能影响审计报告时间的因素分为信号传递、信息技术、报告内容、城市规模和复杂性、审计师特征和监管要求六类，在文献综述和理论分析的基础上，提出了关于各因素对审计报告时间的影响的预期，依存变量是审计报告时间，按天数计算，解释变量设计见表3-4。

表3-4　　　　解释变量设计

变量分类	变量名称	变量描述	预期关系
信号传递	综合财务报告（CAFR）	哑变量，采用综合财务报告，取值为1，采用通用财务报告（GPFS）取值为0	?
	城市管理者资质（CMCA）	哑变量，1995年，地方政府有具有职业资质的管理者，取值为1，否则，取值为0	-
	自愿包括单一审计报告（DISCLO）	哑变量，综合财务报告中自愿包括单一审计报告，取值为1，否则，取值为0	-
信息技术	网页（WEBPG）	哑变量，有网页的城市，取值为1，否则，取值为0	-
报告内容	审计意见（AUDOPN）	哑变量，标准审计意见，取值为1，否则，取值为0。	-
	信用评级（BR）	按1996年政府手册（Governmental Manual）提供的数据，Aaa取值为8，依次降低到无法评级的，取值为0	-
城市规模和复杂性	城市人员（LPOP）	城市人员的自然对数	+
	城市合并报表的组成单位数量（COMPUN）	按组成城市合并报告的单位数量计算	+
审计师特征	审计独立性（INDEPAUD）	哑变量，会计师事务所，取值为1，政府审计机关，取值为0	-
	审计时期需求（BSAUD）	哑变量，财政年度结束于10月底到12月底，取值为1，否则，取值为0	?
	其他审计师（OTHERAUD）	哑变量，如果还聘任其他审计师负责部分审计业务，取值为1，否则，取值为0	+
监管要求	单一监管要求（SR）	哑变量，存在，取值为1，否则，取值为0	+
	对联邦依赖程度（FEDREG）	政府间收入占全部收入的比例，再取自然对数	+

根据上述变量设计，对人口在10万以上的地方政府1996年的财务报告审计数据（最终样本是164个城市）进行统计分析。统计结果显示，平均报告时间是125天，近4个月，显著高于Dwyer和Wilson（1989）的1982年度样本（当时是3个月）。各解释变量的检验结果如下：综合财务报告与审计报告时间显著负相关；城市管理者资质与审计报告时间显著负相关；自愿包括单一审计报告与审计报告时间显著负相关；网页与审计报告时间显著负相关；审计意见与审计报告时间显著正相关；信用评级与审计报告时间无显著关系；城市人员与审计报告时间显著正相关；城市合并报表的组成单位数量与审计报告时间无显著关系；审计独立性与审计报告时间显著负相关；审计时期需求与审计报告时间无显著关系；其他审计师与审计报告时间显著正相关；单一监管要求与审计报告时间显著正相关；对联邦依赖程度与审计报告时间显著正相关。

Carslaw、Mason和Mills（2007）指出，为了保障公共资源经管责任的履行，根据《单一审计法案》的要求，接受联邦政府资助超过30万美元（2003年之后是50万美元）的非联邦机构必须聘任审计师对其进行审计，并向联邦审计清算所（Federal Audit Clearinghouse）提交审计报告，联邦审计清算所隶属于政府管理预算局，负责收集审计报告，并向各联邦部门转交审计报告。同时，根据《单一审计法案》要求，审计师要关注以下几个方面：联邦支助资金相关财务报告的公允性；财务报告内部控制的缺陷；主要项目的内部控制和合规性。

在文献综述和理论分析的基础上，Carslaw、Mason和Mills（2007）提出的检验模型如公式（3-1）所示。

$$
\begin{aligned}
\text{Audit lag} = {} & A_0 + A_1\text{Log grant expenditure} + A_2\text{Big 5} + A_3\text{ Government auditor} + \\
& A_4\text{ Experienced auditor} + A_5\text{ Sole practitioner} + A_6\text{ Low-risk} + \\
& A_7\text{ State filing deadline} + A_7\text{Reportable condition in internal} \\
& \text{control} + A_8\text{ Audit report on major program} + A_9\text{GFOA} \\
& \text{Certification} + A_{10}\text{ Audit report on financial statements} + \\
& A_{11}\text{ Reportable condition on major programs} + A_{12}\text{ Questioned} \\
& \text{costs} + A_{13}\text{ material noncompliance in internal control}
\end{aligned}
\qquad \text{公式（3-1）}
$$

公式（3-1）中，Audit lag表示审计延滞，用财务年度结束时到审计报告提交时的天数表示，变量设计见表3-5。

根据上述变量及模型设计，Carslaw、Mason和Mills（2007）的样本是1998—2002年向联邦审计清算所提交审计报告的学区。统计分析的结果显示，学区的内部控制较健全、合规性较高，审计报告延滞与学区规模、政府审计师、独资审计师、内部控制缺陷及非标准审计意见显著正相关，与较低的风险显著负相关。

表3-5　**变量设计**

变量名称	变量描述	预期方向
State filing deadline	州政府规定了审计后财务报告提交最后日期的，按州政府规定计算天数，否则，按联邦政府的规定计算天数	+

续表

变量名称	变量描述	预期方向
Log grant expenditure	联邦支持金额的自然对数	?
Big 5	“五大”，取值为1，否则，取值为0	-
Government auditor	政府审计师，取值为1，否则，取值为0	+
Experienced auditor	审计师完成过5个以上单一审计，取值为1，否则，取值为0	-
Sole practitioner	独资审计师，取值为1，否则，取值为0	+
Low-risk	被审计主体风险评估为低，取值为1，否则，取值为0	-
GFOA Certification	获得GFOA认证，取值为1，否则，取值为0	-
Audit report on financial statements	非标准审计意见，取值为1，否则，取值为0	+
Reportable condition in internal control	发现财务报告内部控制缺陷，取值为1，否则，取值为0	+
Material noncompliance in internal control	发现财务报告内部控制重大缺陷，取值为1，否则，取值为0	+
Audit report on major program	对于主要项目的营运是非标准审计意见的，取值为1，否则，取值为0	+
Reportable condition on major programs	对于主要项目的营运有需要报告事项的，取值为1，否则，取值为0	+
Questioned costs	发现有问题的成本，取值为1，否则，取值为0	+

第三节 公共部门审计师选择及变更研究

一、公共部门审计师选择研究

Rubin（1992）指出，一些文献研究了公共部门与私营部门在审计费用和审计及时性方面的差异，二者在审计师选择方面也存在很多的差异。对于公共部门来说，可以将会计师事务所或政府审计机关作为审计选择。由于上述两个选择的存在，需要研究二者提供的财务审计服务有什么差异，为什么不同的政府机构对审计师会做出不同的选择。具体来说，Rubin（1992）要实证检验以下三个问题：第一，两类审计师的审计费用是否存在系统性差异；第二，两类审计师在审计及时性方面是否存在系统性差异；第三，政府机构的一些特征是否与审计师类型选择相关。检验上述三个问题的依存变量是审计费用、审计及时性和审计师类型。审计费用按支付审计费用的自然对数计算；审计及时性按财政年度结束到审计报告提交之间的月数计算；审计师类型区分为政府审计机关和会计师事务所，按哑变量处理，政府审计机关，取值为1，会计师事务所，取值为0。变量设计见表3-6。

表3-6 **变量设计**

变量类型	变量名称及描述	预期方向		
		审计费用	审计及时性	审计师类型
依存变量	auditor type（审计师类型，政府审计机关，取值为1，会计师事务所，取值为0）	–	+	不适用
控制变量	LN（population）（政府机构规模，取人员的自然对数）	+	+/–	+/–
	debt per capita（人均负债）	+	–	–
	bond rating（债券评级）	+	+	
	new debt（新发行债券）			–
	CAFR（报告类型）	+	+	
	service index（服务指数）	+	+	
	number of audit reports（审计报告数量）	+	+	
	GFOA member（GFOA成员）		–	
	ancillary services（辅助服务）	+/–		
	COA attainment（成就认证）		–	
	modified opinion（非标准审计意见）		+	+/–
	timeliness（及时性）	+/–		
	government form（政府形式）			+/–

根据上述变量设计，检验审计费用的模型如公式（3-2）所示，检验审计及时性的模型如公式（3-3）所示，检验审计师类型影响因素的模型如公式（3-4）所示。

$$LN(Audit\ fee) = b_0 + b_1 LN(population) + b_2(debt\ per\ capita) + b_3(bond\ rating) + b_4(CAFR) + b_5(service\ index) + b_6(number\ of\ audit\ reports) +/- b_7(ancillary\ services) +/- b_8(timeliness) - b_9(auditor\ type) + e \quad 公式（3-2）$$

$$Audit\ Time = b_0 +/- b_1 LN(population) - b_2(debt\ per\ capita) + b_3(bond\ rating) + b_4(CAFR) + b_5(service\ index) + b_6(number\ of\ reports) - b_7(GFOA\ member) - b_8(COA\ attainment) + b_9(modified\ opinion) + b_{10}(auditor\ type) + e \quad 公式（3-3）$$

$$Auditor\ Type = b_0 +/- b_1 LN(population) - b_2(debt\ per\ capita) - b_3(new\ debt) +/- b_4(modified\ opinion) +/- b_5(government\ form) + e \quad 公式（3-4）$$

Rubin（1992）的数据是美国俄亥俄州1986年各政府机构的审计相关数据，该州的政府机构既可以接受地方政府审计机关的审计，也可以聘任会计师事务所进行审计。根据上述研究设计，统计分析结果显示：会计师事务所审计收费显著高于政府审计机关，其审计及时性也显著高于政府审计机关；新发行债券、非标准审计意见与会计师事务所的选择正相关；经理型地方政府与政府审计机关的选择正相关。

二、公共部门审计师变更研究

Roberts、Glezen和Jones（1990）研究学区（School District）审计师变更问题。学区是公立中小学管理机构，也是公共部门，在文献综述的基础上，他们将影响学区审计师变更的原因分为三类：一是客户和审计师关系（MODOPIN、IAC、BRDCOMP、ADMCOMP）；二是经济原因（FEECHAN、BOND、SIZE）；三是政治原因（BRDCHAN、SUPTCH）。Roberts、Glezen和Jones（1990）提出的检验模型如公式（3-5）所示。

$$\begin{aligned}AUDCHAN = & b_0 + b_1MODOPIN + b_2IAC + b_3BRDCOMP + b_4ADMCOMP + \\ & b_5FEECHAN + b_6BOND + b_7SIZE + b_8BRDCHAN + b_9SUPTCH\end{aligned} \quad \text{公式（3-5）}$$

公式（3-5）中，AUDCHAN是依存变量，表示学区是否发生过审计师变更，变更的，取值为1，否则，取值为0；MODOPIN表示前一年的审计意见类型，非标准审计意见，取值为1，否则，取值为0；IAC表示审计报告中对内部控制的意见，如果报告中认为内部控制不符合要求，则取值为1，否则，取值为0；BRDCOMP表示审计报告对学区董事会的意见，如果认为董事会不符合要求，则取值为1，否则，取值为0；ADMCOMP表示审计报告对学区管理的意见，如果认为管理不符合要求，则取值为1，否则，取值为0；FEECHAN表示审计费用相对水平，用原来审计师最后一年的审计费用与新任审计师第一年的审计费用之比表示；BOND表示变更之后一年内学区是否发行债券，发行的，取值为1，否则，取值为0；SIZE表示学区规模，人口大于1万的学区，取值为1，否则，取值为0；BRDCHAN表示变更前两年学区董事会人员变动比例；SUPTCH表示变更前一年，学区最高长官是否变动，变动的，取值为1，否则，取值为0。

Roberts、Glezen和Jones（1990）的样本是1980—1985年德克萨斯州（Texas）地区发生审计师变更的87个学区和没有发生审计师变更的271个学区。根据这个样本和上述模型进行统计分析，统计结果显示，在依存变量中FEECHAN、IAC、BRDCOMP和ADMCOMP与审计师变更显著正相关。根据这个结果，Roberts、Glezen和Jones（1990）的结论是，审计费用和审计师意见类型是影响学区审计师变更的主要原因。

第四节　公共部门审计师聘任方式研究

一、公共部门审计师聘任不同方式的后果研究

Raman和Wilson（1994）指出，政府审计准则特别强调关注内部控制和法律法规的遵守情况，其原因是，对于政府机构来说，不存在市场竞争，无法根据利润来

判断单位业绩，而内部控制和行为合规保障了管理的可靠性及按原定意愿使用公共资源。一些学术文献涉及审计师的道德风险。然而，在政府环境中，道德风险有可能更为严重，因为在这种环境下，由于客户财务失败而导致低质量审计得以暴露的可能性较小。所以，需要其他机制来强化审计师的可信性，恰当的审计采购实务（Appropriate Audit Procurement Practices）可能是其中的一种机制，这种机制也称为客户监督（Client Monitoring）。一些权威机构认为，通过恰当的审计采购实务，可以使政府机构选择到确保审计质量的合格审计师。传统的做法是按会计师事务所的大小来区别审计质量，认为大型事务所的审计质量高于小型事务所。然而，在政府审计领域，这种区分审计质量的方法未必可行，因此，需要通过客户监督来保障审计质量。

根据政府审计准则，审计师不只是对财务报告的公允性发表意见，还要求对内部控制是否存在缺陷及合规性发表意见，因此，政府审计更为复杂。一般来说，政府审计质量有三个维度：一是审计师业务能力；二是恰当的审计努力；三是对于已经发现的重要错报、内部控制缺陷和违规的报告。美国审计署和美国注册会计师协会认为，恰当的审计采购实务对于上述的前两个方面都有促进作用。通过恰当的采购程序，提高了政府审计质量，减少了政府资金被浪费、挪用和舞弊的可能性，而政府债券的投资者在投资定价中会考虑这些因素。

在理论分析的基础上，Raman和Wilson（1994）提出以下假设：

假设1：在地方政府债券定价模型中，在审计师类型（区分为“八大”和“非八大”）之外的政府审计服务采购相关变量能提供一些额外的解释力。

假设2：在地方政府债券定价模型中，对于由“非八大”审计的地方政府，政府审计服务采购相关变量能提供明显的解释力。

假设3：在地方政府债券定价模型中，对于由“八大”审计的地方政府，政府审计服务采购相关变量能提供明显的解释力。

关于政府审计服务采购相关变量的数据通过问卷调查获得，以人口在2.5万以上的650个城市为研究对象，根据债券价格的可得性，向377个城市发出调查问卷，收回有效问卷273份，获得1984—1987年财政年度的审计相关数据。检验上述假设的变量设计见表3-7。根据上述数据和变量设计进行统计分析的结果是，三个假设都得到支持。Raman和Wilson（1994）得出结论，恰当的审计采购实务是政府审计质量的保障机制之一。

Johnson、Freeman和Davies（2003）指出，地方政府审计采购中的一些旨在提高审计质量的限制性规定究竟是提高了审计质量，还是为审计师提高费用提供了机会。美国佛罗里达州与其他各州不同，对于政府审计采购，要求实行技术优于价格的原则，在实行报价前，必须对审计师的技术资质进行评价，只有符合技术资质要求的会计师事务所才能参加竞争性报价。佛罗里达州的这种规定究竟是会提升审计质量，还是会为会计师事务所提高价格提供了机会。Hackenbrack et al.（2000）对佛罗里达州1992年审计费用的研究发现，该年度的审计费用，佛罗里达州高于

表3-7 变量设计

变量类型	变量名称	变量描述
依存变量	YPREM	地方政府债券收益率
控制变量	LOGPOP	1985年人口的自然对数
	MAT	债券到期时间
	COUPON	债券利息率
	Aa，A，Baa	债券评级
	MGRFORM	政府形式，委员会或经理，取值为1，否则，取值为0
	CERT	获得财务管理成就认证的，取值为1，否则，取值为0
	BIG1AUD	“八大”，取值为1，否则，取值为0
	ACOMM	设立审计委员会，取值为1，否则，取值为0
解释变量	MYRAGG	审计是否是多年合约，是，则取值为1，否则，取值为0
	BID	政府审计服务是否通过征集招标（Solicits Bids），是，则取值为1，否则，取值为0
	RFP	就审计服务的提供是否提出正式的要求，是，则取值为1，否则，取值为0
	GLINES	评价审计投标是否事先确定指南和标准，是，则取值为1，否则，取值为0
	WCONT	是否与审计师签订书面协议，是，则取值为1，否则，取值为0
	PROCUR	招标的四个环节齐全，取值为1，否则，取值为0
	YR85，YR86，YR87	哑变量，是该年度的，取值为1，否则，取值为0

东南其他七个州，他们认为这是由于佛罗里达州的审计质量高所导致的。而审计质量高体现在佛罗里达州的审计师主要是以“六大”为主。Johnson、Freeman和Davies（2003）认为，以“六大”来代表高审计质量并不具有说服力，Hackenbrack et al.（2000）并未发现“六大”存在溢价，只是“六大”在佛罗里达州的市场集中度较高，况且，有些研究已经表明，在政府审计服务采购中，竞争性报价与审计费用负相关，所以，有理由质疑Hackenbrack et al.（2000）的结论。审计费用高究竟是限制性规定带来的，还是高审计质量带来的，Hackenbrack et al.（2000）的解释并不清楚。Johnson、Freeman和Davies（2003）以审计时间代表审计努力，以审计努力代表审计质量，根据1996年佛罗里达州各政府机构财政年度的审计相关数据，与其他各州进行比较，发现佛罗里达州的审计时间和审计费用都高于其他各州。Johnson、Freeman和Davies（2003）认为，佛罗里达州关于政府审

计采购的限制性规定是提高了政府审计质量，同时也带来了审计费用的增加。

关于审计质量，有多种量度方法，审计师规模和审计费用是两种使用较多的方法，然而，这些方法都存在一定的缺陷。Johnson、Freeman和Davies（2003）借鉴Palmrose（1989）与Deis和Giroux（1992）的方法，以审计时间代表审计努力，进而代表审计质量。在文献综述和理论分析的基础上，提出以下假设：就平均水平来说，佛罗里达州地方政府审计努力程度高于其他各州。检验上述假设的变量设计见表3-8。根据上述变量，检验模型如公式（3-6）所示。

表3-8 **变量设计**

变量类型	变量名称	变量描述
依存变量	审计费用（fees）	审计费用取自然对数
	审计时间（hours）	审计时间取自然对数
解释变量	佛罗里达州（FLA）	佛罗里达州政府机构，取值为1，否则，取值为0
控制变量	被审计单位规模（LTR）	总收入
	被审计单位复杂性（CU）	组成单位数量
	被审计单位复杂性（DRAFT）	审计师参与财务报告草案起草程度
	被审计单位复杂性（SAAR）	政府审计机构对审计范围的要求
	风险（LOBR）	低债券评级，按哑变量处理
	风险（NEWBONDS）	当年是否有新债券履行，按哑变量处理
	风险（DELAY）	审计延滞的天数
	审计师规模（B6）	“六大”，取值为1，否则，取值为0
	审计师任期（ATEN）	按年数计算
	审计采购程序（BID）	招标程度是否包括竞争性报价，是，则取值为1，否则，取值为0
	审计时期要求（DYE）	忙季，取值为1，否则，取值为0

$$\begin{aligned}\ln(hours),\ln(fees) = {} & b_0 + b_1LTR + b_2CU + b_3DRAFT + b_4SAAR + b_5LOBR + \\ & b_6NEWBONDS + b_7DELAY + b_8B6 + b_9ATEN + b_{10}BID + \\ & b_{11}DYE + b_{12}FLA + \varepsilon\end{aligned} \quad \text{公式（3-6）}$$

Johnson、Freeman和Davies（2003）的样本是从31个州获取152个政府机构的1996年财政年度审计数据，其中来自佛罗里达州的政府机构有20个，其他各州的地方政府有132个。根据上述数据进行统计分析，统计结果显示，假设得到支持。

Johnstone、Bedard和Ettredge（2004）研究竞争性投标审计计划努力程度对审计费用的影响。1997—1998年，某会计师事务所的客户，有一部分是竞争性投标，另一部分不是竞争性投标，有效样本是336个客户，这个会计师事务所的审计客户为研究竞争性投标对审计费用的影响提供了绝好的机会。

在文献综述和理论分析的基础上，Johnstone、Bedard和Ettredge（2004）提出以下假设：

假设1：与非竞争性投标相比，竞争性投标将导致审计师在审计计划方面付出更多的努力。

假设2：与非竞争性投标相比，竞争性投标将导致审计计划对成本驱动因素更敏感。

假设3：与非竞争性投标相比，竞争性投标将降低审计费用。

假设4：与非竞争性投标相比，竞争性投标将导致审计费用对审计流程的组成要素更敏感。

检验审计师在审计计划方面付出努力的模型如公式（3-7）所示。公式（3-7）中，Ln（HOURS）是依存变量，表示审计师在审计计划方面付出的努力，按各类审计师花费在审计计划方面的时间计算，取自然对数；Ln（ASSETS）是客户规模，按客户总资产的自然对数计算；PUBLIC、MULTIPLE LOCATIONS表示客户经营复杂性，前者表示是否是公众公司，后者表示客户是否是大区域经营；FRAUD RISK表示客户舞弊风险，如果按SAS No. 82的风险因素至少存在一个，则取值为1，否则，取值为0；ERROR RISK表示客户错误风险，按客户经营复杂性计算；LEVERAGE表示客户财务风险，按资产负债率计算；ROA表示客户盈利性，用总资产净利率表示；ADDITIONAL SERVICES表示审计师是否在审计之外还提供其他服务，按哑变量处理；INDUSTRY VARIABLES是行业变量，区分为不同的行业，分别是高科技行业、政府与非营利组织、制造业、零售业和金融业。

$$\begin{aligned}Ln(HOURS) = {} & a_0 + a_1 Ln(ASSETS) + a_2(MULTIPLE\ LOCATIONS) + a_3 PUBLIC + \\ & a_4 FRAUD\ RISK + a_5 ERROR\ RISK + a_6 LEVERAGE + a_7 ROA + \\ & a_8 ADDITIONAL\ SERVICES + a_{9-13}(INDUSTRY\ VARIABLES) + u\end{aligned} \quad \text{公式（3-7）}$$

检验审计费用的模型如公式（3-8）所示。公式（3-8）中，Ln（FEE）是审计费用自然对数；Ln（HOURS）、ADDITIONAL SERVICES、INDUSTRY VARIABLES表示的含义与公式（3-7）中的相同；INDUSTRY SPECIALISTS表示会计师事务所派出的团队是否有该客户所在行业的行业专长。根据上述研究设计，按选定的样本进行统计分析，表明四个假设均得到支持。

$$\begin{aligned}Ln(FEE) = {} & b_0 + b_1 Ln(HOURS) + b_2 ADDITIONAL\ SERVICES + \\ & b_3 INDUSTRY\ SPECIALISTS + b_{4-8}(INDUSTRY\ VARIABLES) + u'\end{aligned} \quad \text{公式（3-8）}$$

Boon et al.（2005）指出，澳大利亚新南威尔士州（New South Wales）的1993年《地方政府法案》规定，新南威尔士州地方政府的审计服务必须以招标的方式选择审计师，引入了强制审计招标（Compulsory Audit Tendering）制度，每六年为一期，现任审计师可以参加第二期的投标。Boon et al.（2005）研究这种审计服务招标制度能否带来审计费用的降低。

在文献综述的基础上，Boon et al.（2005）提出以下假设：

假设1：强制审计招标制度导致审计费用降低。

假设2：伴随审计招标制度降低审计费用，在招标后一个较长的时期内，审计费用不会发生变化。

1993年《地方政府法案》颁布之后，1994年为过渡时期，第一期招标（The

First Tender）的时间范围是1995—2000年，第二期招标（The Second Tender）的时间范围是2001—2007年。第一期招标之前的数据是1993—1994年的数据，招标之后的数据是1995—2000年的数据。新南威尔士州126个地方政府招标前2年应该有252组审计费用数据，招标后6年应该有756组审计费用数据，但是由于有些数据不全，所以最终样本是988组数据。对于第二期招标，Boon et al.（2005）选择招标前一年（2000年）及招标后一年（2001年）的数据，126个地方政府共252组数据。

在文献综述的基础上，Boon et al.（2005）提出的检验模型如公式（3-9）所示。公式（3-9）中，LnIndAF是年度审计费用的自然对数；PrePost分为PrePost1和PrePost2两个变量，分别测试，PrePost1是年度哑变量，招标后，取值为1，招标前，取值为0，PrePost2是年度变量，共8年，第一年为基年，从第二年开始，按年度顺序分别取值为2至8；LnIndRev是客户总收入的自然对数；Auditor size是会计师事务所规模哑变量，大型会计师事务所，取值为1，否则，取值为0；NCA/TA是非流动资产与全部资产之比，表示客户复杂性；NCL/TA是非流动负债与全部资产之比；Opinion是审计意见哑变量，非标准审计意见，取值为1，否则，取值为0；Locn是客户类型哑变量，大城市，取值为1，否则，取值为0；Rotators是审计师是否轮换，轮换，取值为1，否则，取值为0；Specn是审计师是否是政府审计专业会计师事务所，用会计师事务所在政府审计市场中的市场份额表示；ε为误差项目。

$$\begin{aligned} LnIndAF = {} & \beta_0 + \beta_1 PrePost + \beta_2 LnIndRev + \beta_3 Auditor\ size + \beta_4 NCA/TA + \beta_5 NCL/TA + \\ & \beta_6 Opinion + \beta_7 Locn + \beta_8 Rotators + \beta_9 Specn + \varepsilon \end{aligned} \qquad \text{公式（3-9）}$$

根据上述样本和模型，统计分析的结果显示，两个假设均得到支持，第一期招标使审计费用降低了40%～45%，并且招标之后的6年内基本保持不变。Boon et al.（2005）的结论是，强制审计招标能降低审计费用，招标带来审计费用的节约能持续一个较长时期。

二、公共部门审计师聘任方式是否有地方偏好及其后果研究

Hackenbrack和Shor（2008）针对美国各州对公共部门审计采购有不同的政策，研究审计师选择的当地偏好是否会影响审计费用。他们采用拍卖模型（Auction Models），分析了不同情形下的审计费用，具体的情形包括政策目标和目标政策偏好。政策目标分为审计费用最低和审计剩余最大（审计师给被审计主体创造的价值减去其审计费用）两种情形。政策目标偏好分为有地方偏好和无地方偏好两种情形。

根据上述政策目标和政策偏好的组合，Hackenbrack和Shor（2008）采用拍卖模型，分析了四种情形下的审计费用，确认了可能影响审计费用的新变量，包括监管变量和地方偏好变量。在此基础上，对原有的审计费用检验模型进行了修正，提出了如公式（3-10）所示的审计费用检验模型，变量设计见表3-9。

$$AUDIT\ FEE = \beta_0 + \beta_1 EXPENDITURES + \beta_2 MANAGER + \beta_3 DEBT/EXPENDITURES + \beta_4 YEAR3 + \beta_5 BIG6 + \beta_6 SPECIALIZATION + \beta_7 CAEFR\ AWARD + \beta_8 BASELINE\ STATES + \beta_9 FLORIDA + \beta_{10} SUPPLY + \beta_{11} INSIDER \times NOT\ FLORIDA + \beta_{12} INSIDER \times FLORIDA + \beta_{13} DELTA \times INSIDER + \beta_{14} DELTA \times OUTSIDER + e \quad 公式（3-10）$$

表 3-9 **变量设计**

变量名称及描述	数据来源	变量表征
哑变量		
MANAGER：地市管理者是职业经理，取值为1，否则，取值为0	1992年地方政府年鉴	管理实务
YEAR3：截至1992年的连续审计次数，少于4，取值为1，否则，取值为0	问卷	是否是首次审计
BIG6：1992年是“六大”，取值为1，否则，取值为0	1992年财务报告	审计质量
CAEFR AWARD：获得财务成就认证的，取值为1，否则，取值为0	政府财务长协会	披露实务
BASELINE STATES：1992年允许竞争性谈判的州，取值为1，否则，取值为0	州法律法规	监管
FLORIDA：1992年禁止竞争性谈判的州，取值为1，否则，取值为0	州法律法规	监管
INSIDER：审计师的邮箱包括地方政府名称或者在10公里之内的，取值为1，否则，取值为0	美国企业距离数据库	地方偏好
OUTSIDER：1- INSIDER	计算	地方偏好
连续变量		
AUDIT FEE：1992年审计费用的自然对数	问卷	变量
EXPENDITURES：1992年政府及其机构支出的自然对数	1992年财务报告	审计业务量
DEBT/EXPENDITURES：1992年债券与开支之比	1992年财务报告	审计业务风险
SPECIALIZATION：1992年审计师负责的公共部门单位数量	1992年财务报告	审计师专长
SUPPLY：距城市30公里以内的会计师事务所数量的自然对数	美国企业距离数据库	竞争状况
DELTA：第二大事务所人数与其他事务所人数的差别，并做对数化处理（一般用事务所规模表示审计质量，这里用人数表示事务所规模，用规模表示给被审计主体带来的增值优势）	美国企业距离数据库	增值优势

Hackenbrack和Shor（2008）的样本不仅要体现州政府对公共部门审计采购的监管政策区别，还要区别是否存在地方偏好，因此，需要选择具有不同特征的州作为样本。最后的样本是由1992年佛罗里达州、路易斯安那州、密西西比州、德克萨斯州的公共部门的审计相关数据组成的，有效样本共409个。根据上述研究设

计，统计分析的结果显示，除佛罗里达州外，其他各州的地方会计师事务所在审计收费方面都有溢价，地方偏好增加了审计费用。

三、公共部门审计自制与外包的比较研究

Chong et al.（2001）指出，基于新公共管理的公共部门的改革，美国、英国、加拿大、澳大利亚、新西兰等一些国家要求政府审计机关在竞争的环境中营运。因此，传统上作为政府审计机关法定审计范围的公共部门的审计业务，可以以外包的方式由会计师事务所来完成。公共部门的审计方式有两种：一种是由政府审计机关完成，称为自制（In-house）；另一种是由会计师事务所来完成，称为外包（Contract-out）。Chong et al.（2001）研究不同的审计方式对审计资源分配和审计效率的影响。根据澳大利亚178个公共部门的审计数据，研究表明：对于政府机构，外包审计成本显著高于自制审计成本；对于医院，两种审计方式的审计成本无显著差异；审计长办公室对审计质量的监督能有效地解释审计成本差异。

Chong et al.（2001）的研究过程如下：在文献综述和理论分析的基础上，预期地方政府机构的财务报告审计的自制与外包将存在审计成本差异。

检验模型如公式（3-11）所示。公式（3-11）中，Lncost是审计成本，按实际发生或支付金额的自然对数计算；Lnexp表示被审计主体规模，按全部支出的自然对数计算；Complexity表示被审计主体的业务营运复杂性；Risk表示被审计主体的财务报告风险，区分为高和低，按哑变量处理；FSOpinion表示财务报告审计意见类型，保留意见，取值为1，否则，取值为0；PIOpinion表示绩效指标审计意见，保留意见，取值为1，否则，取值为0；AdviceCost表示审计长办公室对审计监督和指导所花费的成本；ICReliance表示对内部控制的依赖程度，三级量度，数值越小，表示依赖程度越低；Big 5表示是否是“五大”，“五大”，取值为1，否则，取值为0；Agency type表示被审计主体类型，医院，取值为1，否则，取值为0；Type of arrangement是解释变量，表示不同的审计方式，外包，取值为1，自制，取值为0。根据上述研究设计，以澳大利亚178个公共部门的审计数据为样本，统计分析表明，预期得到支持。

$$\begin{aligned}\text{Lncost} = a &+ b_1\text{Lnexp} + b_2\text{Complexity} + b_3\text{Risk} + b_4\text{FSOpinion} + b_5\text{PIOpinion} + \\ &b_6\text{AdviceCost} + b_7\text{ICReliance} + b_8\text{Big5} + b_9\text{Agency type} + \\ &b_{10}\text{Type of arrangement} + e\end{aligned} \quad \text{公式（3-11）}$$

四、公共部门审计师聘任的其他问题研究

美国审计署（1991）指出，根据《财务总监法》（CFO Act），联邦机构财务报告需要按政府审计准则进行审计，所以，许多联邦机构需要审计服务。《财务总监法》规定，联邦机构财务报告可以由该机构的监察长审计，也可以由外部审计师审计，这由监察长决定。对于没有设立监察长的联邦机构，由该机构的领导决定是否聘任外部审计师审计，审计报告提交给该联邦机构的领导。将审计业务外包给外部独立审计师能帮助联邦机构在规定的时间内提交审计报告。外部审计师可以独立完成审计，也可以与监察长合作完成审计。美国审计署认为，根据以往的经验，由于

许多联邦机构并不熟悉审计要求及评价外部独立审计师的标准，所以对于这些机构来说，以合理的价格选择高质量且及时的审计服务并非易事。目前，联邦政府采购事务由美国总务管理局（The General Services Administration，GSA）管理，财务审计服务也在其中，因此，聘任外部独立审计师必须遵守美国总务管理局的相关规定。美国审计署根据美国总务管理局的相关规定，制定了审计服务采购的指南，对联邦机构采购审计服务的步骤、方法和责任人进行了详细规定。

Bradbury（2015）研究公共部门审计业务外包的两个问题：一是审计师品牌溢价是否存在；二是审计师在公共部门的专长是否会影响审计费用。通过将政府审计机关与民间审计的"五大"比较，发现，"五大"存在约23%的品牌溢价，这与民间审计师是否存在行业专长有关，存在行业专长的民间审计师对客户有17.4%的折扣。地方政府审计专长是否影响审计费用无确定性结果。

第五节　公共部门财务审计的其他问题研究

一、单一审计研究

Broadus和Comtois（1985）指出，联邦政府每年都有大量的资金以补助的方式流向地方政府或各种联邦项目，为了应对这类补助资金的审计，《单一审计法案》得到通过，并于1984年12月31日生效，规定每个单位只接受一次审计，接受联邦补助在10万美元以上的单位必须适用该法案，非营利组织不适用该法案。在该法案之前，是每个补助项目单独进行审计，这就造成同一地方政府机构或联邦项目如果接受了多种联邦补助，则可能接受多次审计，形成重复审计。《单一审计法案》有四个目的：一是改善接受联邦资助的地方政府的财务管理；二是为接受联邦资助的地方政府建立统一的审计要求；三是促进审计资源使用的效率；四是确保联邦机构依赖和使用审计工作。《单一审计法案》对审计范围的规定包括三个方面：一是财务报告是否遵守相关的会计准则或制度，是否遵守了那些将对财务报告产生重要影响的法律法规；二是政府内部控制是否为补助资金的使用遵守相关法律法规提供了合理保证，但不要求发表意见；三是政府是否遵守了对联邦项目有重要影响的法律法规。《单一审计法案》并未要求实施经济性、效率性和效果性方面的审计，也不要求按每项补助提供详细的审计意见。对于审计师发现的问题，被审计主体必须提供改正计划，并提交给相应的联邦部门，以确保消除内部控制的重要缺陷和重要性的违规行为。对于确实无法改正的缺陷或行为，需要提供说明书。

Keating et al.（2003）指出，由于一系列的财务丑闻，非营利组织问责已经成为一个重要的公众话题。作为对这个问题的回应，国会采取了一系列监督措施，其中的重要措施之一，就是从1990年1月1日开始，非营利组织也适用《单一审计法案》，非营利组织要按照政府管理预算局《通知A-133：各州、地方政府和非营利性组织的审计》（Circular A-133：Audits of States，Local Governments，and

Nonprofit Organizations)（以下简称为《A-133》）的要求进行审计。1996年开始，在一个财政年度内，任何使用联邦资金超过30万美元的非营利组织，都要按《A-133》进行审计，审计内容包括三个方面：一是财务报告的公允性；二是内部控制的健全性；三是相关法规法律的遵守情况。Keating et al.（2003）研究按《A-133》的要求审计非营利组织的下列问题：非营利组织选择何种审计师？非营利组织的审计意见是什么类型？哪些因素会影响其审计意见类型？Keating et al.（2003）的数据来源于联邦审计清算所和国家慈善统计中心（National Center for Charitable Statistics），样本是1997—2000年财政年度的11 841个非营利组织的审计数据，非营利组织涉及艺术、教育、健康、社会工作、公共福利、其他六个领域，需要按《A-133》审计的大部分组织是从事社会工作的非营利组织。关于审计师选择的基本情况，这四年期间，3 592个会计师事务所为11 841个非营利组织实施了12 654个《A-133》审计项目，平均每个会计师事务所审计3.3个非营利组织、23个审计项目。审计师选择的显著特征是大型非营利组织倾向于选择大型会计师事务所。关于审计意见类型，根据《单一审计法案》的要求，审计师的意见包括三个方面：一是财务报告的公允性（包括是否存在持续经营问题）；二是对相关法律法规的遵守情况；三是报告发现的内部控制重要缺陷。这四年期间，95.8%的财务报告审计意见是标准意见，只有1%的审计意见中表达了持续经营存在困难；15.7%的审计报告中报告了内部控制重要缺陷；3%的审计报告中报告了重要性违规；在小型非营利组织和新接受联邦政府补助的非营利组织中，非标准审计意见比例较高。

二、财务审计的其他问题研究

Evans和Patton（1987）指出，公共部门存在信息不对称问题，而公共部门会计、审计通过监督机制和信号机制两种路径来降低信息不对称。在理论分析的基础上，Evans和Patton（1987）以各城市参与一致性认证项目（Certificate of Conformance Program，CCP）的影响因素来检验监督机制和信号机制。一致性认证项目的背景是，美国各城市的会计实务受城市所在州的监管，由于各州的法规不同，会计实务差别较大，为鼓励各城市会计实务的趋同，政府财政官员协会（Government Finance Officers Association，GFOA）提出了一些会计规范，并向综合财务报告符合这些会计规范的政府机构颁发认证书。一致性认证项目既可以从信号机制的角度来解释，也可以从监督机制的角度来解释。Evans和Patton（1987）设计的依存变量是否参与一致性认证项目，按哑变量处理，其他变量设计见表3-10。

根据上述设计，Evans和Patton（1987）对各州所属城市的财务官进行问卷调查，获得444份有效问卷。统计分析的结果显示，Form of Government、CCP Win Prior to、Debt、Non-GAAP State、Professionally Active CFO、Company Town（Salary）这些变量得到了验证。根据上述分析结果，Evans和Patton（1987）认为，一致性认证项目多为信号机制，作为监督机制并未获得实证支持。

表3-10 **变量设计**

变量名称	变量描述	预期方向	
		信号机制	监督机制
Population of City	城市人口数量的自然对数	?	+
Form of Government	经理人管理，取值为1，否则，取值为0	+	+
CCP Win Prior to	获得一致性认证项目，取值为1，否则，取值为0	+	+
Debt	负债金额	+	+
GAAP State	执行GAAP的州，取值为1，否则，取值为0	+	+
Non-GAAP State	不执行GAAP的州，取值为1，否则，取值为0	_	_
Professionally Active CFO	是专业活动的首席财务官的，取值为1，否则，取值为0	+	+
Quality of Management	教育程度低的，取值为1，否则，取值为0	_	_
Company Town（Salary）	本城市前三位纳税人财产占全部财产的比例	?	+
High Political Competition	政治竞争激烈，取值为1，否则，取值为0	?	+
Low Political Competition	政治竞争不激烈，取值为1，否则，取值为0	?	_

O'Keefe、Wetzel和Engstrom（1990）指出，1986年，美国审计署报告，会计师事务所完成的政府审计项目有34%不符合标准要求。有观点认为，现有的权威审计文献主要关注非政府审计，这可能是政府审计质量不高的重要原因。O'Keefe、Wetzel和Engstrom（1990）对政府审计师进行了问卷调查，调查内容包括：政府审计范围和审计重要性方面的差异；风险评估、审计师责任、客户期望、审计程序和审计范围对审计费用的影响；会计师事务所的盈利性等。

根据政府会计准则，政府机构可以公开综合财务报告（Comprehensive Annual Financial Report，CAFR），也可以公开通用财务报告，通用财务报告是综合财务报告的一部分。政府审计师的审计范围可区分为，是对综合财务报告进行审计，还是对通用财务报告进行审计。具体来说，根据相关的审计准则，政府机构有三种选择：一是政府机构只发布通用财务报告，审计范围只包括通用财务报告，这种情形称为GPFS意见；二是政府机构发布综合财务报告，但是只审计通用财务报告，将其他报表作为通用财务报告的补充信息，审计意见也涵盖这些信息，这种情形称为$GPFS^+$意见；三是政府机构发布综合财务报告，审计综合财务报告，这种情形称为FULL意见。

基于审计范围的上述区分，O'Keefe、Wetzel和Engstrom（1990）研究以下问题：不同的审计范围是否会导致重要性评估、审计师责任和客户期望方面的差异；如果存在差异，是否与会计师事务所的规模有关；当审计范围增加时，审计师如何安排增加的时间；不同审计范围时是否会导致审计费用不同；审计师认为什么样的审计意见是对客户最好的；审计师认为什么样的审计意见是对会计师事务所盈利性最有利的。

根据上述问题，O'Keefe、Wetzel和Engstrom（1990）设计调查问卷，随机选择了150个发布综合财务报告且获得政府财务成就认证的政府机构，对这些政府机构的审计师进行问卷调查，发出问卷126份，收回有效问卷86份。

关于GPFS⁺意见与GPFS意见，政府审计师感知的差异见表3-11。数据显示，多个维度都存在感知差异。

表3-11　　政府审计师感知的差异（GPFS⁺意见与GPFS意见）

调查项目	问卷数量	差异分布		
		没有差异或差异很小 A	差异很大或具有显著性 B	均衡分布的概率*
审计范围	86	40.7%	59.3%	0.085
重要性门槛	86	31.4%	68.6%	0.001
风险评估	86	44.2%	55.8%	0.285
审计师责任	85	37.6%	62.4%	0.022
客户期望	85	65.9%	34.1%	0.003

注：均衡分布的概率*是指A和B两种选择各占50%的可能性。

那么，政府审计师感知的差异，是否会因为事务所的规模不同而存在差异呢？感知到GPFS⁺意见与FULL意见存在重大差异的审计师分布情况见表3-12。数据显示，除了客户期望这个维度之外，其他四个方面的全国性事务所感知的比例都高于地方性事务所。

表3-12　　感知到重大差异的审计师分布（GPFS⁺意见与FULL意见）

调查项目	事务所类型		
	全国性事务所	地方性事务所	卡方概率（p）
审计范围	73.4%	40.6%	(0.005)
重要性门槛	86.7%	43.3%	(0.000)
风险评估	66.7%	37.9%	(0.033)
审计师责任	73.3%	44.1%	(0.014)
客户期望	40.9%	18.6%	(0.112)

此外，O'Keefe、Wetzel和Engstrom（1990）还分析了不同审计范围对审计程序（增加的时间用于何种审计程序）、审计费用、客户利益和审计师盈利性的影响，这些方面基本上都具有显著性。

Johnson（2006）以地方政府机构为对象，研究审计范围和审计师任期对审计资源分配的影响。美国地方政府机构可以编制两种会计报告：一是综合财务报告（CAFR）；二是通用财务报告（GPFS）。前者包括后者的全部内容，还有一些单个基本报表的内容，所以前者披露的信息更多。对于政府机构的审计也有两种选择：一是审计综合财务报告；二是审计通用财务报告。由于综合财务报告包括了通用财务报告的全部内容，所以政府机构既可以审计综合财务报告，也可以选择只审计其中的通用财务报告。因此，总体来说，审计范围有两种选择：一是综合财务报告审计；二是通用财务报告审计。另外，对于首次审计，有许多额外的工作要做，如期初余额、与前任审计师沟通等，而在后续年度的审计中，由于已对被审计主体有了解，所以有学习效应。因此，可以认为，首次审计的审计范围要大于后续年度的连续审计，而这种学习效应与审计师任期相关。Johnson（2006）以地方政府机构为对象，研究上述这些审计范围和审计师任期对审计时间及其在审计各阶段的分配的影响。

在文献综述和理论分析的基础上，Johnson（2006）将审计范围对审计时间及其分配的影响进行归纳见表3-13。

表3-13　**审计范围对审计时间及其分配的影响**

调查项目	审计范围		
	综合财务报告	首次审计	第二年的综合财务报告审计
审计计划	√	√	×
内部控制了解	×	√	×
符合性测试	×	√	√
实质性测试	√	√	√
审计报告	√	√	×
审计时间合计	√	√	√

注：√表示会增加审计时间，×表示不会增加审计时间。

根据上述研究假设，Johnson（2006）提出的检验模型如公式（3-12）所示。

$$\begin{aligned}\ln(\text{labor hours}) = {} & a + b_1 AUDITSCOPE + b_2 TENURE1 + b_3 TENURE2 + b_4 LNREV + \\ & b_5 DEBTRATIO + b_6 SINGLEAUDIT + b_7 NUMFUNDS + b_8 COUNTY + \\ & b_9 SPECIAL + b_{10} SCHOOL\end{aligned} \qquad \text{公式（3-12）}$$

公式（3-12）中，ln（labor hours）是依存变量，根据分配在各审计阶段的时间，分别按自然对数计算；AUDITSCOPE是哑变量，综合财务报告审计，取值为1，否则，取值为0；TENURE1为哑变量，首次审计，取值为1，否则，取值为0；TENURE2为哑变量，第二年审计，取值为1，否则，取值为0；LNREV是被审计主体的规模，按全部收入的自然对数计算；DEBTRATIO是资产负债率；SINGLEAUDIT表示是否要遵守单一审计的要求，是则取值为1，否则，取值为0；NUMFUNDS表示被审计主体财务报告中包括的基金数量；COUNTY表示是否属于县，是则取值为1，否则，取值为0；SPECIAL表示是否是特区，是则取值为1，否则，取值为0；SCHOOL表示是否是学区，是则取值为1，否则，取值为0。

Johnson（2006）以某地方会计师事务所在1988—1993年完成的256个政府机构的审计时间分配数据为基础，从公开数据来源中获取其他变量的数据。根据上述研究设计，统计分析的结果与预期基本一致。

Lowensohn et al.（2007）指出，政策要求以合理的成本取得高质量的政府审计，然而，这个目标的达成状况却无从知晓。有些文献研究发现，审计师专业特长与政府审计质量正相关，然而，这些研究只考虑了大型会计师事务所或小型会计师事务所，既没有考虑审计市场的细分，也没有考虑审计费用对审计质量的影响。因此，政府审计质量的替代变量也存在一些问题。Lowensohn et al.（2007）将佛罗里达州的241个财务官员作为调查对象，以他们感知到的政府审计质量为依存变量，研究审计师专业特长、审计质量和审计费用之间的关系。

在文献综述和理论分析的基础上，Lowensohn et al.（2007）提出以下假设：

假设1：会计师事务所专业特长与感知的审计质量正相关。

假设2：会计师事务所专业特长与审计费用无关。

假设3a：感知的“五大”审计质量较高。

假设3b：“五大”审计费用较高。

检验审计质量影响因素的模型如公式（3-13）所示，检验审计费用的模型如公式（3-14）所示。检验上述假设的变量设计见表3-14。

$$PQUAL = b_0 + b_1SPEC + b_2B5 + b_3LATEN + b_4MGTLTR + b_5INDEP + b_6MGRTIME + b_7FIELDW + b_8SKEPT + b_9INPUT + b_{10}LREV + \varepsilon \quad 公式（3-13）$$

$$LFEES = b_0 + b_1SPEC + b_2B5 + b_3LATEN + b_4LREV + b_5DRAFT + \varepsilon \quad 公式（3-14）$$

表3-14 **变量设计**

变量类型	变量名称	变量描述
依存变量	PQUAL	根据调查对象的感知，采用七级利科特量度
	LFEES	支付审计费用的自然对数
解释变量	LSPEC#	佛罗里达州的政府机构的总数取自然对数
	LSPEC$	佛罗里达州政府的收入取自然对数
	LSPECAVG	佛罗里达州的政府机构的平均数量取自然对数
	SPEC	表示审计师专业化水平，包括LSPEC#、LSPEC$和LSPECAVG
	MGTLTR	是否提供了审计建议书
	INDEP	审计师实质上和形式上的独立性
	MGRTIME	审计项目主管领导积极参与项目计划和实施
	PLAN	审计项目有适当的审计计划
	ACCTSYS	审计团队对政府会计系统有恰当的理解
	ICS	审计团队对政府内部控制有充分的了解
	FIELDW	PLAN、ACCTSYS和ICS的合成
	SKEPT	审计团队在审计业务中的职业精神
其他变量	B5	会计师事务所是否是“五大”
	LATEN	会计师事务所作为政府审计师的任期，取自然对数
	INPUT	上次审计结果对下次连任的影响
	LREV	收入的自然对数
	DRAFT	审计师参与财务报告起草的程度

根据上述研究设计，Lowensohn et al.（2007）对佛罗里达州的政府机构的财务官员进行问卷调查，这些财务官员所在的政府机构都接受过会计师事务所的审计，根据他们的感知来填写问卷。根据问卷调查的数据，统计分析的结果显示：审计师在政府审计方面的专业特长与感知的审计质量显著正相关；审计费用与审计师在政府审计方面的专业特长无关；“五大”与审计收费显著正相关；在政府审计方面没有专业特长的“五大”，与审计质量并无显著关系。

Nurdiono et al.（2016）研究印度尼西亚政府审计机关对地方政府机构财务报告审计的意见受到哪些因素的影响。在文献综述和理论分析的基础上，Nurdiono et al.（2016）提出以下假设：

假设1：在被审计主体的支出中，公共预算资金占全部预算资金的比例对财务报告审计意见有负面影响。

假设2：内部审计效果对财务报告审计意见有积极影响。

假设3：最高审计机关审计发现的后续跟踪审计对财务报告审计意见有积极影响。

假设4：前期审计意见对后期审计意见有积极影响。

假设5：被审计主体相关人力资源对财务报告审计意见有积极影响。

Nurdiono et al.（2016）提出的检验模型如公式（3-15）所示。

$$\begin{aligned} OPINION = {} & a + b_1 BUDGETPRO + b_2 AUDINT + b_3 ACTIONPLAN + b_4 PRIOROPIN + \\ & b_5 COMPETENCY + e \end{aligned} \quad \text{公式（3-15）}$$

公式（3-15）中，OPINION表示财务报告审计的审计意见，按哑变量处理，公允意见，取值为1，否则，取值为0；BUDGETPRO表示在被审计主体的支出中公共预算资金占全部预算资金的比例；AUDINT表示内部审计的效果，采用五级利科特量度；PRIOROPIN表示最高审计机关前期的审计意见类型，如果是公允表达，则取值为1，否则，取值为0；ACTIONPLAN表示被审计主体针对最高审计机关在前次审计中的审计发现所采取的行动，按行动的力度量度，采用百分比表示；COMPETENCY表示地方财政的人力资源状况，按相关教育背景和职业资质分项计分。Nurdiono et al.（2016）采用问卷调查的方式收集数据，共获得434份有效问卷。根据上述研究设计，统计分析的结果表明，假设1、假设4得到支持，假设2、假设3、假设5均未得到支持。

参考文献

［1］BRADBURY M E.Large audit firm premium and audit specialization in the public sector［J］. SSRN Electronic Journal，2015.

［2］BROADUS W A，COMTOIS J D.The single audit act needed reform［J］. Journal of Accountancy，1985：62-70.

［3］BOON K，CROWE S，MCKINNONL J，et al. Compulsory audit tendering and audit fees: evidence from Australian local government [J]. International Journal of Auditing, 2005 (9): 221-241.

[4] CARPENTER B, DIRSMITH M, GUPTA P. Materiality judgments and audit firm culture: social - behavioural and political perspectives [J]. Accounting, Organization and Society, 1994, 19 (4): 355-380.

[5] COHEN S, LEVENTIS S.Effects of municipal auditing and political factors on audit delay [J]. Accounting Forum, 2013 (37): 40-53.

[6] CARSLAW C, MASON R, MILLS J R.Audit timeliness of school district audits [J]. Journal of Public Budgeting Accounting and Financial Manament, 2007, 19 (3): 290-316.

[7] CHONG K M, DOLLEY C, HOUGHTON K A, et al.The effect of contracting-out audits on resource allocation and efficiency in public sector audits [J]. SSRN Electronic Journal, 2001.

[8] DWYER P D, WILSON E R. An empirical investigation of factors affecting the timeliness of reporting by municipality [J]. Journal of Accounting and Public Policy, 1989 (8): 29-55.

[9] DEIS D R, GIROUX G. Determinants of audit quality in the public sector [J]. The Accounting Review, 1992, 67 (3): 462-479.

[10] EVANS J H, PATTONA J M. Signaling and monitoring in public - sector accounting [J]. Journal of Accounting Research, 1987 (25): 30-158.

[11] GIROUX G, JONES R. Comparative local government auditing: audit timing in the US and the UK [J]. Innovations in Governmental Accounting, 2002: 343-348.

[12] UNITED STATES GENERAL ACCOUNTING OFFICE. Accounting and financial manegement divison, guide to federal agencies' procurement of audit services from independent public accountant [M]. Washington, DC: GAO, 1991.

[13] HOLMES W. Materiality through the looking glass [J]. Journal of Accountancy, 1972 (133): 44-49.

[14] HACKENBRACK K, JENSEN K, PAYNE J. The effect of a bidding restriction on the audit services market [J]. Journal of Accounting Research, 2000 (38): 355-374.

[15] HACKENBRACK K, SHOR M.Local preference in municipal audit markets [R]. Owen Graduate School of Management, Vanderbilt University, Working paper, 2008.

[16] JOHNSON L E, DAVIES S P, FREEMAN R S. The effect of seasonal variations in auditor workload on local government audit fees and audit delay [J]. Journal of Accounting and Public Policy, 2002 (21): 395-422.

[17] JOHNSON L E, FREEMAN R J, DAVIES S P. Local government audit

procurement requirements, audit effort, and audit fee [J]. Research in Accounting Regulation, 2003, 16 (16): 197-207.

[18] JOHNSTONE K M, BEDARD J C, ETTREDGE M L. The effect of competitive bidding on engagement planning and pricing [J]. Contemporary Accounting Research, 2004, 21 (1): 25-53.

[19] JOHNSON L A.The effect of audit scope and auditor tenure on resource allocation decisions in local government audit engagements [J]. Accounting Forum, 2006 (30): 105-119.

[20] KROGSTAD J L, ETTENON R T, SHANTEAU J. Context and experience in auditors materiality judgments [J]. Auditing: Journal of Practice and Theory, 1984, 4 (1): 54-73.

[21] KEATING E K, FISCHER M, GORDON T P, et al.The single audit act: how compliant are nonprofit organizations? [J]. SSRN Electronic Journal, 2003.

[22] LOWENSOHN S, JOHNSON L E, ELDER R J, et al.Auditor specialization, perceived audit quality, and audit fees in the local government audit market [J]. Journal of Accounting and Public Policy, 2007 (26): 705-732.

[23] NURDIONO N, SUGIRI S, HALIM A, et al.The effectis of budget' proportion and non-financial factors on the audit results of local government' financial statement in Indonesia [J]. Journal of Indonesian Economy and Business, 2016, 31 (2): 178-191.

[24] MCLELLAND A J, GIROUX G. An empirical analysis of auditor report timing by large municipalities [J]. Journal of Accounting and Public Policy, 2000 (19): 263-281.

[25] MESSIER W. The effect of experience and firm type on materiality/disclosure judgments [J]. Journal of Accounting Research, 1983: 611-618.

[26] O'KEEFE W T, WETZEL T S, ENGSTROM J H.An examination of the relations between audit scope and procedures in audits of municipalities [J]. Accounting Horizons, 1990, 4 (4): 68-77.

[27] OWUSU-ANSAH S. Timeliness of corporate financial reporting in emerging capital markets: empirical evidence from the Zimbabwe stock exchange [J]. Accounting and Business Research, 2000, 30 (3): 241-254.

[28] PRICE R, WALLACE W A.An international comparison of materiality guidance for governments, public services and charities [J]. Financial Accountability and Management, 2002, 18 (3): 261-289.

[29] PAYNE J L, JENSEN K L.An examination of municipal audit delay [J]. Journal of Accounting and Public Policy, 2002 (21): 1-29.

[30] RELMOND K, VANDANIKER R. Materiality in government auditing [J].

Journal of Accountancy，1994（2）：71-76.

[31] RUBIN M. Municipal selection of a state or external auditor for financial statement audits [J]. Journal of Accounting and Public Policy，1992，11（2）：155-178.

[32] PAYNE J L，JENSEN K L.An examination of municipal audit delay [J]. Journal of Accounting and Public Policy，2002（21）：1-29.

[33] ROBERTS R W，GLEZEN G W，JONES T W. Determinants of auditor change in the public sector [J]. Journal of Accounting Research，1990，28（1）：220-228.

[34] RAMAN K K，WILSON E R.Governmental audit procurement practices and seasoned bond prices [J]. Accounting Review，1994，69（4）：517-538.

[35] STOUT W D.Planning materiality in audits of nonprofit organizations [J]. CPA Journal，2001（10）：47-48.

[36] SCHAIK F. Materiality in government auditing [J]. International Journal on Governmental Financial Management，2010（2）：2-12.

[37] SINASON D H.A study of the effects of accountability and engagement risk on auditor materiality decisions in public sector audits [J]. Journal of Public Budgeting Accounting and Finangement，2000，12（1）：1-21.

[38] ZHOU Y.Government audit materiality（part one）：how and why is it different from corporate audit materiality—a theoretical matrix on three materiality differences and corresponding contextual reasons [J]. International Journal of Economics and Finance，2012，4（1）：80-89.

第四章

绩效审计研究

关于绩效审计，有不少的研究文献，本章对这些研究做一个概要性的介绍，主要内容包括：单一国家的绩效审计研究，多国家的绩效审计比较研究。

●第一节 单一国家的绩效审计研究

一、加拿大的绩效审计研究

McRoberts和Husson（1985）指出，过去5年中，加拿大政府力图在各政府部门建立项目评估功能（Program Evaluation Functions），要将项目评估作为公共管理的基本技能。加拿大政府的上述决定是源于对政府审计立法及实务的回应，或者说，是政府审计推动了项目评估在公共部门的发展。1977年的《总审计长法案》（The Auditor General Act）已经体现了审计理念的变化，对于公共部门来说，问责并不只是知道公共资源是如何使用的，它需要更加广泛的理解，需要审计师使用恰当的程序来确认公共资源的经济性、效率性和效果性。

1978年，审计长首次向议会提交政府项目评估报告，在报告中指出，评估的23个项目（涉及18个政府部门）很少有成功的项目效果评估，如果政府和议会需要知道项目的成果，则需要扩大项目效果评估的范围和提高项目评估质量。

1983年，加拿大审计署再次向议会报告政府项目评估情况，这次报告涉及19个政府部门和机构的项目。总体来说，评估发现，比1978年的评估更加趋向积极方向，政府项目在达成其目标方面，取得了实质性进步。

McRoberts和Husson（1985）对1983年报告的背景、方法和准则做一个介绍和分析。

1.背景（财务审计与项目评估的共性）

项目评估和财务审计具有一些共性。首先，一个企业的目标有多种，但是盈利应该是企业的主要目标之一。所以，财务审计实质上是评价盈利目标达成程度的，而项目评估实质上是将企业作为一个项目来评估其目标达成程度。对于公共部门来说，其目标较多，很难用单一指标来量度，所以需要多种方法对项目效果进行评估。但是，关键之处是，项目评估也量度其目标程度。因此，从审计目标来说，财务审计和项目评估都是量度目标达成程度的。其次，财务审计和项目评估都是向第三方提供技术信息，都需要确认相关信息的正确性、公允性和平衡性。对于财务审计来说，这类程序和方法已经得到充分发展，但是，对于项目评估来说，情形并非如此，审计机关面临的重要任务是发展这类程序、方法和标准。

2.加拿大政府项目评估

20世纪60年代中期，加拿大联邦政府引入PPB系统（编程、计划和预算系统），20世纪70年代中期，加拿大联邦政府试图让政府部门和机构量度项目效果。然而，大多数的项目评估岗位设置在各政府部门或机构的计划项目中。1977年，政府要求各部门建立评估项目效率和效果的指标。1978年，贯彻这个要求的责任落实到新成立的主计长办公室（Office of the Comptroller General，OCG）。主计长办公室发现，政府各部门对1977年建立评估项目效率和效果指标的要求很少有响应行动。针对这种情形，主计长办公室采取一些行动来推动各部门建立项目评估指标，其中的行动之一是主计长办公室开发并发布联邦部门和机构的项目评估框架。这个评估框架分为两部分：一部分是建立部门评估功能的组织要求；另一部分是实施项目评估的程序。这个评估框架基于四项原则：综合性，所有项目都纳入评估备选范围；系统性，项目评估应该按清晰的标准，有条不紊地按步骤实施；周期性，所有项目都要按计划在固定期间评估，每个项目评估不只是一次，每3年、5年或7年要重复评估；独立性，项目评估要独立于项目的管理和营运。

3.审计方式

在要求各联邦部门和机构建立项目评估能力的同时，加拿大审计署也被授予项目评估的责任：一是直接实施项目评估（Program Evaluation）；二是审计联邦各部门和机构的项目评估功能。

4.审计方法

1983年，加拿大审计署再次向议会报告政府项目评估情况，这次报告涉及19个政府部门和机构的项目。这次对各部门项目评估的检查，主要关注三个方面的内容：组织和管理、质量、报告和使用。项目评估组织和管理检查，主要关注计划、收集、报告及使用项目评估信息全过程的程序和控制。关键的问题是，各政府部门和机构是否建立了确保项目评估的管理系统。项目评估质量检查，主要关注项目效果量度的质量和项目评估报告的质量。项目评估结果的报告和使用，主要关注项目评估结果报告递交的程序是否恰当，以及评估报告的使用情况。

Morin（2004）指出，不少的审计机关宣称，绩效审计促进了被审计主体的绩效改进，然而，一些经过绩效审计的项目，事后却发生了舞弊或管理漏洞。人们不禁要问，绩效审计是否真的有作用？绩效审计开始于20世纪70年代，直至20世纪90年代尚未有关于绩效审计效果的实证研究。后来，有些文献研究绩效审计的效果，在肯定绩效审计取得一些正面效果的同时，认为绩效审计过于强调对流程或规则的遵守，从而对被审计主体的绩效改进未发挥实质性促进作用，绩效审计的效果可能被一些审计机关夸大（Pollitt，1999；Johnsen，2001；Lapsley和Pong，2000；

Schwartz，2000；Power，1994），有些文献甚至怀疑，对绩效数据的验证是否真的能促进公共服务的成本效益和公共问责（Bowerman、Humphrey和Owen，2003）。

Morin（2004）以加拿大魁北克省政府为对象，研究绩效审计对公共部门带来的影响。问卷调查以1995—2002年接受过绩效审计的魁北克省各政府部门或机构的负责人和中层管理者作为调查对象，发出188份调查问卷，获得有效问卷99份。

关于绩效审计给被审计主体带来的价值，其调查项目和调查结果见表4-1，各项目均按5级量度，取值越高，对描述的认同度越高。调查数据显示，被调查者对绩效审计的效果评价并不高，主要的审计效果是将被审计主体的问题带给政治家以推动变革。

表4-1　绩效审计给被审计主体带来的价值

调查项目	平均得分
确认是否需要改变	3.33
获得外部权威评估	3.27
吸引管理者关注特定问题	3.24
引起变化	3.12
建立更加可靠的控制	3.03
吸引议会和公众关注特定问题	3.01
认同已经发生的变化	2.92
改善决策中使用的信息质量	2.81
进一步了解情况	2.78
披露项目或活动中的无序	2.70
支持管理层实施特定项目	2.55
为被审计主体的其他项目提供榜样	2.37
为被审计主体建立控制以确保决策公平	2.28
对项目评估做认证	2.28
评估政治官僚不想评估的项目	1.99
理顺现有控制，确认营运流畅	1.78
降低营运成本	1.16

关于绩效审计提出的审计建议的相关性，其调查项目和调查结果见表4-2，各项目均按5级量度，取值越高，对描述的认同度越高。调查数据显示，被调查者对审计建议的质量评价不低也不高。

表4-2 **绩效审计提出的审计建议的相关性**

调查项目	平均得分
审计建议适当、现实、可行	3.23
审计建议过于具体，没有留下酌情操作的空间	2.50
审计建议在理论上是完美的，但缺乏可操作性	2.48
审计建议未触及问题的根本原因	2.34
由于组织的内部和外部环境的变化，提出的审计建议是过时的	2.34
审计建议并未触及真正的严重问题	2.27
审计建议与决策分权化的趋势不符	2.19
审计建议与结果导向管理的趋势不符	2.03
审计建议与公共部门创新的趋势不符	2.02
审计建议与公共部门强调责任承担的趋势不符	1.99
审计建议过于模糊	1.95

关于绩效审计的预防效果，其调查项目及调查结果见表4-3，各项目均按5级量度，取值越高，对描述的认同度越高。调查数据显示，绩效审计的预防效果与理论推导有差距。

表4-3 **绩效审计的预防效果**

调查项目	平均得分
提供更可靠的绩效信息	3.01
遵守法律法规	2.93
预防性和发现性控制的实施	2.93
更可靠的绩效指标的确定	2.91
更加有效的管理实践的实施	2.89
消除浪费	2.44
舞弊和欺诈的减少	2.32

关于绩效审计对被审计主体管理实务的影响，其调查项目和调查结果见表4-4，各项目均按5级量度，取值越高，对描述的认同度越高。调查数据显示，绩效审计对被审计主体管理实务的影响并不显著。

表4-4　　绩效审计对被审计主体管理实务的影响

调查项目	平均得分
与绩效检查相关的管理实务	2.74
与财务和营运控制相关的管理实务	2.71
与绩效量度相关的管理实务	2.68
与对决策进行记录相关的管理实务	2.65
与优先事项选择相关的管理实务	2.55
与决策中使用的管理信息相关的管理实务	2.49
与改善项目产出相关的管理实务	2.44
与工作组织相关的管理实务	2.39
使用战略规划作为管理工具	2.30
使用年度营运计划作为管理工具	2.26
强化与员工努力方向相关的信息沟通	2.24
识别人力资源培训需求	2.20
与提高生产率相关的管理实务	2.06

关于绩效审计对被审计主体与利益相关者关系的影响，其调查项目和调查结果见表4-5，各项目均按5级量度，取值越高，对描述的认同度越高。调查数据显示，绩效审计能促进二者关系的改善，但是作用并不明显。

表4-5　　绩效审计对被审计主体与利益相关者关系的影响

调查项目	平均得分
改善与组织合作者（其他组织或企业）的关系	2.23
改善与上级的关系	2.18
改善与政府审计机关的关系	2.11
增加被审计主体的信用度，从而改善与公众的关系	2.08
改善与政府机构的关系	1.99
改善与公众（被审计主体的客户）的关系	1.91
恶化被审计主体的信用度，进而恶化与公众的关系	1.87
恶化与政府审计机关的关系	1.58
恶化与上级的关系	1.50
恶化与政府机构的关系	1.43
恶化与公众（被审计主体的客户）的关系	1.42
恶化与组织合作者（其他组织或企业）的关系	1.41

关于绩效审计报告的感知效用（Perceived Utility），其调查项目和调查结果见表4-6，各项目均按5级量度，取值越高，对描述的认同度越高。调查数据显示，绩效审计报告的感知效用并不高。

表4-6 绩效审计报告的感知效用

调查项目		平均得分
作为参照工具	确认已经采取的立场或已经观察到的现象	3.25
	具有刺激性的反思	3.08
	对管理采取更超然的态度	2.96
	对良好管理的强调	2.86
	丰富组织记忆	2.71
	为实施某些项目提供有用数据	2.60
	从错误中获取教训	2.47
作为谈判工具	给上级机构施加压力的机会	2.97
	支持自己观点的基础	2.91
	挑战团队和项目的机会	2.80
	强化不同派别之间的观点争论	2.69
	是反对派或利益集团的武器	2.10
作为变革工具	从讨论到行动	2.71
	项目或服务重组	2.69
	澄清现状	2.67
	政策重组	2.59
	促进合约或协议的签订	1.92

关于绩效审计之后被审计主体管理层所采取的行动，其调查项目和调查结果见表4-7，各项目均按5级量度，取值越高，对描述的认同度越高。调查数据显示，总体来说，被审计主体管理层采取的具体行动并不多。

表4-7 绩效审计之后被审计主体管理层所采取的行动

调查项目	平均得分
信息系统重组	2.31
创立一个新的工作组或改革现有工作组	2.27
项目改革	2.13
营运的合理化	2.02
某些法律法规的修改	1.97
新增加一些人员	1.87
组织重组	1.85
采用新的法律法规	1.66
解雇现有员工	1.14

关于绩效审计给组织带来的负面后果，其调查项目和调查结果见表4-8，各项目均按5级量度，取值越高，对描述的认同度越高。调查数据显示，绩效审计不会给组织带来严重的负面后果。

表4-8　**绩效审计给组织带来的负面后果**

调查项目	平均得分
增加短期营运成本且无中期收益	1.68
增加控制且妨碍组织目标的达成	1.49
增加控制而降低效率，造成目标服务对象的不满意	1.40
组织瘫痪	1.20

关于绩效审计给个人带来的后果，其调查项目和调查结果见表4-9，各项目均按5级量度，取值越高，对描述的认同度越高。调查数据显示，绩效审计对个人的影响不显著。

表4-9　**绩效审计给个人带来的后果**

调查项目	平均得分
增加激励	2.44
促使个人追求中、长期目标	2.42
增加个人的积极性	2.40
改进个人绩效	2.23
增加个人对上司的信任	2.19
对个人或同事的工作有积极影响	1.90
增加个人对下级的信任	1.76
激励受到损害	1.40
促使个人损害长期目标来追求短期目标	1.30
约束个人的积极性	1.28
降低个人绩效	1.18
降低个人对上司的信任	1.16
降低个人对下级的信任	1.16
对个人或同事的工作有消极影响	1.10

关于绩效审计对被审计主体在管理方面的总体影响，其调查项目和调查结果见表4-10，各项目均按5级量度，取值越高，对描述的认同度越高。调查数据显示，这种综合影响主要是正面的，但不显著。

表4-10 绩效审计对被审计主体在管理方面的总体影响

调查项目	平均得分
管理改善	2.69
管理恶化	1.24
绩效审计的综合影响	2.96

很显然，绩效审计对各个方面带来的影响是不同的。为此，Morin（2004）还调查了影响绩效审计效果的因素，这些因素分为四个方面：环境条件、议会介入、审计师与被审计主体的关系、媒体介入。

关于绩效审计的环境条件，其调查项目和调查结果见表4-11，关于议会介入程度对绩效审计的影响，其调查项目和调查结果见表4-12，关于对绩效审计有影响的审计关系因素，其调查项目和调查结果见表4-13，关于媒体介入对绩效审计的影响，其调查项目和调查结果见表4-14，各项目均按5级量度，取值越高，对描述的认同度越高。

表4-11 绩效审计的环境条件

调查项目		平均得分
强化作用	审计建议与被审计主体管理层的工作重点的相关度	2.77
	被审计主体的意愿	2.62
	被审计主体的上级的意愿	2.62
	政治家的意愿	2.47
	审计的时点	2.12
	改革涉及的政府层级	2.00
	被审计主体的重大组织变革	1.72
	关键人员的离开	1.29
弱化作用	审计的时点	1.52
	审计建议与被审计主体管理层的工作重点的相关度	1.44
	被审计主体的意愿	1.37
	被审计主体的上级的意愿	1.34
	政治家的意愿	1.30
	被审计主体的重大组织变革	1.29
	关键人员的离开	1.23
	改革涉及的政府层级	1.21

表 4-12　　议会介入对绩效审计的影响

调查项目	平均得分
加速审计师提出措施的实施	2.93
营造被审计主体解决审计师发现问题的紧迫感	2.85
加快从讨论到行动的速度	2.75
营造议会与行政系统之间的积极而紧张的关系	2.53
营造议会与行政系统之间的消极而紧张的关系	1.50
延缓审计师提出措施的实施	1.37
被审计主体由于无法解决审计师发现的问题而几乎瘫痪	1.26
延缓从讨论到行动的速度	1.25

表 4-13　　对绩效审计有影响的审计关系因素

调查项目		平均得分
强化作用	认可审计师介入的正当性	2.88
	审计师与被审计主体沟通顺畅	2.83
	审计师显现出公开性	2.80
	认可审计师的可信度	2.73
	审计师显现出共同商量风格	2.63
弱化作用	审计师显现出公开性缺失	1.95
	审计师与被审计主体的沟通不顺畅	1.79
	不认可审计师的可信度	1.75
	审计师显现出权威领导风格	1.73
	不认可审计师介入的正当性	1.56

表 4-14　　媒体介入对绩效审计的影响

调查项目	平均得分
引发政治权威的讨论，具有正面作用	2.47
促使组织营运的严重缺陷得以整改，具有正面作用	2.47
由于媒体报告了一些事实，被审计主体会更为谨慎，具有正面作用	2.21
引发政治权威的讨论，具有负面作用	1.83
由于媒体报告了一些事实，被审计主体会过于谨慎，具有负面作用	1.62
引发组织营运混乱，具有负面作用	1.55
可能导致有能力的人员离岗，具有负面作用	1.29
可能导致无能力的人员离岗，具有正面作用	1.22

最后，Morin（2004）指出，绩效审计确实给被审计主体带来了一些积极影响，但同时也带来了一些非预期的消极影响。

Free、Radcliffe和White（2013）指出，《总审计长法案》授权审计机关开展绩效审计，是加拿大审计机关发展历史的一个里程碑。对于审计机关来说，虽然绩效审计并不是新内容，但是明确的法律授权，扩展了审计机关的审计范围。加拿大公共部门的绩效审计与当时的公共财政存在的问题相关，并且当时议会几乎对公共开支丧失了控制权，通过绩效审计，由加拿大审计署提供诊断，对政府财政管理进行透彻的分析，所以绩效审计是解决政府财政管理困难的一种手段。其中，绩效审计所包括的会计、审计专家的技术是至关重要的。在这种过程中，James Johnson Macdonell被任命为审计长也是重要的因素，随着他的任命，加拿大审计署发展了一种管理咨询文化，绩效审计的不少内容都来自于管理咨询专长，为政府在审计范围和规模上提供了解决方案。

Morin（2014）指出，虽然绩效审计在一些西方国家已经实施近40年，但是绩效审计对被审计主体的绩效改善是否真的有贡献，这个问题却很少有研究。Morin（2014）以组织影响过程理论（Theory of Organizational Influence Processes）为基础，研究绩效审计对政府机构的组织生活的影响。也就是说，研究政府审计机关实施的经济性、效率性、效果性审计究竟对被审计主体产生了什么影响，研究对象为加拿大联邦政府和五个省政府，样本是2001—2011年由加拿大审计长办公室实施的绩效审计项目。

Morin（2014）以组织影响过程理论为基础，分析了绩效审计可能产生的效果。Morin（2014）指出，Porter et al.（2003）提出了组织权力来源理论，将组织中的角色分为影响者和影响对象两类。影响者通过各种权力来影响影响对象，影响者可以通过职位权力和个人特征对影响对象施加影响。职业权力与个人无关，是特定职业而产生的，当某人离开该职位时，该权力自然转移到继任者身上。职位权力与资源、控制、奖励或处罚相关，一般来自法定程序，可以指挥他人的行为。政府审计机关当然有法定的权力，这种法定的权力可以对被审计的政府机构产生影响，因此，被审计主体的领导至少要“被迫”与审计机关合作。Porter et al.（2003）指出，如果影响对象预期到与影响者的合作能带来奖励，他们将更愿意接受影响者的影响，在这种情形下，影响者由于其拥有奖励的权力而放大了其影响力。虽然审计长没有奖励的权力，但是与审计机关合作的奖励可能来自于其他渠道。例如，审计长能将被审计主体的一些观点带给高层领导；又如，如果审计建议或审计发现与政治压力或其他压力有关，则被审计主体可能愿意与审计机关合作，从而产生双赢的结果。Porter et al.（2003）提出的另外一种权力是强制权（Coercive Power），这种权力的效率依赖于影响者对影响对象的真正威慑力。也就是说，影响对象相信影响者可以采用拥有的手段惩罚不服从者。不少的审计机关拥有处理处罚权的建议权，虽然没有直接进行处理处罚的权力，但是这种权力可以通过间接方式来实施，议会或其他专门委员会可以强迫政府机构遵照审计机关的审计建议，媒体也可以对政府机构施加压力。根据以上分析，Morin（2014）认为，绩效审计应该对被审计主体的管理产生正面影响。

测量政府审计对被审计主体的影响是具有挑战性的，其原因：一是没有客观数据；二是难以分离政府审计所产生的影响。参考现有的研究文献，Morin（2014）认为，可以按十要素来测量绩效审计对被审计主体的影响：绩效审计的贡献；审计师提出的审计建议的相关性；绩效审计对被审计主体的预防效果；绩效审计对被审计主体管理实务的影响；绩效审计对被审计主体与利益相关者关系的影响；审计师的审计报告的有用性；绩效审计之后，被审计主体采取的具体行动；绩效审计的组织后果；绩效审计的个人后果；感知到的对被审计主体的综合影响。

关于影响绩效审计效果的因素有一些文献已经有过研究，议会、媒体与审计机关之间的合作是影响绩效审计效果的因素。除此之外，可能还有以下一些因素会影响绩效审计的效果：被审计主体关健人物的离开；审计师的审计建议在被审计主体议程中的地位；政治家和中央政府的意愿；审计的时间；被审计主体的组织改革；媒体关注。

Morin（2014）对加拿大联邦政府和五个省政府的125个接受过绩效审计的政府机构的领导进行问卷调查，收回有效问卷87份。对于绩效审计的效果，最终只采用十要素中的六个：绩效审计的贡献；绩效审计对被审计主体的预防效果；绩效审计对被审计主体管理实务的影响；审计师的审计报告的有用性；绩效审计之后，被审计主体采取的具体行动；绩效审计的组织后果。对上述六要素，按七级利科特量度，用简单算术平均数来计算每个方面的影响。

绩效审计对被审计主体管理的总体影响见表4-15，绩效审计六要素的分布情况见表4-16。

表4-15 **绩效审计对被审计主体管理的总体影响**

调查项目	被审计主体						全部
	联邦政府	艾伯塔	不列颠哥伦比亚	新不伦瑞克省	安大略省	魁北克	
管理改善	3.9	2.5	3.0	3.0	3.1	3.7	3.5
管理恶化	1.3	1.0	1.4	1.0	1.7	1.6	1.5
绩效的综合效果	4.2	2.8	3.9	4.5	3.9	4.4	4.2

表4-16　　绩效审计六要素的分布情况

调查项目	被审计主体						全部
	联邦政府	艾伯塔	不列颠哥伦比亚	新不伦瑞克省	安大略省	魁北克	
绩效审计的贡献	4.2	3.5	4.2	4.7	3.8	3.7	3.9
绩效审计的预防效果	3.6	3.2	2.5	3.9	4.1	4.1	3.8
绩效审计对管理实务的影响	3.8	3.2	3.3	2.6	3.7	3.6	3.6
审计报告的有用性	3.9	3.3	3.7	4.6	3.2	3.7	3.7
被审计主体采取的具体行动	2.3	2.0	2.5	2.2	1.7	2.6	2.4
绩效审计的组织后果	1.9	1.9	2.0	2.3	2.4	2.0	2.0

此外，对于一些要素，还进行了详细的项目调查。绩效审计的贡献包括以下具体项目：确认变革的需要；推动变革；认可已经发生的变革；得到外部权威机构的一种评估；对现在提供一种新的看法；建立更加可靠的控制；支持管理层实施特定项目；引起领导层关注一些特定问题；改善决策中的信息质量；指出组织项目或活动中存在的不规范或不协调；引起议会或公众关注特定问题；建立控制以保障组织的公平决策；与项目评估相配合；对组织的其他项目提供榜样；梳理现有控制，只保留那些保障营运效率的必要控制；评估政治家不想评估的项目；减少营运成本；绩效审计增加自信；绩效审计降低自信。

审计师的审计报告的有用性包括以下具体项目：验证已经采取的态度或观察到的现象；强化最佳管理原则；刺激反省式思考；进一步讨论的有效基础；更客观地评价管理实务；促进从讨论到行动；丰富组织记忆；挑战团队和项目的机会；给中央政府或其他政党施加压力的机会；提供完成某些项目的有用数据；不同党派之间讨论的有力证据；从错误中吸取教训；变革政策；变革项目或服务；是反对派或其他利益集团的一种武器；促进合约或协议的签订。

审计师提出的审计建议的相关性包括以下具体项目：审计建议正确、现实、可行；审计建议理论上正确，但应用困难；审计建议并未触及到问题的根源；审计建议没有抓住严重问题；由于被审计主体的内部或外部环境发生了变化，提出的审计建议是过时的；审计建议过于细致，没有为实际实施留下足够的操作空间；审计建议与公共管理所倡导的发展趋势不符；审计建议过于含糊；审计建议与公共部门的分权决策趋势不符；审计建议与公共部门的授权管理趋势不符；审计建议与公共部门强调结果管理的趋势不符。

绩效审计的预防效果包括以下具体项目：遵守与被审计主体相关的法律法规；提供关于被审计主体绩效相关的更加真实的信息；实施预防性和发现性控制；实施更加有效的管理实务；确定更加可靠的绩效指标；减少舞弊与欺诈；减少浪费。

绩效审计对管理实务的影响包括以下具体项目：决策记录相关的管理实务；绩效测量相关的管理实务；对于绩效承诺进行检查有关的管理实务；决策相关信息的管理实务；财务和营运控制的管理实务；工作组织相关的管理实务；项目产出相关的管理实务；确定重要议程相关的管理实务；战略规划作为管理控制工具的使用；营运计划作为管理控制工具的使用；确认员工培训的努力方向；提高生产率相关的管理实务；确认人力资源沟通中关于努力方向的信息。

被审计主体采取的具体行动对绩效审计的影响包括以下具体项目：信息系统重组；创设新的工作团队或改组现有团队；项目改革；营运优化；组织框架重组；现有法律法规的修订；增加新员工；采用新的法律法规；解雇现有员工。

绩效审计之后与利益相关者的关系包括以下具体项目：改善与你所在组织的服务对象的关系；恶化与你所在组织的服务对象的关系；改善与你所在组织的合作者的关系；恶化与你所在组织的合作者的关系；改善与中央机构的关系；恶化与中央机构的关系；改善与相关政府机构的关系；恶化与相关政府机构的关系；改善一般公众对你所在组织的信任；恶化一般公众对你所在组织的信任。

绩效审计的组织后果包括以下具体项目：增加组织的短期营运成本，但没有中期利益来补偿这种成本增加；由于增加了审计师推荐的额外控制，服务效率降低，从而服务对象不满意；增加组织控制，可能防碍组织目标的达成；组织瘫痪。

绩效审计的个人后果包括以下具体项目：缺乏激励；增加激励；绩效降低；绩效改进；你的上司更加自信；你的上司更加不自信；你的下属更加自信；你的下属更加不自信；坚持你向组织所提建议的倾向；鼓励你向组织提建议的倾向；牺牲目标来获得短期目标的倾向；促进中长期目标的倾向；对你未来工作或职业的负面影响；对你未来工作或职业的正面影响。

Morin（2014）还调查了影响绩效审计效果的环境因素，包括十个方面：审计建议涉及的相关事项在被审计主体议程中的地位；被审计主体的意愿；政治意愿；中央政府的意愿；审计时间；被审计主体的重大组织变革；关键人物的离开；政府层面的改革；议会的行动；媒体的关注程度。对于上述十个方面，他还提出了具体的调查项目。

根据调查数据分析，Morin（2014）认为，总体来说，绩效审计对被审计主体的管理还是产生了一定的正面作用，但是，总体作用并没有审计机关所宣传的那样大；同时，不同的环境条件会影响绩效审计的效果。

二、英国的绩效审计研究

Charnes 和 Cooper（1980）指出，为了强化问责，一种新型的审计类型——综合审计（Comprehensive Audit）出现了，这种审计扩大了传统审计的范围。效率衡量是综合审计的基础，Charnes 和 Cooper（1980）在研究非营利组织的效率评价指标时，指出非营利组织具有多投入、多产出的特征，希望将这些特征合成一个指标来表示非营利组织的效率，并且指标的权重是客观确定的，而不是主观确定的，符合上述条件的效率评价方法有多种。其中，典型的方法是数据包络分析（Data

Envelope Analyse，DEA）。

Garner（1982）指出，第二次世界大战以后，英国工党出人意料地在大选中获胜，其实施的主要政策之一是对企业实行国有化。国有化的企业，仍然按企业化方式运作，政府部门尽量不直接干预企业的管理。所以，30多年来，对于国有化的企业并没有绩效审计这种制度安排。1981年11月，政府宣告，对国有企业实施经常性的绩效审计，由垄断与兼并委员会（Monopolies and Mergers Commission）来实施，而不是由国家审计署实施。Garner（1982）通过对该委员会的两份审计报告的分析，对其中的两个问题提出疑义：一是效率审计是否需要事先确定绩效标准作为效果审计，Garner（1982）认为，效果审计可能需要事先确定绩效标准，而效率审计并不一定需要事先确定绩效标准；二是对国有企业的绩效审计，不应该由垄断与兼并委员会来实施，而应该由国家审计署来实施，这样可以更加有效地确保国有企业向议会负责。

Lord（1983）指出，莱菲尔德委员会（Layfield Committee）在1976年的报告中提出："比较不同政府机构之间的单位成本或其他量化的绩效指标是非常困难的，因此，开展和应用具有针对性的量化指标是非常重要的。"然而，时至今日，其取得的进展并不大。Lord（1983）研究如何对基础教育部门的绩效进行量化，认为对基础教育部门的产出进行量化是较困难的，因此，从投入的角度进行量化，以衡量教育支出的衡工量值。Lord（1983）的基本思路是，教师是基础教育最重要的资源，而为教师服务的资源也具有同样的重要性，因此，从教师资源及为教师服务的资源两个角度来测量教育投入的绩效。教育资源用工资水平表示，教育资源包括教辅人员、文员等。通过这些方面的比较，不同基础教育学校之间的差异就显现在教育投入转化为教育资源方面的差异。

Roberts 和 Pollitt（1994）指出，英国国家审计署（National Audit Office，NAO）是在经过20多年的讨论之后，于1983年设立的。然而，关于其审计活动的相关研究却很少，至少在学术领域是如此。Roberts 和 Pollitt（1994）对1989—1991年英国国家审计署完成的一个绩效审计案例进行研究，达到以下目的：探究绩效审计访求的技术优势及局限性；分析影响绩效审计项目选择、实施和成果的政治因素；分析国家审计署、议会与被审计主体之间的关系；国家审计署在传统的合规审计之外的领域的拓展范围。英国国家审计署每年大概完成50个绩效审计项目，Roberts 和 Pollitt（1994）研究的案例是1989—1991年完成的"Creating and Safeguaring Jobs in Wales"项目（以下简称"CSJW项目"）。CSJW项目的背景是，威尔士经济经历了长期的非工业化，失业问题较严重，通过这个项目创造和保护工作岗位的数量，负责这个项目的是威尔士办公室及其下属机构——发展机构，以及威尔士农村发展委员会，它们都是中央政府机构。Roberts 和 Pollitt（1994）选择这个案例，是因为这个案例具有国家审计署开展的绩效审计的一些典型特征，并且这个项目的绩效审计已经完成了全部过程。

根据英国《国家审计法案》的规定，国家审计署能审计政府部门及其机构在履行其职责时的经济性、效率性和效果性，但是不能对政策目标提出质疑。国家审计署的审计报告通常提交给议会的公共账目委员会，这个委员会对审计报告做出结论并提出建议，但是这些结论和建议并不能自动实施，政府各部门的部长们决定是否实施这些建议。当然，部长们会很认真地对待公共账目委员会的建议，如果公共账目委员会对部长们的回应不满意，会采取进一步的措施。例如，进一步获取证据，再次提交建议。国家审计署的绩效审计项目分为计划、调查和报告三个阶段。在计划阶段，通常根据风险评估的结果，并咨询公共账目委员会的意见来选择绩效审计项目，并确定审计重点，当然，审计项目的选择最终由审计长确定。

CSJW项目源于国家审计署在确定战略规划时，通过威尔士办公室的一份报告发现，这个项目存在一些问题，国家审计署通过对CSJW主要项目的分析，看威尔士办公室是如何解决这些问题的，而议会的公共账目委员会对这个事项也很感兴趣。议会中的不同党派成员对CSJW项目的审计重点有不同的看法。最终的结论是，国家审计署采取中立态度，主要关注威尔士办公室自己确定的CSJW项目的目标达成程度。审计项目确定之后，国家审计署与威尔士办公室讨论审计调查的方案，确定的检查重点包括：不同举措（Initiatives）创造和保护工作岗位数量的量度及监视；不同的举措成本及收益；对妨碍工作岗位创造和保护的因素的识别及采取的应对行动。审计团队由四名审计人员组成，另外，还邀请了一名成本效果分析专家和一个有同类经验的管理咨询公司。在耗费了3 400小时/人后，审计报告初稿形成，并提交威尔士办公室。有种观点认为，被审计主体应该是确认事实，而不必关注事实，其他都应该由审计师负责。但是，也有观点认为，在绩效审计中，事实和观点有时难以区分，所以需要全部审核。威尔士办公室及其下属机构对该报告的事实、观点、措词和建议进行了仔细的审核。审计报告对不同举措的进展和成本效果进行了评价，并指出了一些存在的问题，包括数据不准确、创造和保护的工作岗位数量存在错误，报告还分析了影响这些举措效果的因素。议会非常重视这个审计报告，举行了听证会，对威尔士办公室的工作提出严厉的批评，并且影响了议会的后续决策。

在CSJW项目中，国家审计署采用单个岗位成本效果，没有采用通常的成本效益来量度项目或举措（Program or Initiatives）的成败，单个岗位成本效果 = 总成本÷岗位数量，如果要计算成本效益，则需要将岗位数量货币化，这可不适用于CSJW项目。成本效果可能不适用于比较不同产出的项目，但是适用于产出相同的项目之间的比较。要使用成本效果指标，首先要确定项目目标，产出要量度这个项目目标。当然，项目也可能产生一些非项目目标之外的产出，这可能是项目的非预期效果。在一些绩效审计中，可能也要关注这些效果或产出。

Glynn和Murphy（1996）指出，20世纪80年代至90年代，英国公共部门发生重大改革，鼓励公共部门追求经济性、效率性和效果性，而不是规范的过程。这种改变，使得公共部门的问责也发生变化，在管理责任（Managerial Accountability）中增加了资源使用的经济性、效率性和效果性的评估。为了说明公共政策责任履行情况，需要开发量化指标来评估政策及其实施的效率和效果，要使得问责可操作化，每项政策和项目必须有一个清晰的目标，以便能正确且有逻辑地量度其投入和产出，所以量化指标成为了责任报告的实质性内容，并且成为审计和其他独立评价机制的主题。根据Mautz和Sharaf（1961）、Lee（1986）的观点，审计的核心在于四个基本理念：审计独立性（Audit Independent）、审计责任（Audit Responsibility）、审计证据（Audit Evidence）、审计标准（Audit Criteria）。在公共部门发生上述变化时，审计师已经从对财务信息的鉴证职能转变为对管理业绩的经济性、效率性和效果性的评估职能。然而，什么是管理业绩的恰当评价标准呢？绩效审计关注项目目标达成程度，而不关注项目目标的正确性；关注政策效果，不关注政策本身；监视政策，而不是监视政策的决策。绩效审计为政治过程提供关于公共资源使用的经济性、效率性和效果性的信息，这个过程政治是中立的。

三、美国的绩效审计研究

Raaum和Campbell（2006）介绍了美国华盛顿州绩效审计的特殊发展历程。1968年，华盛顿州议会限制了州审计长界定的预算，未安排绩效审计的预算资金。1971年，州议会通过一项法案，将州审计长执行绩效审计的授权转移给州议会的联合立法审核委员会（Joint Legislative Audit and Review Committee，JLARC）。这个法案之后，州审计长只能实施财务审计和合规审计，被审计主体按州审计长的要求付费。

2005年11月8日，在立法机构的反对下，华盛顿州选民通过投票的方式赋予州审计长绩效审计的授权，州审计长可以独立地选择和实施绩效审计，并且将该州销售与使用税的一定比例用于绩效审计，这些资金用于绩效审计，不再需要州议会审核，这就为绩效审计提供了独立的财务保障。这些做法，在美国各州还是前所未有的（华盛顿州的审计长是通过选民选举产生的）。这次选举投票的发起者是Tim Eyman，他以前也发起过多次减税活动，受到媒体的批评，但是他这次发起的授权绩效审计的活动，却得到媒体的支持。一些支持者宣称，绩效审计是有价值的结构性管理工具，它基于审计原理，能评估税收支出的经济性、效率性和效果性。还有一些支持者宣称，通过绩效审计，不但低绩效会被发现和终结，而且以前的成功事例也能显现，这有助于建立选民对政府管理者的信任。

Grimwood和Tomkins（2010）指出，各个国家对衡工量值审计有不同的理解和不同的分类方法，美国审计署将审计分为三类：财务和合规审计、经济和效率审计、项目结果审计。财务和合规审计是检查财务活动、会计报表，评估对相关法律法规的遵守情况；经济和效率审计审核资源使用的经济性、效率性；项目结果审计审核项目的预期结果是否有效地达成。当然，在有些情况下，可能难以清晰地确定项目目标，从而也难以判断项目目标是否达到。所以，有人认为，不应该评价项目目标是否达成，而应该评价项目产生的社会影响。尽管在概念上难以清晰界定，但是财务和合规审计与上述各类词汇表述的审计之间在界限上是清晰的，它们在审计方法上的差异更是显著的。

Grimwood和Tomkins（2010）认为，从某种意义上来说，审计也是一种研究，因此，研究方法的类型对审计方法的类型划分具有启示作用。一般来说，社会科学的研究范式可以区分为实证主义范式（Positivist Paradigms）和自然主义范式（Naturalistic Paradigms）。实证主义范式认为现实是单一的、可触的，可以分割成独立的变量和过程，能够加以独立的研究，从而对现实进行预测和控制。自然主义范式认为现实是一个有机整体，具有多元的、构建的、分散的、整体的特性，不可分裂，只能以整体的方式对待，并最终达到对现实意义的理解。实证主义范式认为研究工作的目的和目标就是要探究与发现在现实的各种现象中具有永久性的价值和超越背景知识的相似点，继而构建一种能揭示现实普遍规律的、简明的、概述的知识体系，为人们预测和控制现实提供知识基础。实证主义范式认为通过实验验证，运用统计分析，在一定的样本范围内可概括归纳出特征，强调研究结果的普遍适用性。而自然主义范式反对自然界的同一率，否认存在着普遍性的规律，认为世界的多元性和行为者的多元化理解削弱了理论的普遍性，概论性的知识无法在不同情境之间有效地迁移，研究的目的应该是理解特定时空与背景中的现实所显现出的复杂性，进而形成一系列描述个别实例的独特的知识体系。衡工量值审计的方法更多的应该是自然主义范式，而不是实证主义范式。

四、澳大利亚的绩效审计研究

Guthrie和Parker（1999）指出，绩效审计与环境之间存在互动，然而相关的研究文献却很少。一般认为，是新公共管理运动催生了绩效审计，随着新公共管理运动，绩效审计得以产生和发展。澳大利亚国家审计署传统上主要开展财务审计和合规审计，从20世纪70年代开始，国家审计署才不同程度地介入绩效审计。根据Parker（1986）的观点，绩效审计是对被审计主体营运的经济性、效率性和效果性进行的独立评估。事实上，绩效审计处于变化之中，并无固定的内涵。Guthrie和Parker（1999）将澳大利亚国家审计署的绩效审计分为以下五个阶段，分析每个阶段的绩效审计的发展。

1.期间A：前奏

《审计法案》（The Audit Act，1901）规定国家审计署的法定职责是公共账目审计，20世纪70年代以前，这个职责并无重大修改，只有些较小的修改，增加采用制度基础审计及强化审计独立性的机制的相关条款，审计的主要授权是合规审计。1919年，关于公共支出的一个皇家委员会的调查报告指出，与准确性审计类似，需要经济性和效率性审计。事实上，在《审计法案》的54节提出了项目审计（Project Audit）。有人认为，这与效率有关，国家审计署对54节的项目审计重新进行解释，认为1901年的审计法已经授予审计长开展效率审计的权力，这是绩效审计的起点。总体来说，在这个时期，国家审计署还是将法定职责限于合规审计，但是，20世纪70年代初，随着项目审计的引入，这种状况得以改变。

2.期间B：政府管理皇家委员会与效率审计（1975—1979年）

在这个期间，关于如何认识及如何实施绩效审计有激烈的争论，1974年，政府管理皇家委员会在其报告中对绩效审计的推荐是这个争论的高峰。政府管理皇家委员会的主要目的是调查政府管理，并提出改善的建议。在1974年的调查报告中，提出一项建议，要求扩展审计署的授权，给予国家审计署开展效率审计的职能和权力。这个建议之后，关于绩效审计的讨论更加激烈，主要围绕绩效审计究竟是什么、审计谁、怎么审计等这些问题进行争论，最终，在《审计法案》（The Audit Act，1979）中确定了效率审计。

政府管理皇家委员会推荐的效率审计，关注各种资源是否存在浪费，聚焦于经济性或衡工量值。然而，在政府管理皇家委员会的报告中，经济性、效率性和效果性之间的界限是不清晰的，在其提出的绩效审计定义中，包括经济性、效率性和效果性。

自由党派于1975年执政后，成立一个专门的效率审计工作组来研究皇家委员会提出的效率审计建议，最终的意见是基本采纳皇家委员会提出的建议。然而，这个专门组织认为，外部审计师不要介入涉及政治及主观判断的领域，并且指出管理效率和项目效果之间可能难以区分，政府政策的效果评估应该是政府自身的事，否则会受到联邦议会的质疑。这些建议最终体现在《审计修正案》（Audit Amendment Act，1979）中。

随着绩效审计法律授权的确认，澳大利亚国家审计署内部设立了专门从事绩效审计的部门。但是，对于绩效审计的认识，在国家审计署内部也存在分歧，审计长与绩效审计专门部门的负责人对绩效审计有不同的认识，而绩效审计专门部门的内部员工对此也有不同的认识。分歧主要在于经济性、效率性和效果性之间的区分和界定。

联邦议会对绩效审计的发展有重大影响，《审计修正案》确立了效率审计和经济审计，但是，并没有确立效果审计。

这一时期的另外一个重要问题，是绩效审计的制度安排的选择。政府管理皇家委员会的建议是，由国家审计署来实施公共部门绩效审计，一些组织也赞同这种观点。然而，也有观点认为，国家审计署之外的一些机构也能提供公共部门绩效审计服务。例如，公共部门内部的管理审核、内部审计或建立专门的机构也可以提供绩效审计服务，一些外部咨询机构也可以提供绩效审计服务；联邦议会的一些专门委员会也可以提供绩效审计服务。不过，最终是国家审计署获得了立法授权。

总体来说，这个阶段的绩效审计发展有四个特点：一是效率审计得以确立，主要关注公共部门资源使用是否存在浪费、收入筹集是否存在无效；二是关于“效率”“审计”“审核”出现了多种不同的解释；三是多种组织竞争性地力图建立效率审计；四是效率审计和效果审计的整合尚未解决。

3.期间C：第一份效率审计报告及国家审计署开展的绩效审计的兴衰（1980—1988年）

1980—1988年，国家审计署开展的绩效审计经历了兴衰，最初是充满希望的开始，然后是慢速发展和外部批评，最后是衰落。在这个期间，描述绩效审计技术的用词有多种，如综合审计、绩效审计、项目审计、效率审计等。国家审计署的绩效审计只限于政府部门，联邦机构和企业都不在绩效审计范围之内。同时，国家审计署对绩效审计的资源投入也显著减少，这意味着，绩效审计被低估。同时，对于绩效审计的技术及概念仍然有很多的争论。虽然法律只授权国家审计署开展效率审计和经济审计，但是在绩效审计实务中国家审计署还开展效果审计。

在这个时期，国家审计署经历了三任审计长，各审计长对绩效审计的认识不同，所以，在任职期间开展的绩效审计关注的焦点也不同，表4-17列示了各审计长在任职期间开展的绩效审计类型。Monaghan审计长似乎更关注效率审计和效果审计。

表4-17 **绩效审计项目**

审计长及年份	审计关注焦点		
	经济审计	效率审计	效果审计
Steel Craik（1980）	0	2	2
Brigden（1981）	1	1	4
Monaghan（1985）	6	14	17
合计	7	17	23

在这个时期，绩效审计的概念和术语也有多种，表4-18显示的20世纪70年代以来国家审计署对绩效审计称谓和术语的变化，不仅体现了审计技术的变化，还体现了审计范围的扩大和缩小、审计定义和目标审计客体的再界定、审计理论和审计实务的发展等方面的变化。这些变化未受到绩效审计法定授权的限制，而且显现了不同审计长个人对绩效审计的认知。

表4-18 **绩效审计称谓或术语变化**

年份	绩效审计概念或术语（括号中是具体类型）
1970	54节项目审计 Section 54 Project Audits
1979	效率审计 Efficiency Audit
1982	项目审计 Project Audits
1985	综合审计（效率审计和项目审计） Comprehensive Audits（Efficiency Audit and Project Audits）
1986	综合审计（绩效审计、效率审计和项目审计） Comprehensive Audits（Performance Audits， Efficiency Audit and Project Audits）
1987	综合审计（经济审计、效率审计和效果审计） Comprehensive Audits（Economy Audits， Efficiency Audit and Effectiveness Audits）
1989	绩效审计（项目审计和效率审计） Performance Audits（Project Audits and Efficiency Audit）
1991	综合审计（合规审计和绩效审计） Comprehensive Audits（Regularity Audits and Performance Audits）
1991—1992	绩效审计（项目审计和效率审计） Performance Audits（Project Audits and Efficiency Audit）
1996	绩效审计（特定审计和一般审计） Performance Audits（Specific Audits and General Audits）
1997	绩效审计 Performance Audits

国家审计署对绩效审计制度有一些具体安排，虽然绩效审计由国家审计署来实施，但是根据《审计修正案》的要求，每个绩效审计报告都必须经过联邦议会的某个专门委员会的审核，有时甚至会有多个专门委员会审核绩效审计报告。1979年，多份绩效审计报告受到联邦议会一些专门委员会的强烈批评，一些人指责对项目效果的审核不符合《审计修正案》的本意、高估绩效审计的效果等，但是，也有一些人认为，项目效果审核的方向是正确的。

总体来说，1980—1988年，绩效审计在概念和应用方面都呈现变化和波动的特征，审计长个人的特征对绩效审计概念、实践及相关变化有较大的影响。联邦议会专门委员会和被审计主体也参与到绩效审计的过程中，并影响绩效审计的变化。

4.期间D：公共账目联合委员会的调查及后果（1989—1992年）

1989—1992年是绩效审计，评论及再现时期。在绩效审计实务方面，在Taylor审计长任职时期，强调效果审计的绩效审计报告数量有显著增加，并且对绩效审计授权重新做出了解释。不但会计人员、审计人员参与绩效审计，一些效率分析专家也参与绩效审计。国家审计署原来的绩效审计部门负责人升任副审计长。所以，20世纪90年代初期，国家审计署再次定义绩效审计，为绩效审计配置资源和人员，以效果和政策事项为重点的绩效审计得以形成。

1988年，公共账目联合委员会开展对联邦外部审计的调查，调查报告指出，对于绩效审计授权，推荐国家审计署保持绩效审计职能，但是绩效审计不应该对政策的优点或缺陷进行评价，并批评国家审计署缺乏绩效审计应有的资源。20世纪80年代，投入绩效审计的资源小于20%，国家审计署的解释是，由于整体资源没有增加，而财务审计要求增加资源，所以减少了绩效审计的资源。针对公共账目联合委员的批评，国家审计署承诺将绩效审计资源增加至50%。

5.期间E：新审计法的出台（1993—1998年）

这个时期关于绩效审计的制度安排对绩效审计实务有较大的影响。开展的绩效审计项目的数量大为减少。在公共账目联合委员会的推动下，《总审计长法案》（Auditor General Act，1997）得以通过。这个法案要求，国家审计署开展财务审计和绩效审计，向议会提交审计报告，特别强调使用绩效审计（Performance Audit），并对绩效审计进行了界定——对个人或主体营运的任何方面的检查，是财务审计之外的其他审计。绩效审计有特定审计（Specific Audits）和一般审计（General Audits）两种类型，前者是特定绩效审计，后者是通用绩效审计。纳入审计范围的营运包括：项目、活动、亚项目、亚活动、实物、地理区域、组织的组成部分、管理职能、个人。该法案将绩效审计限定为对政府或联邦主体的经济性、效率性和效果性进行检查并提出建议，不能检查政策的恰当性。

20多年来，澳大利亚国家审计署的绩效审计在概念、实践应用、支持程度和发展方向等方面都经历了重大变化，绩效审计发展过程表明，环境因素对绩效审计的发展有重大影响，相关利益者在竞争性地争夺绩效审计的话语权或控制权。

五、新西兰的绩效审计研究

Jacobs（1998）指出，对于衡工量值审计或绩效审计还没有一个统一的概念，它的具体性质依赖于法律授权及其实践活动的特定情景。Guthrie和Parker（1997）认为，衡工量值审计或绩效审计是“可塑的面膜”，虽然审计长个人的特征对衡工量值审计或绩效审计有影响，但是不能忽视情景因素的重要性。Jacobs（1998）借鉴公共政策理论，研究衡工量值审计或绩效审计在新西兰的变迁及其原因，指出在公共政策过程中，确认问题、提出解决办法是可以相对分离的，专家团体或知识社群相互竞争性地界定要解决的问题，并提出各自解决问题的主张。20世纪70年代是新西兰政府问题及其解决办法都很多的一个时代，这个时代为衡工量值审计的建议和发展提供了机会。这个时代的困难是感知到的经济危机及降低开支的政治压力，这就需要审核和改变中央政府的财政管理，也可以说，衡工量值审计成为应对这些问题的办法或措施之一。《公共财政法案》（Public Finance Act，1977）将衡工量值审计纳入审计授权，这是政府审计机关职能的最大变化。1977—1992年，政府审计机关共完成40个公开审计报告的衡工量值审计项目，以及20～30个公开审计报告的小型的衡工量值审计项目。在这个时代，审计客体倾向于项目，而不是事项或部门，审计重点是确保政府制度的恰当性，而不是对项目的效率性和效果性的测量。新西兰的衡工量值审计可以看作是审计署对经济危机和政治问责的回应。

六、挪威的绩效审计研究

复杂的、多主体的治理安排在公共部门越来越多，在这种安排中，责任越来越不清晰。然而，政府开支、既定流程及产出的效率需要监督和评估，绩效审计和评估（Performance Audits and Evaluations）成为重要的工具。Reichborn-Kjennerud和Johnsen（2011）以挪威地方政府实施的一个城市发展项目的绩效审计为例，分析绩效审计在复杂的、多主体的治理安排项目中碰到的问题，一是独立性问题，二是审计标准和审计证据问题。挪威地方政府实施的这个城市发展项目涉及多层级、多部门的政府机构，以及单独设立的项目管理机构，这个项目有复杂的、多主体的治理安排，计划10年完成，地方政府审计机关在该项目营运的第二年开始对其实施绩效审计。

绩效审计与项目评估在某些方面可能存在重合，但是二者存在重要差异，它们是在不同的环境下实施的。例如，绩效审计要求审计师独立于被审计主体，而项目评估并没有这种要求；绩效审计更加重视促进公共组织承担其社会责任，更多地关注流程，更多地使用规范标准来评价结果，所有的判断都基于审计标准，这些标准是审计过程的核心；项目评估当然也使用标准，但是标准的范围及可用性不同。随着公共部门管理越来越复杂，审计师也开始使用项目评估方法。审计授权中绩效审计的审计机关，可能采用审计模式也可能采用评估模式来促进被审计主体改进绩效。一些审计机关的审计报告显示，审计机关更加关注程序而不是实际的绩效。如果项目评估也有这种思路，则项目评估可能会成为无谓的挑剔。一些文献研究表明，这种关注程序性的审计不能促进绩效改进，甚至还有反作用。绩效审计的价值在于其审计结果对利益相关者的用途。审计师检查的重点及采用的标准会影响审计方向、审计方法和审计成果。关于审计师如何进行审计的研究文献很少，特别是缺乏审计师在如何选择和使用审计标准方面的研究。

早期的项目评估主要是测量项目的效果，并将这些效果与项目的目标进行比较，以判断项目是否完成目标，这种类型的评估称为总结性评估（Summative Evaluation）。由于项目的实施过程对项目能否达到其目标很重要，所以后来的项目评估也开始关注项目实施过程，这种类型的项目评估称为规范性流程评估（Formative Process Eevaluation）。由于审计师要保持独立性，必须与被审计主体保持一定的距离，这种距离可能妨碍二者之间的沟通和反馈，使得审计师不能关注到被审计主体关注的重要问题，也就难以使被审计主体的绩效改进发挥更好的作用。基于此，审计师意识到在绩效审计中需要与被审计主体密切地合作，但是这又可能会损害独立性。

根据挪威的《地方政府法》（Local Government Act，1993），绩效审计是有法定授权的，但是何时实施绩效审计并无明文规定。城市发展项目的周期是10年，地方政府审计机关在第二年就开始对该项目进行审计，其理由是及时地审计能提供有价值的建议，如果完全是事后审计，可能难以影响项目的产出。地方政府审计机关从事绩效审计，需要遵守挪威市政审计师协会（Norwegian Municipal Auditor Association）颁布的审计准则，这些审计准则规定了地方政府部门和机构如何评价经济性、效率性和效果性。该审计机关开展的城市发展项目绩效审计选择了规范性流程评估的路径，这种路径的绩效审计，并不关注项目的长期效果，而主要关注项目实施过程中的障碍和问题，这样一来，可能有助于项目实施过程的改进，进而有助于项目目标的达成。在审计开始的预备会议上，被审计主体的相关人员对审计机关何时介入该项目提出异议，他们认为，审计师可能专注于发现被审计主体是否遵守相关的准则和规章，会经常关注已经过时的事项，而审计师强调及时介入是为了促进该项目成功实施。

审计师经过对该项目的审计发现，该项目存在较严重的滞后问题，主要原因是该项目是由多层级、多部门的政府机构参与，存在复杂的、多主体的治理安排，相互之间的协调配合较差。一些审计师认为，由于不存在判断各部门之间合作是否良好的标准，所以不能将部门之间的合作作为审计事项，当然也就无法在审计报告中体现这些事项。还有一些审计师认为，成功的合作是主要的标准，所以可以将部门间的合作问题作为审计事项。

Reichborn-Kjennerud和Johnsen（2011）并不认同上述观点，认为根据国际最高审计机构组织的绩效审计准则，对于处在实施中的城市发展项目，可以实施以下绩效审计：资源使用是否符合议会的决定；根据量度效率的指标，目标达成情况如何；是否符合相关法规规章；管理和控制是否恰当；提供给议会的数据是否正确；预期结果是否达到；目标是否实现。Reichborn-Kjennerud和Johnsen（2011）认为，即使不将部门间的合作问题作为审计事项，根据国际最高审计机构组织的绩效审计准则，也可以开展多种类型的绩效审计。

这个城市发展项目的审计案例表明，在绩效审计中，存在两个困境(Dilemma)，一个困境是绩效审计的角色定位，是定位于绩效改进促进者，还是定位于独立控制者，前者要求审计师与被审计主体有密切的沟通，这可能影响独立性，而后者要求保持独立性。另一个困境是审计标准的选择及其对审计证据的影响，如果坚持要有事先确定的明文标准，则许多事项可能不宜作为审计事项，从而也就无需获取审计证据。

Reichborn-Kjennerud（2013）以问卷调查为主，研究挪威审计机关所开展的绩效是否真的有作用，调查对象是被审计主体及议会成员。调查发现，多数成员认为绩效审计是有帮助的。绩效审计的有用性与一些因素相关，包括在审计过程中，被审计主体的意见是否被采纳；被审计主体是否认为审计报告是高质量的；被审计主体如何认知审计机关。政府部门公务员和高层行政人员，对绩效审计有更多的负面看法。被审计主体采纳审计建议的意愿依赖于议会的压力、惩罚的力度和对审计报告的认知。如果被审计主体不同意审计报告的发现且惩罚力度不大，则不会采纳审计建议；如果被审计主体认同审计发现且审计惩罚力度大，则会采纳审计建议。

七、新加坡的绩效审计研究

Pin（1989）指出，衡工量值审计有多种名称，如营运管理、管理审计、绩效审计、效率审计，无论使用何种词汇，这种审计的需求都是存在的。因为，政府的资源来源于公众，而公众要求确认这些资源被良好地管理和使用，财务审计和合规审计主要关注资源是否按法律法规的要求产生作用，只有这两种审计是不够的。如何恰当地实施衡工量值审计，促进政府机构在履行其职责时更加具有经济性、效率性和效果性，使政府机构的这类行为产生有形或无形的效果。有形的效果可以用财务数据来计量，如支出的节约、收入的增加和成本的降低等；无形的效果一般无法用财务数据来计量，如公共服务质量的改善、内部控制的强化、预防舞弊和腐败、优化业务流程和增加各种政府组织之间的合作等。20世纪70年代，新加坡审计署主要从事财务审计和合规审计，1972年开始向国会报告浪费行为，但当时的主要注意力是将制度基础审计用于财务审计和合规审计。1979年，新加坡审计署派出一名高层审计人员到美国审计署学习营运审计的概念、原则和方法。1980年，联合国发展项目的专家推荐新加坡采用衡工量值审计和项目审计（Program Auditing)。由于专家的这种建议，使得新加坡审计署派出人员到美国、加拿大审计署学习衡工量值审计。1983年，英国的咨询机构对新加坡审计署进行培训和现场指导。总体来说，新加坡审计署的衡工量值审计方法是借鉴美国审计署的审计方法，审计方法一般包括四个步骤：提出审计项目的建议；确定审计范围；制订详细的审计计划；实施审计和评估。目前，新加坡审计署的衡工量值审计主要存在以下问题：缺乏清晰且可接受的公共部门绩效评估标准；当对不熟悉的营运领域审计时，需要聘请技术专家；即使是专家，对评价标准也有不同的意见；有些管理者对衡工量值审计的态度和反应不适当。

八、日本的绩效审计研究

Yoshimi（2002）指出，日本政府的财务审计由审计委员会（Board of Audit）完成，由管理与协调机构的行政监察局（Administrative Inspection Bureau of the Management and Coordination Agency）实施管理监察（Administrative Inspection），这类似于经营审计或者是美国、英国等开展的绩效审计。从绩效审计的视角来看，政府审计与管理监察有交叉，但是，从来没有人从审计的视角来讨论管理监察。Yoshimi（2002）认为，从提高政府审计整体效果出发，需要按审计理论将政府审计与管理监察合并起来。

九、乌干达的绩效审计研究

Matthew 和 Patrick（2013）指出，随着新公共管理的发展，衡工量值审计的重要性得以显现，随之而来的是衡工量值审计在政府机构中的广泛应用。根据乌干达的法律规定，政府采购必须具有经济性、效率性和竞争性，所以也应该对其进行衡工量值审计。无论如何，正确理解衡工量值审计的含义是做好各类衡工量值审计的前提。衡工量值审计通常是指从支出中获得最好的结果，从既定的资源中取得最大的收益，要求资源使用者最大善意地使用资源并对资源使用承担责任，要求做好经济性、效率性和效果性之间的平衡。经济性是指对既定数量和质量的产出的投入最少，单位成本是其适宜的量度，对于政府采购来说，生命周期成本是衡量经济性的指标，取得成本、营运成本和处置成本都要考虑进去。效率性关注生产率的改进，是生产率的量度，既包括既定产出下的投入最少，也包括既定投入下的产出最多。对于政府采购来说，效率性的含义如公式（4-1）所示。效果性是指目标达成程度，其基本含义如公式（4-2）所示。

$$效率=\frac{实际使用的全部资源}{计划使用的资源}\times 100\% \qquad 公式（4-1）$$

$$效果=\frac{实际产出}{期望产出}\times 100\% \qquad 公式（4-2）$$

衡工量值审计有不同的名称，其核心是对经济性、效率性和效果性进行客观且具有建设性的评估，它有两个方面的作用：一是为利益相关者提供关于公共资源管理和使用的信息；二是帮助公共部门管理者识别可以优化管理的领域，以改进公共资源管理和使用的经济性、效率性和效果性。通常来说，衡工量值审计包括五个阶段：决定审计重点、编制审计计划、实施现场审计、编制审计报告和报告审计结果。

第二节　多国家的绩效审计比较研究

一、绩效审计的产生原因研究

Azuma（2005）指出，多数发达国家都已经普遍采用新公共管理，其核心理念包括绩效导向模式、客户导向模式和市场导向模式等，在这个过程中，政府审计机关发挥了重要的作用。Azuma（2005）介绍欧洲大陆几个国家的审计机关在新公共管理中的作用，这些国家与日本的审计体制有较大的相似性，这些国家是法国、德国、荷兰。法国的政府机构提出的预算需求报告包括使命（Missions）、项目（Programs）、行动（Actions）三个层级，同时，还要求提供年度绩效计划作为预算需求报告书的组成部分。在年度绩效计划中，每个项目都要包括以下内容：目标；衡量效果的绩效指标及其目标值；衡量效率的绩效指标及其目标值。在每个年度结束后，要求各个政府机构提出年度绩效报告，作为年度财务报告的组成部分，年度绩效报告要求对每个项目提供以下信息：目标实现程度；效果性目标指标的达成情况，及其实际值与目标值的比较；效率性目标指标的达成情况，及其实际值与目标值的比较；预算资金未使用或改变用途的原因。在这个绩效管理框架中，法国审计院对政府机构的年度绩效审计进行审计：一方面，关注绩效指标，特别是非财务绩效指标的可靠性；另一方面，还对绩效报告的内容及形式进行评价。例如，对2002年12个政府部门的年度绩效报告进行审计时，提出了以下一些问题：半数部门不能将其政策清晰地表述出来；半数部门的项目效果性绩效指标和效率性绩效指标，与项目目标之间缺乏逻辑关系；半数以上部门未能取得绩效指标的实际值。德国和荷兰的情况与法国基本类似，除了对绩效报告的内容和形式进行评价外，重点还关注绩效指标，特别是非财务绩效指标的可靠性。

Azuma（2005）指出，20世纪80年代，新公共管理理念在不少国家得以推广，在这个过程中，政府审计机关发挥了什么作用呢？Azuma（2005）调查了澳大利亚、新西兰、英国和美国的政府审计机关在新公共管理中发挥的作用，指出绩效导向模式是新公共管理的核心要素之一，这一模式对新公共管理有效地发挥作用，改善绩效评估的质量，以及保障绩效评估结果的可靠性都是至关重要的。为了保障绩效评估结果的可靠性，需要一个独立的第三方对以下方面进行验证：每项政策都清楚地确立了目标；每项政策都确立了能恰当地衡量其效果的绩效指标；有效率、效果地达成政策目标的管理工具已经采用；政策目标值确定在适当的水平；绩效指标的实际值是正确无偏的。为了履行上述方面的验证，这个第三方必须具备以下条件：独立于政策执行者；有足够规模，以便于满足政策评估的需要；有足够的知识和经验以评估政策。在西方发达国家，政府审计机关充当这个第三方的角色。例如，澳大利亚国家审计署对政府机构的绩效报告进行抽审；又如，对一些政府机构年度的绩效报告进行审计后，指出了以下一些问题：选择的绩效指标不能恰当地评估产出；绩效指标的目标值不恰当；绩效指标的实际值缺乏正确性和可靠性。同时，国家审计署也介绍一些好的方法，如国家审计署推荐自然遗产托管局（Natural Heritage Trust）引入验证系统以改善绩效数据的准确性和可靠性。

二、绩效审计的效果研究

Funkhouser（2011）对绩效审计在问责及绩效改进方面的作用做了一个文献综述。

1.绩效审计的负面效果

主流公共管理学者及实践者忽视了绩效审计，即使谈到绩效审计，也主要是负面的，Rober（2001）对绩效审计有如下评述："绩效审计的问题是审计师相信他们是唯一有能力、有授权，或者是唯一合格的能从事绩效审计的专业人员，如果审计师能成功地将他们理解的绩效审计加入到绩效问责的组合工具中，绩效问责将成为合规问责。如果真的这样了，问责将成为被审计主体是否符合了审计师定义的绩效。审计师为了实施绩效审计，将会建立一些规则、规范或其他标准，以确定被审计主体的记录和行为是否符合这些既定的绩效标准。”另外，Rober（2001）还对问责提出三个方面的批评，每个方面都与绩效审计相关。他认为，绩效审计是吹毛求疵、突袭小问题、官僚化、偏好处罚，最终动摇公众对政府履行其职责所需要的信任。因此，人们不应该使用“绩效审计”这样的术语，以免审计师给绩效问责这种特殊的职业活动的提供理由。

2.问责能否改进绩效

Dubnick（2005）对问责与绩效改进的相关研究文献进行了综述，指出在政府绩效的讨论中，问责这个词使用很宽泛，含义较广，问责能改进绩效的理念被未经思考地接受。然而，针对二者的相关研究却发现了问责悖论（Accountability Paradox）——问责实际上会降低或妨碍组织绩效。通过问责增加组织绩效的努力会带来相反的结果，问责没有成为绩效改进的推动力，反而成为绩效改进的破坏者。当然，Dubnick（2005）并未完全否定问责改进绩效的可能性，只是提醒人们放弃问责能改进绩效的这种理念。

3.绩效审计能否改进绩效

政府审计师，特别是从事过较多数量绩效审计项目的审计师，倾向于认为，绩效审计能改进被审计主体的绩效，这种改进并不只是使规则和流程更加得以遵守，还能预期政府营运的产出或结果会得到改善。政府审计师也相信，绩效改进是问责改进的结果。这些理念是绩效审计的理性基础，得到审计学术界和审计机构的广泛认同。许多的政府审计组织在其公开的宣传材料中，都表达了这种理念。例如，国际最高审计机构组织指出：“绩效审计是对政府事业、项目及组织的经济性、效率性和效果性的独立检查，其目的是引导改进。”审计师认为的绩效改进真的发生了吗？许多政府审计机关的年度绩效报告提供了一些数据，这些数据表明，政府审计促进了被审计主体的绩效改进。同时，还有许多的审计案例也表明，政府审计促进了绩效改进。然而，从学术研究的角度来说，关于绩效审计能否改进绩效的研究很少，仅有的几个文献也没有明确的结论。

Bawole 和 Ibrahim（2016）指出，新公共管理出现的部分原因是要解决公共部门绩效不好的问题。一些学者和实践者倡导对公共部门确定绩效目标并进行绩效评价，以促进公共部门绩效水平的提升。因此，不少的公共部门建立了绩效评价制度，为公众或委托人评价公共部门的绩效创造机会。这种绩效评价机制可以是纵向的，也可以是横向的。绩效审计已经被应用于中央政府和地方政府。有些研究指出，绩效审计对公共部门已经产生很大的影响，并且还将产生更大的影响，随着绩效审计的引进，公共部门的经济性、效率性和效果性已经得到改善。然而，也有一些不同的观点，认为一些绩效审计制度对合规特征有近乎迷恋（Near-Fetish）式的坚持，产生了很多负面的影响，甚至妨碍了绩效审计的本来目标。一些观点甚至认为，如果没有绩效审计，公共部门的绩效可能会更好些。Bawole和Ibrahim（2016）通过文献综述的方式，从跨国和跨部门的视角，梳理绩效审计效果的理论证据和实证证据。

4.绩效审计的概念

目前，绩效审计还缺乏一个公共的定义，其原因是绩效的内容是模糊不清的，究竟什么是好的绩效，虽然在不同的学科、不同的国家、不同的组织中有不同的认知，但是有些认知是有共识的——审计绩效的主旨是对公共部门活动的整体评价，以确定其经济性、效率性和效果性是否实现。公共部门绩效审计通常由法定审计机构或认可的专家团队使用规定的绩效量度标准来实施。很显然，绩效审计假定被审计主体有一组应该达到的目标，绩效审计要寻找证据以证明这些目标是否实现。在上述分析的基础上，Bawole和Ibrahim（2016）对绩效审计的定义如下：绩效审计是对一个组织的既定目标、法规框架及利益相关者有关的绩效进行独立的、综合的评价；绩效改进是被审计主体在法定框架内实现既定目标且留有创新和自由裁量空间，并满足利益相关者期望的能力。

5.绩效审计的目标

不少研究文献认为，绩效审计目标是确保（Ensure）被审计主体的经济性、效率性和效果性，通过绩效审计，促进被审计主体的绩效得以改进。也有些研究文献认为，绩效审计要服务于绩效问责（Performance Accountability），绩效审计使委托人或公众了解公共部门的绩效服务。总体来说，对绩效审计的目标有两种观点：一是绩效改进观；二是绩效问责观，上述两种观点可以同时存在。

6.绩效审计与绩效标准

新公共管理是将私营部门的管理方法移植到公共部门，一些人士对这种移植的效果表示怀疑。由于是新公共管理催生绩效审计，所以也有一些针对绩效审计的批评。例如，Funkhouser（2011）指出："绩效审计的问题是，审计师相信只有具备能力、授权或资格的专业审计师才能从事它，如果审计师将他们理解的绩效审计加入到绩效问责的工具中，则绩效问责将成为合规问责（Compliance Accountability）……问责将意味着被审计主体是否符合绩效审计师定义的绩效。绩效审计师实施绩效审计，首先是建立一些绩效标准（如规则、规范和其他标准），然后，审计师审计被审计主体的记录和行为，以确定被审计主体是否遵守这些绩效审计的标准。"

7.公共组织的行动者对待绩效审计的态度

既然有不少的研究文献对绩效审计持有批评观点，Bawole和Ibrahim（2016）以理性选择制度主义（Rational Choice Institutionalism，RCI）为理论基础，提出一个解释公共组织的行动者对待绩效审计的态度的理论框架。理性选择制度主义把理性的个人作为理论分析的起点，它以个人作为基本的分析单元，个体追求效用最大化的偏好是外生于制度的，个体的行为以计算"回报"为基础，制度界定约束了行为者在追求自身效用最大化时所采用的策略，遵守制度不是道德、义务使然，而是经过计算认为符合自身的利益，即结果性逻辑的结果。考虑到行为者是理性的，因此一旦对制度产生了某种逻辑上的需要，它就会被遵守或创造。以此为基础，如果绩效审计是公共部门推行的一种制度安排，则公共部门的行动者经过利益计算，可能会选择遵守绩效审计，采取积极态度，使绩效审计确定的绩效标准得到遵守。

8.绩效审计与绩效改进

Van Locke 和 Put（2011）与 Funkhouser（2011）提供了绩效审计在美国的成果。根据他们的研究报告，政府问责局（Government Accountability Office，2009）的绩效审计报告显示取得430亿美元的财务效益和1 300多个非财务效益。一些联邦政府部门的监督长办公室的绩效报告及州审计机关的绩效报告也显示类似的结果。此外，还有一些研究文献提供了绩效审计在英国、芬兰、挪威和苏格兰等国家的成果。Leeuw（2011）的报告指出，英国的绩效审计建议促进了财务的节约和公共服务的改进，Johnsen et al.（2001）对芬兰、挪威地方政府绩效审计的研究发现，绩效审计是一种有效的、理性的管理决策或行动实施工具，审计信息被用于管理系统，改进政府预算质量。Lapsley 和 Pong（2000）对苏格兰公共部门绩效审计的研究表明，绩效审计对公共部门的管理改进是有效的，但是这些改进是营运性的，而非战略性的，主要体现在业务流程、最佳实务的采用、冗余工作的发现及公共部门内部的风险管理的改进。Bawole 和 Ibrahim（2016）通过文献综述，对上述显示绩效审计成果的研究提出了质疑，主要体现在四个方面：一是数据来源，不少的数据是由审计机关提供或对审计机关进行访问得到的，而不是来自被审计主体；二是绩效审计与绩效改进的关系，即使有绩效改进，是否真的是绩效审计引致的，也可能是伪相关的；三是绩效改进的量度，如对于既定流程或程序的进一步遵守并不一定是绩效的真正改进；四是绩效改进与问责的关系，绩效改进并不一定能导致绩效问责的改进。Shand 和 Anand（1996）认为，绩效审计的实施可能导致一些非预期的后果，因此，绩效审计既是一个存在问题的概念，也是一种存在问题的审计实务。

9.绩效审计的负面外部性

一些研究文献认为，绩效审计并不能带来预期的效果，相反，可能对公共部门的绩效产生不利的影响。Kells（2011）指出，绩效审计有以下负面外部影响：反对创新、无谓的挑剔、期望差、标题吸人眼球、没有意义或对内容的形式追求。还有一些研究文献也提出了绩效审计的负面外部影响，归纳起来，大致分为以下几类：僵化（Ossification）、视野狭窄（Tunnel Vision）、信任成本（Trust Costs）、绩效悖论（Performance Paradox）、策略行为（Strategic Behavior）、官僚惰性（Bureaucratic Inertia）和量化僵固及次优化（Measure Fixation and Sub - Optimization）。

三、绩效审计基本情况研究

Glynn（1985）介绍了英国、加拿大、澳大利亚、新西兰、美国和瑞典六个国家的绩效审计情况。关于英国的绩效审计，英国面临支出急剧增长的局面，《地方政府财政法》（Local Government Finance Act，1982）规定，地方政府审计机关可以检查地方政府是否对资源使用做出了确保其经济性、效率性和效果性的恰当安排，《国家审计法案》的第二部分专门对检查国家审计署的经济性、效率性和效果性做出了规定。关于加拿大的绩效审计，20世纪70年代，加拿大的审计还是财务审计和合规审计。1973年，James J.Macdonnel被任命为审计长，他来自于私营部门，他提出了一个问题，“审计机关是否有权开展开支合法性之外的检查？例如，能否对经济性、效率性和效果性进行适当的评价？”为此，1975年，他组建了一个专门的小组对联邦审计机关未来的作用进行了研究，研究报告推荐了综合审计（Comprehensive Audit），1977年通过的《总审计长法案》（Auditor General Act）对综合审计做出了明文规定，要求审计机关向议会报告“没有经济性、效率性而被花费的资金，或没有恰当的程序和量度效果性的项目，而这些程序本来可以恰当且合理地建立。”加拿大是第一个将衡工量值审计与合规审计融合起来，开展综合审计的国家。关于澳大利亚的绩效审计，澳大利亚联邦审计署最早的立法是《审计法》（Audit act，1901），《修改法案》（Amendments to the Act，1979）给予审计署对政府部门及其他政府机构进行经济、效率审计的授权，但未授权其进行项目效果审计。例如，澳大利亚的维多利亚州地方立法机关，授予其地方审计机关实施效果审计的权力。关于新西兰的绩效审计，《公共财政法案》（Public Finance Act，1977）对新西兰的政府审计机关进行了重组，建立了一个独立的审计机关——审计办公室（The Audit Office）。同时，将衡工量值审计纳入审计授权。新西兰的绩效审计的重要特点是评估营运制度的恰当性，而不是项目的实际效果。关于美国的绩效审计，美国审计署由总审计长（Comptroller General）领导，行使两项职能：一是建立联邦机构的会计准则；二是行使政府审计职能。这两项职能似乎有些矛盾，多数国家不允许政府审计机关来审计自己制定的规范的执行情况，而美国审计署却是这样做的。美国审计署的“黄皮书”，确定其审计目标包括三个方面：财务营运符合适用的法规法规；管理活动具有经济性、效率性；项目达成其预期结果的效果性。关于瑞典的绩效审计，瑞典是第一个采用衡工量值审计的欧洲国家，也是第一个采用项目效果审计的欧洲国家。

多数国家都开展了绩效审计，Barzelay（1997）以经济合作与发展组织国家的最高审计机关为对象，调查这些国家的最高审计机关的绩效审计开展情况。

1.绩效审计的概念

Barzelay（1997）首先分析了绩效审计的概念。绩效审计是用于区别传统审计、审核和项目评估（Program Evaluation）的一个概念。审计人员认为，绩效审计与传统审计具有更多的相似性，而评价人员则认为绩效审计更像项目评估。同时，不同国家对绩效审计的认知，还受到地方因素的影响。例如，在威斯敏斯特制度背景下，对绩效审计的界定会带有区分政策与管理的特色；在美国的制度背景下，则不会有这种区分。因此，对于绩效审计的认知，可能存在一种错误的理念，即将本地特色作为通用结构来看。界定绩效审计需要有种适宜的模式，才能获得本质性的认知。Barzelay（1997）采用Lakoff（1987）的概念理论，将传统审计、绩效审计、项目评估三者联系起来，研究绩效审计的概念。对于上述三个概念从五个维度进行描述，基本情况见表4-19。

表4-19　　传统审计、绩效审计、项目评估的比较

类型	政府形象	功能形象	审核的主要目的	审核的主要模式	审核者的角色
传统审计	机械式的官僚组织	按制度规范，有效地履行交易与任务	合规责任	审计	验证信息，发现实际与标准之间的不符，报告结果
绩效审计	价值链：投入-加工-产出-结果	组织和生产活动得到优化	绩效责任	检查	评估项目及组织的相关方面，报告结果
项目评估	政府掌控下解决公共困难的行动	项目目标达成，公共政策改进公共福利	对政策及项目效果提供真实、有效的反馈	研究	评估行动的效果或测量行动对公共管理服务的影响

根据上述五个维度的分析，Barzelay（1997）认为，绩效审计更加类似于项目评估，而不是传统审计，绩效审计是一个误导的概念，绩效审计不应该是审计的一个亚类。

2.数据来源

经济合作与发展组织的公共管理服务为了筹备绩效审计会议，对经济合作与发展组织国家的最高审计机关进行问卷调查，要求被审计主体报告其实施的各种审核业务，特别强调可能属于绩效审计的审核业务。Barzelay（1997）的数据来源于这次调查，调查数据显示，在13个回复的国家中，有12个国家实施的一些审核可以作为绩效审计，只有葡萄牙审计法院似乎没有开展绩效审计。由于这次调查特别强调可能属于绩效审计的审核业务，一些没有回复的国家似乎没有开展绩效审计，如希腊、意大利、韩国、墨西哥、西班牙、土耳其。当然，这只是一种推测，还需要进一步的信息来确认是否真的如此。如果推测没有回复的国家未开展绩效审计，这恰好与不同国家对新公共管理的态度相一致。一方面，倡导新公共管理的国家，其最高审计机关基本上都开展了绩效审计，如法国和德国，虽然这两个国家对新公共管理持情绪态度，但是其最高审计机关仍然开展了绩效审计。另一方面，所有没有回复的国家都对新公共管理持有情绪态度（丹麦是个例外）。

3.不同的绩效审计业务类型

不同类型的绩效审计都存在四个关键维度：分析单元（Unit of Analysis）、审核模式（Mode of Review）、评估范围（Scope of Evaluation）和努力的焦点（Focus of Effort）。根据上述四个维度，回复问卷的12个国家的绩效审计业务类型见表4-20。

表 4-20　　　　绩效审计业务类型

类型	分析单元	审核模式	评估范围	努力的焦点
效率审计（Efficiency Audit）	职能领域、流程、项目要素	检查	政府和第三方营运的相关方面	识别降低成本的机会
项目效果审计（Program Effectiveness Audit）	项目或主要项目要素	检查	项目设计和营运的相关方面	评价政策影响、评估项目效果
绩效管理能力审计（Performance Management Capacity Audit）	组织	检查	影响组织绩效审计的因素	评价达到经济性、效率性和效果性的能力
绩效信息审计（Performance Information Audit）	组织	审计	绩效量度和报告系统产生的信息	验证组织提供信息的准确性
风险评估（Risk Assessment）	项目	检查	项目设计和营运的所有方面	识别项目风险及其来源
最佳实务审核（Best Practice Review）	部门、流程、职能领域	研究	组织和项目营运的相关方面	形成最佳实务，揭示相关业绩
一般管理审核（General Management Review）	组织	检查	组织结构、系统和项目的相关方面	评估组织实现其使命和政策的能力

在表 4-20 的各种绩效审计业务类型中，效率审计、项目效果审计、绩效管理能力审计和绩效信息审计是开展较多的业务类型，各国家绩效审计业务开展的情况见表 4-21。

表 4-21　　　　各国家绩效审计业务开展的情况

国家	绩效审计业务类型			
	效率审计	项目效果审计	绩效管理能力审计	绩效信息审计
澳大利亚（Australia）	√	√	√	
加拿大（Canada）	√		√	
芬兰（Finland）	√		√	√
法国（France）	√	√		
德国（Germany）	√	√	√	
爱尔兰（Ireland）	√		√	
荷兰（Netherlands）	√	√	√	
新西兰（New Zealand）	√			√
挪威（Norway）	√		√	
葡萄牙（Portugal）				
瑞典（Sweden）	√	√	√	√
英国（United Kingdom）	√	√		
美国（USA）	√	√	√	

Flesher和Zarzeski（2002）指出，营运审计（Operational Auditing）在不同的国家有不同的起源，它是由履行管理职能之外的人士对管理效率性、效果性的定期评估，它有一些可以相互替换使用的名称，如管理审计（Management Auditing）、绩效审计（Performance Auditing）、综合审计（Comprehensive Auditing）、衡工量值审计（Value for Money Auditing）。通常来说，营运审计是对特定的营运系统且非财务的评估，是寻找改善管理效率、效果的系统方法。虽然营运审计主要是内部审计和政府审计的职能，但是会计师事务所及管理顾问也执行类似的审计。营运审计的起源有多个方面，在其发展过程中，各种组织发挥了重要作用。有影响力的组织包括：美国审计署，其领导者是Coleman Andrews；美国管理协会，其领导者是Jackson Martindell；加拿大综合审计基金会，其领导者是James J.Macdonnel；内部审计师协会，其领导者有多位。虽然美国管理协会的工作与内部审计协会和美国审计署的工作同时开始的，但是相互之间并没有形成影响。换言之，两个独立的组织且同时开展营运审计。在营运审计概念的发展方面，美国是领跑者。然而，令人惊讶的是，尽管美国在营运审计发展方面处于领导地位，但其开发的绩效审计原则并没有被其他国家所采用，而加拿大发展的绩效审计制度，被英联邦一些国家所借鉴。英国的营运审计发展历史表明，审计理念的国际传播及跨学科之间的传播是很小的。

Tremblay和Malsch（2015）对绩效审计研究文献做了一个综述，指出在许多国家，因为强化透明、问责、效率等要求，使政府审计得到了加强。尽管有不少的研究文献发现，政府审计发挥积极且有权力的“看门狗”的作用，然而，针对政府审计的批评也不少。政府审计不直接参加政治决策过程，仅遵守审计准则和既定标准，更多地具有技术特性。同时，政府审计的资源、授权及审计范围都受到政治家们的控制，审计成果也影响政治决策。绩效审计是随着新公共管理的兴起而出现的审计业务，加拿大综合审计基金会对绩效审计有以下定义：绩效审计服务于问责，是根据既定标准，对管理层关于其绩效的陈述、管理过程及实务进行独立客观的评价，并向治理主体或其他具有类似责任的主体报告评价结果。然而，Tremblay和Malsch（2015）认为，由于政府审计处于复杂的审计环境，绩效审计的理论概念是不清晰的，他们从三个方面对绩效审计相关研究文献进行综述：什么是绩效审计？如何实施绩效审计？绩效审计带来什么影响？Tremblay和Malsch（2015）综述的文献来自于联合商业情报（Allied Business Intelligence，ABI）和商业资源数据库（Business Source Complete）1999—2013年的绩效审计文献，共79篇，删除其中引用率很低或无法找到的文献，最终纳入综述的文献有40篇。这些文献，从研究视角来说，区分为三类：实证研究文献共9篇、解释性研究文献共26篇、评论性研究文献共5篇。很显然，与会计审计研究的实证偏好相比，实证研究文献偏少，这其中的主要原因是数据的缺乏及量度客观性方面的问题。在此基础上，Tremblay和Malsch（2015）根据研究主题，对上述文献进行综述。

（1）绩效审计的含义。确定概念及相关的知识体系，是职业活动基础的前提，没有一个相对清晰且有共识的定义，职业活动要确定做什么、如何做都是不可能。前文已叙及，加拿大综合审计基金会对绩效审计有一个定义。然而，一些文献认为，事情并不是如此简单。

De Lancer（2006）认为，绩效审计的定义面临的挑战是其对问责和绩效评价的关注，问责的目标应该是改善服务供给，而不应该对未能达到目标进行惩罚。绩效评价应该服务于问责，虽然审计师有专业化的技术和标准化的工具，但是审计师不是审计机器，其工作的多维度及在有高度政治特征的公共管理领域中，迫使审计师使用一些技术和策略，导致审计工作偏离了独立性和客观性。

Gendron et al.（2007）的研究表明，绩效审计并不只是审计标准和程序的应用，事实上，绩效审计开始适用于审计标准和程序建构的合法化。实施绩效审计意味着定义绩效指标，因此，Gendron et al.（2007）认为，关于绩效审计有以下问题：绩效审计是对管理层关于其绩效的陈述、管理过程及实务的独立客观评价，是绩效审计也是政治活动；如果绩效审计不只是审计标准和技术的应用，那么是否要对绩效审计的定义进行修改，以更好地体现绩效审计的现实。

Politt et al.（2002）指出，不少的审计机关并不区分绩效审计报告和其他审计报告，同时，绩效审计报告之间也存在较大的差别，这种绩效审计报告的多样化也使得绩效审计的研究更加复杂化。

Morin（2012）发现，审计师有时企图保持其从事的绩效审计的模糊性和神秘性，这可能导致一种期望差，而这种期望差可能转换成对绩效审计的不信任，并进而损害绩效审计的信用。

（2）绩效审计的实施。虽然概念的界定为职业活动的操作奠定了基础，但是实践活动与正式的描述之间总是存在差距。在实践活动中，绩效审计的实施并不只是相关规则的应用问题。事实上，对于任何既定的规则，人们必须决定何时以及如何用它。20世纪90年代，绩效审计还只有很少的准则和指南来指导审计实践。Radcliffe（1999）指出，效率审计显然是具有开创性的，审计师对政府活动的多个方面进行调查，形成各种分类表，将各种活动分为有效率的和无效率的，然后，公开调查结果。如果效率是有形的，则审计师的工作是容易的，但是在多数情形下，效率并不是有形的。Radcliffe（1999）认为，效率审计远不只是机械地应用事前确定的技术，审计师要认知工作环境并且策略性地行动，他们的行动策略受到职业目标、职业预期的影响，更加重要的是，他们需要保持与被审计主体建设性且积极的关系。Gendron et al.（2007）认为，审计师的实践活动并不一定像人们所期待的那样——中立性，不关注政治，审计结果总是会支持或不支持某些政治派别。一些文献指出，绩效审计人员在实践活动中开展了不同的技术和模型，很多的方法是从其他相关的职业那里借鉴过来的（Nutley et al.，2012；Lonsdale和Bechberger，2011）。Lapsley和Pong（2000）研究以下问题：什么是最佳管理实务？用于业绩评价的指标可靠吗？审计师专长是否会影响审计活动的实施？研究发现，与财务审计相比，绩效审计具有更多的散乱性和复杂性。

（3）绩效审计的影响。绩效审计对被审计主体的影响，又称为绩效审计的效果，是绩效审计的核心问题，针对这个问题有一些研究。研究结论大致有两种：一种结论认为绩效审计有积极影响；另一种结论认为绩效审计有消极甚至负面影响。

Morin（2004）发现，绩效审计建议能促进绩效改进，并且潜在的绩效审计对公共部门管理者有预防作用。Morin（2005）发现，由于绩效审计建议存在时间上的延滞性，所以，绩效审计建议并未受到被审计主体和议会的重视。Morin（2008）进一步研究发现，如果审计师是敏锐的，并且审计结果得到被审计主体善待，绩效审计还是有显著效果的。议会对绩效审计的影响有决定性作用，而媒体的介入对绩效的改进有负面影响。Van Looke et al.（2011）发现，三个因素影响绩效审计的效果：一是媒体的压力、利益集团的压力和议会的压力；二是审计实施、审计报告以及后续审计期间审计机关与被审计主体的关系；三是被审计主体的意愿、被审计主体的持续改进和偶然事件。Weets（2011）认为，不同的绩效审计项目，影响其效果的因素也不同。

然而，有些文献对绩效审计的效果持负面观点。Radcliffe（1999，2008）认为，绩效审计可能成为政治工具，它的主要影响不是将公共部门业务现代化，而是促使公共部门业务私有化或机械化；审计工作不是挑战政府服务于公众，而是限制和约束向公众披露相关的“秘密”。当然，审计师并不是有意地将国家“私有化”，或者将政治丑闻“秘密化”，但是审计师及审计技术无意识地发挥了上述这些作用。Justesen和Skaerbaek（2010）认为，被审计主体认为自己受到不公平对待，陷入了破坏性博弈，这种认知可能影响审计效果。Morin（2001）认为，绩效审计究竟是有正面效果还是有负面效果，取决于相关主体的认知，现实比理论更为混乱，绩效审计对公共管理的影响远不是理论模型所描述的那样直截了当。

最后，Tremblay和Malsch（2015）做出以下总结性结论：第一，对于绩效审计的概念还没有形成共识，这可能反映了绩效审计的多重属性，虽然绩效审计被设计为理性技术，但是经常成为政治工具；第二，尽管对绩效审计进行规范性设计，发布各种规则和操作指南，但是审计师必须根据审计环境来调整这个规则和操作指南的应用；第三，一些文献认为绩效审计有正面作用，而有些文献批评绩效审计成为政治工具。

关于绩效审计研究的未来，Tremblay和Malsch（2015）指出，仅仅通过规则、法规和组织安排来强化或优化绩效审计可能是一个错误的路径。绩效审计过程是审计师与被审计主体互动的过程，而了解这种互动是前提，所以，毫不夸张地说，绩效审计的研究依赖于审计师及他们对外公开的意愿程度。

参考文献

［1］ AZUMA N.The role of the supreme audit institutions in new public management：the trend of continental countries［J］. Government Auditing Review,

2005（12）：69-84.

［2］AZUMA N.The role of the supreme audit institution in NPM international trend［J］. Government Auditing Review，2003（10）：85-106.

［3］BOWERMAN M，HUMPHREY C，OWEN D. Struggling for supremacy：the case of UK public audit institutions［J］. Critical Perspectives on Accounting，2003，14（1-2）：17.

［4］BAWOLE J N，IBRAHIM M.Contesting claims on measuring performance in the public sector using performance audits：evidence from the the literature［J］. Public Organizion，2016（16）：285-299.

［5］BARZELAY M.Central audit institutions and performance auditing：a comparative analysis of organizational strategies in the OECD［J］. An International Journal of Policy and Administration，1997，10（3）：235-260.

［6］CHARNES A，COOPER W W.Auditing and accounting for program efficiency and management efficiency in not-for-profit entities［J］. Accounting，Organizations and Society，1980，5（1）：87-107.

［7］DUBNICK M. Accountability and the promise of performance：in search of mechanisms［J］. Public Performance and Management Review，2005，28（3）：376-417.

［8］DE LANCER J P. Performance Measurement［J］. Evaluation，2006，12（2）：219-235.

［9］FREE C，RADCLIFFE V S，WHITE B.Crisis，committees and consultants：the rise of value for money auditing in the federal public sector in Canada［J］. Bus Ethics，2013（113）：441-459.

［10］FUNKHOUSER M. Accountability，performance and performance auditing：reconciling the views of scholars and auditors［M］. Cheltenham：Edward Elgar Publishing Limited，2011：209-230.

［11］FLESHER D L，ZARZESKI M T. The roots of operational auditing（value-for-money）in English speaking nations［J］. Accminling and Business Research，2002，32（2）：93-104.

［12］GARNER M.Auditing the efficiency of nationlized industries：enter the monopolies and mergers commission［J］. Public Administration，1982（60）：409-428.

［13］GRIMWOOD M，TOMKINS C.Value for money auditing-towards incorporation a naturalistic approach［J］. Financial Accountability and Management，2010，2（4）：251-272.

［14］GUTHRIE J E，PARKER L D. A quarter of a century of performance auditing in the Australian Federal Public Sector［J］. A Malleable Masque，Abacus，1999，35（3）：302-332.

［15］GUTHRIE J，PARKER L. A qauarter of a century of performance auditing in the Australian Federal Public Sector: A Malleable Masque [R]. Working Paper, 1997.

[16] GLYNN J J, MURPHY M P. Failing accountabilities and failing performance review [J]. International Journal of Public Sector Management, 1996, 9 (5): 125-137.

[17] GLYNN J J.Value for money auditing—an international review and comparison [J]. Financial Accountability & Management, 1985, 1 (2): 113-128.

[18] GENDRON Y, COOPER D J, TOWNLEY B. The construction of auditing expertise in measuring government performance [J]. Accounting, Organizations and Society, 2007, 32 (1): 105-133.

[19] HAMBURGER P. Effciency Auditing in the Australian Audit Office: reform and reaction under three auditors-general [J]. Accounting, Auditing and Accountability, 1989, 2 (3): 3-21.

[20] JACOBS K.Value for money auditing in New Zealand [J]. British Accounting Review, 1998 (30): 43-360.

[21] JOHNSEN.Performance auditing in local government: an exploratory study of perceived efficiency of municipal value for money auditing in Finland and Norway, European [J]. Accounting Review, 2001, 10 (3): 583-99.

[22] JUSTESEN L, SKAERBAEK P. Performance auditing and the narrating of a new audit identity [J]. Financial Accountability and Management, 2010, 22 (3): 251-270.

[23] KELLS S. The seven deadly sins of performance auditing: implications for monitoring public audit institutions [J]. Australian Accounting, 2011, 21 (4): 383-396.

[24] LAPSLEY I, PONG C. Modernization versus problematisation: value-for-money audit in public services [J]. European Accounting Review, 2000, 9 (4): 541-567.

[25] LORD R.Value for money in the education service [J]. Public Money and Management, 1983, 3 (2): 15-22.

[26] LONSDALE P, WILKINS P, LING T .Performance auditing: Contributing to accountability in democratic government [M]. New Jersey: Piscataway Transaction publishers, 2011: 231-247.

[27] MCROBERTS H A, HUSSON J.Auditing program evaluations: the Canadian case [J]. Accounting Organizations and Socic, 1985, 10 (4): 49, 502.

[28] MORIN D. Measuring the impact of value-for-money audits: a model for surveying audited managers [J]. Canadian Public Administration, 2004, 47 (2): 141-64.

[29] MORIN D. Auditors general's impact on administrations : a pan Canadian study (2001—2011) [J]. Managerial Auditing Journal, 2014, 29 (5): 395-426.

[30] MORIN D. Les auditeurs législatifs: héros intouchables? [J]. Télescope,

2012, 18 (3): 110-130.

[31] MORIN D. Lorsque les administrations publiques font la sourde oreille aux rappels à l'ordre du vérificateur général et que nul ne s'en préoccupe... [J]. Gestion, 2005, 30 (2): 16-22.

[32] MORIN D. Auditors general's universe revisited [J]. Managerial Auditing Journal, 2008, 23 (7): 697-720.

[33] MORIN D. Influence of value for money audit on public administrations: looking beyond appearances [J]. Financial Accountability and Management, 2001, 17 (2): 99-117.

[34] MATTHEW K, PATRICK K.Value for money auditing and audit evidence from a procurement perspective [J]. International Journal of Advances in Management and Economics, 2013, 2 (5): 115-124.

[35] NUTLEY S, LEVITT R, SOLESBURY W, et al. Scrutinizing performance: how assessors reach judgements about public services [J]. Public Administration, 2012, 90 (4): 869-885.

[36] POLLITT C. Performance or compliance? Performance audit and public management in five countries [M]. Oxford: Oxford University Press, 1999.

[37] POWER M. Auditing: is there too much of a good thing? [J]. Accountancy, 1994 (114): 75.

[38] PORTER L W, ANGLE H L, ALLEN R W. Organizational influence processes [M]. 2nd ed. New York: ME Sharpe, 2003: 555.

[39] PARKER L D.Value for money auditing: conceptual development and operational issues [D]. Australian AccountingResearch Foundation: Auditing Discussion Paper, 1986.

[40] PIN Y P.Value for money audting: the experience of the Singapore auditor general office [J]. International Journal of Government Auditing, 1989 (16): 4.

[41] ROBERTS S, POLLITT C.Audit or evaluation? A national audit office VFM atudy [J]. Public Administration, 1994, 72 (4): 527-549.

[42] RAAUM R B, CAMPBELL R J.Challenges in performance auditing: how a state auditor with intriguing new performance auditing authority is meeting them [J]. Journal of Government Financial Management, 2006, 55 (1): 27-30.

[43] REICHBORN-KJENNERUD K, JOHNSEN A.Auditors' understanding of evidence: a performance audit of an urban development programme [J]. Evaluation: The International Journal of Theory, 2011, 17 (3): 217-231.

[44] REICHBORN - KJENNERUD K.Does performance auditing matter? The government administration's response to the performance auditing of the Norwegian office of the auditor general [D]. Norway : The Degree of Philosophiae Doctor University of

Bergen, 2013.

[45] ROBER B. Rethinking democratic accountability [M]. Washington: Brookings Institution Press, 2001.

[46] RADCLIFFE VS. Knowing efficiency: the enactment of efficiency in efficiency auditing [J]. Accounting, Organizations and Society, 1999, 24 (4): 333-362.

[47] POLLITT C, GIRRE X, LONSDALE J, et al.Performance or compliance? Performance audit and public management in five countries [M]. London: Oxford University Press, 2002.

[48] RADCLIFFE V S. Public secrecy in auditing: what government auditors can not know [J]. Critical Perspectives on Accounting, 2008 (19): 99-126.

[49] SCHWARTZ R.State audit—panacea for the crisis of accountability? An empirical study of the Israeli case [J]. International Journal of Public Administration, 2000, 23 (4): 418.

[50] SHAND D, ANAND P. Performance auditing in the public sector: approaches and issues in OECD member countries [J]. Performance Auditing and Modernization of Government, 1996: 57-79.

[51] LONSDALE P, WILKINS M, LING T. Performance auditing: contributing to accountability in democratic government [M]. Cheltenham: Edward Elgar Publishing, 2011: 175-208, 248-267.

[52] YOSHIMI H.Governmental audit and administrative evaluation [J]. Government Auditing Review, 2002 (9): 134.

第五章

审计成果应用研究

关于公共部门审计成果应用有一定的研究文献，涉及的主题较多，主要包括：审计机关后续跟踪审计研究；公共部门审计质量对审计成果应用的影响研究；审计机关沟通策略及媒体在审计成果应用中的作用研究；公众、公民社会及其他利益相关者在公共部门审计成果应用中的作用研究；公共部门审计的政治影响及在腐败治理中的作用研究。本章对上述研究文献做一个概要性的介绍。

●第一节　审计机关后续跟踪审计研究

一、审计建议及其采纳的影响因素研究

Churchill（1966）指出，审计通过四个相互关联的路径产生效果，这四个路径分别是审计报告（Audit Report）、审计发生（Occurrence of Audit）、审计预期（Anticipation of Audit）、审计建议（Audit Recommendations）。审计报告是关于被审计主体的实际行动与既定标准相符程度的书面声明。既定标准是表明被审计主体应该如何行动，审计报告会送达被审计主体的最高层，这个最高层对应该如何行动负有责任。所以，审计报告的接受人越是重视审计报告，审计报告对被审计主体产生的效果也就越大。或者说，与报告事项相关的奖励或处罚力度越大，被审计主体的相关人员对审计结论的重视程度也就越高。因此，为了使得审计报告真正发挥作用，审计师要考虑被审计主体的相关人员会如何看待通过审计报告传达给被审计主体高层的信息。审计发生是指审计过程中审计师的行为对被审计主体产生的影响。在审计过程中，审计人员与被审计主体的相关人员有互动，这个互动会影响被审计主体的态度。例如，审计人员可能发挥专家的作用，指导被审计主体遵守既定标准，解释既定标准的实质，审计师关注什么、不关注什么，都可能会传递一些信息给被审计主体。审计预期是指即使还未审计，被审计主体如果预期到会被审计，则其行为会有所变化或收敛，会与没有审计预期时存在差异。当然，这种审计效果难以衡量，一些现场研究和实验研究已经证明了预期效果的存在。审计建议是指当被审计主体的实际行动与既定标准发生偏差时，对于如何解决偏差，最终使得实际行动与既定标准相符，要么改变行动，要么改变既定标

准。为了使得审计建议有效，被审计主体必须采纳审计建议，或者是由标准的制定者修改其既定标准。无论何种情形，审计师会通过审计建议来影响被审计主体的行动。一般来说，审计建议有三种情形：第一，如果审计发现问题的原因和解决办法都是清楚的，则针对存在的问题（对既定标准的偏离）提出解决办法；第二，如果审计发现问题的原因是清楚的，但是解决办法并不清楚，则需要针对如何才能提出解决办法来提出建议；第三，如果审计发现问题的原因和解决办法都是不清楚的，则审计建议应该针对如何才能得到解决办法来提出。在第一种情形下，根据审计建议，应该做什么是清楚的；在第二种情形下，根据审计建议，如何得到解决问题的办法是清楚的；在第三种情形下，根据审计建议，引起管理层关注审计发现的问题。

Aikins（2012）指出，审计是问责的重要机制，然而，审计的价值在于采纳审计建议以改善与政府营运相关的内部控制的恰当性和效果性。Aikins（2012）从地方政府内部审计的视角，研究地方政府内部审计制度对被审计主体采纳内部审计建议的影响。这里的内部审计包括以下几个方面：应有的职业关注（如对审计领域进行风险评估）、独立性（如向审计领域之外的主体报告审计工作）、质量控制（如对审计人员工作的监督和审核）、客户关系（如在做出最终决定之前，将审计结果报告给被审计主体的管理层）。

Aikins（2012）以委托代理理论为基础，在文献综述的基础上，提出以下假设：审计经验、审计人员资历等与审计建议接受和实施正相关；审计人员独立性与审计建议接受和实施正相关；审计风险评估、被审计主体相关的活动（如了解被审计主体管理层对风险的看法，在审计报告最终决定前与被审计主体管理层沟通）与审计建议接受和实施正相关；审计质量控制与审计建议接受和实施正相关。

Aikins（2012）采取问卷调查的方式获取数据，向当地政府的审计师协会（Association of Local Government Auditors，ALGA）的387个成员单位的审计部门的负责人发放调查问卷，回复率为46%。

调查问卷涉及的变量包括审计人员资历、独立性、应有的职业关注、质量控制、与被审计主体的关系，以及被审计主体管理层采纳审计建议的相关变量（见表5-1）。

根据调查问卷的数据，统计分析的结果显示，审计人员资历、独立性、应有的职业关注、质量控制、与被审计主体的关系、审计建议的相关变量都能促进审计建议采纳。

二、后续跟踪审计制度研究

Brooks和Pariser（1995）指出，问责在公共部门的管理中有重要作用。根据美国政府审计准则（U.S. Government Auditing Standards），也称为“黄皮书”（The Yellow Book），问责意味着公共部门的官员、立法者及公民需要知道政府资金是否恰当地使用，政府项目和服务是否经济有效地营运。审计是问责的重要组成部分，黄皮书要求审计人员与被审计主体沟通审计发现，并且提供有助于改善政府营运的审计建

表5-1　**变量设计**

变量名称	变量描述
依存变量	
被审计主体管理层采纳审计建议	被审计主体管理层采纳审计建议，并且能提供有文件支持的行为计划和采纳建议后的效果
解释变量	
审计人员资历类变量	
教育背景	大学教育人员占全部审计人员的比例
职业资格	CPA、CIA、CISA、CGA证书持有者的数量
审计经验	审计人员从事政府审计工作的平均年数
独立性类变量	
报告关系	审计报告给谁（审计委员会，立法机构，城市管理层）
应有的职业关注类变量	
政府层面风险评估	以政府层面风险评估为基础，决定需要审计的领域
项目风险评估	对于每个项目，审计人员识别、分析和评估风险
风险基础审计	审计人员在编制审计测试方案时，考虑营运风险
跟踪事项记录	审计人员将审计发现记录在待办事项中，以便于后续跟踪
后续审计	审计人员实施后续审计，以检查是否采取行为
后续审计的及时性	后续审计在6个月到1年内实施
审计质量控制类变量	
监督审计工作	按适当程序对审计人员的工作底稿进行检查和审核
同业互查	最近5年，审计部门实施同业互查
与被审计主体关系类变量	
风险视角	审计开始前，审计人员了解管理层对风险的看法
向被审计主体管理层介绍审计情况	做出审计结论前，与被审计主体管理层沟通，概要介绍审计情况
被审计主体管理层审阅审计报告	审计报告最终确定之前，由被审计主体管理层审阅审计报告
授权类变量	
审计章程中明文规定的审计授权	地方政府立法机构已经确立审计章程，明文规定审计部门的角度和责任
审计角度	被审计主体管理层已经清楚地理解审计部门的角度和责任
审计范围	审计机关有权力审计政府所有的营运领域

议（Auditing Recommendations）。审计的真正益处来源于对改善审计建议的实施。为了获得这种益处，必须实行审计后续跟踪以确保审计建议的有效实施。美国注册会计师协会要求注册会计师对于前次审计中具有重要性的审计发现和建议实行跟踪。国际内部审计协会也要求对审计建议跟踪。根据内部审计准则，内部审计人员应该跟踪审计建议，以确保审计建议被采纳，并采取了适当的行动。

根据《单一审计法案》要求，接受联邦支助在10万美元及其以上的机构必须进行通用财务审计，并且对于具有重要性的违规要立即采取应对行动，一般来说，对于具有重要性的违规，资金使用单位必须将应对计划报告给联邦相关部门，说明不能或不需要采取行动的原因。

除了《单一审计法案》外，美国的一些州和地方政府也实施绩效审计和合规审计，如果没有后续跟踪来促进审计建议的实施，审计人员可能年复一年地提出同样的审计建议，而政府机构却不实施这种建议。

Brooks和Pariser（1995）以美国各州为对象，研究审计建议后续跟踪制度。那么，有效的后续跟踪审计制度（Effective Recommendations Follow-up System）具有什么特征呢？Brooks和Pariser（1995）认为，被审计主体管理层是审计建议实施的主要责任者，管理层必须建立一个流程来确保这种责任的履行。如果管理层没有这样的流程，审计人员应该帮助被审计主体建立这样的流程。有效的审计建议后续跟踪制度具有三个方面的特征：一是后续跟踪制度的环境因素；二是后续跟踪制度的程序；三是后续跟踪制度的使用。

环境因素创造有效跟踪制度的氛围，主要包括三个方面的内容：一是审计跟踪的政策基础。审计跟踪有立法规定后续跟踪制度、管理层制定后续跟踪的明确政策、在管理程序手册中对后续审计细节做出明文规定三种方式。二是遵守《单一审计法案》的要求。《单一审计法案》要求，对于具有重要性的违规要立即采取应对行动。三是实施审计建议的组织承诺。各州可以采用措施表明其实施审计建议的承诺。对不实施审计建议的被审计主体进行惩罚（Imposing Penalty），如停止拨款。其他的组织承诺方式包括：明确规定审计建议实施的责任者；对相关管理人员进行审计建议实施的培训。

后续跟踪制度是以一系列的程序保障审计建议的有效实施，包括以下内容：评估审计建议的影响；应对行动计划的选择；审计建议实施情况的定期评价；对于重要的审计建议给予特别关注；定期报告的编制和报送。

后续跟踪制度的使用是强化政府机构和人员责任的手段，具有三个方面的潜在作用：一是监视审计建议的实施情况；二是为预算资源配置提供信息；三是监视对法律法规的遵守情况。

那么，美国各州的后续跟踪审计制度是否具备上述特征呢？国家审计员协会（The National State Auditors Association，1992）的研究表明，50个州都建立了后续跟踪制度，以跟踪针对审计发现的更正行动。但是，这项研究并没有提供后继跟踪制度的细节。

Brooks和Pariser（1995）对50个州的后续跟踪制度进行问卷调查。环境因素调查结果见表5-2，数据显示，明确要求被审计主体提出应对行动计划的有20个州，明确要求编制和报送定期报告的有31个州。后续跟踪制度的使用调查结果见表5-3，根据这些调查结果，Brooks和Pariser（1995）认为，各州对审计建议后续跟踪制度都有一定的建设，但是各州有较大的差别。

表5-2 **后续跟踪制度的环境因素**

调查项目	回答“是”的数量	回答“否”的数量
已经建立审计建议后续跟踪制度	41	9
对审计建议实施情况编制定期报告	31	19
法规或管理层政策明确规定实行审计建议后续跟踪	28	22
法规或管理层政策明确要求编制应对行动计划	20	30
明文规定没有采用应对行动的被审计主体，将实施停止拨款的惩罚	13	37
明文规定没有采用应对行动的被审计主体，将实施停止拨款的惩罚，并且上述规定已经实行过	6	44
对被审计主体的相关管理人员进行审计建议实施的相关培训	1	49

表5-3 **后续跟踪制度的使用情况**

调查项目	回答“是”的数量	回答“否”的数量
监视法律法规的遵守情况	30	20
计划下年度的单一法案审计	28	22
计划下年度的一般项目的财务审计	22	28
测试财政预算	20	30
寻找需要绩效审计的领域	18	22
吸引媒体关注的领域	12	38
决定以后年度财政预算	10	40
监视和评价服务的努力和成绩	6	44

美国审计署（1990）指出，通过审计建议，政府审计组织经常揭示改善政府项目和营运的方式、方法。源于审计的真正利益不是审计建议，而是审计建议的实施。衡量审计组织的效果的重要指标是它关注的问题类型及这些问题的改进所产生的影响。当一项审计建议提交给政府机构之后，它的管理层是实施该项建议的主要责任者，但是审计师可以做许多工作，以改善这个建议使其有正确实施的可能性。

审计师可以通过以下途径来促进审计建议的实施：高质量的建议（Quality Rcommendations），审计结果的获取依赖于审计建议的质量，不能令人信服的审计建议是不会被采纳的，不能更正问题的审计建议是不可能达到预期目标的；责任担当（Commitment），当审计师对审计建议有责任担当时，审计师会做应该做的一切，以促使审计建议得以实施，没有这种责任担当，审计建议不会被采取应对的行动；积极的监控和跟踪（Aggressive Monitoring and Follow-up），接受审计建议不意味着会有期待的结果，有效的实施才会有效果，所以在取得结果之前持续的关注是必要的；对关键建议的特别关注（Special Attention to Key Recommendations），所有的审计建议都需要跟踪，有些涉及特别严重事项的建议应该给予特别关注。

Gill（2013）指出，为了确认管理层是否针对审计发现的问题进行了整改，审计师需要实施后续跟踪测试。尽管后续跟踪测试的范围及时间会因审计项目的不同而不同，但是国际内部审计准则"Standard 2500：Monitoring Progress"要求，内部审计部门要建立和保持后续跟踪测试流程。一般来说，后续跟踪测试主要是关注整改效果，可能出现两种结果：一是审计报告中提出的问题已经解决；二是审计报告中提出的问题没有解决。审计师、管理层及审计委员会当然希望听到问题已经解决的报告，但是如果后续跟踪测试表明，审计报告中提出的问题并没有解决，国际内部审计准则"Standard 2600：Communicating the Acceptance of Risks"要求，将这个结果报告给管理层或审计委员会，这样做可能会损害审计部门与被审计主体的关系。因此，如何实施后续跟踪测试？Gill（2013）认为，以下三个方面会增加后续跟踪测试成功的可能性：第一，检查被审计主体的管理者对整改行动的回应，在后续跟踪测试中，审计师要看管理层的整改行动计划，以确定管理层采取的行动是否针对审计报告提出的问题。一般来说，整改行动计划应该是详细的，要包括具体的行动、责任人、时间要求。审计师不能接受管理层含糊的回应。例如，"我们将审核现行程序并寻求改进"此类回应。第二，通过有效沟通以理解被审计主体在整改方面的努力。第三，审计师与被审计主体的相关人员分享对后续跟踪测试的期望。例如，在审计项目结束的会议上，被审计主体的参加人员通常应该包括管理层和操作层，这可能是管理层与操作层一起了解审计问题的机会，在这个会议上，审计师可以对审计发现的问题进行概括，并提出后续跟踪测试时的期望，可以使管理层和操作层理解后续跟踪程序。

Kenessy（2014）指出，根据国际内部审计准则"Standard 2500：Monitoring Progress"，内部审计部门要建立后续跟踪审计制度。对于审计建议的实施情况，实行一定的后续跟踪审计，会对内部审计产生很大的价值。内部审计的增值来源于已经确认的问题的解决。对于一些高风险问题，更需要实施后续跟踪审计。后续跟踪审计让审计人员验证审计建议的实施情况是否解决了发现的问题。后续跟踪审计要聚焦两个问题：第一，审计建议是否得到实施。为此，需要对审计建议的实施情况进行透彻的检查，对于高风险问题更应该如此。第二，审计建议的实施是否解决了所要解决的问题。这个问题通过远程的监视是无法解决的，需要额外的信息。审计师可能发现，有些表面很好的审计建议可能并未抓住问题的根源。如果发现审计建议不能解决发现的问题，则需要做进一步的工作，以决定什么样的审计建议能解决该问题。更为重要的是，通过后续跟踪审计，使得被审计主体对审计建议的实施负责。

Umor、Zakaria 和 Sulaiman（2016）研究绩效审计的后续审计效果受到哪些因素的影响，认为一些绩效审计未能产生预期的效果，重要的原因是绩效审计提出的建议没有得到实施。通过绩效审计报告了很多问题，但是这些问题没有得到解决，在以后的绩效审计中重复发生，从而出现屡审屡犯的问题（Repetitive Issues）。例如，不恰当支付、工程项目延滞、不合理成本超支、工作质量低下、不必要的设备、供应延滞、不能实现预期目标、公共设施的不恰当维护等。审计建议的数量并不重要，重要的是审计建议的实施。最高审计机关需要通过后续跟踪审计来关注被审计主体对审计建议的回应。国际最高审计机构组织的指导方针及 ISSAI 3000-3001 均要求对绩效审计实施后续审计，后续跟踪审计将会促进审计建议的有效实施，并且还能向最高审计机关、政府机构及政府提供绩效审计效果的反馈。后续跟踪审计作为问责机制的组成部分，需要多方的合作才能产生效果，这意味着，被审计主体、议会、公共账目委员会、媒体、公众都可能参与其中，所以最高审计机关应该重视相关方之间的信息沟通及观点或立场的表达，特别是对未能实施审计建议的批判性意见。为此，Umor、Zakaria 和 Sulaiman（2016）提出影响后续跟踪审计效果的概念框架如图 5-1 所示。

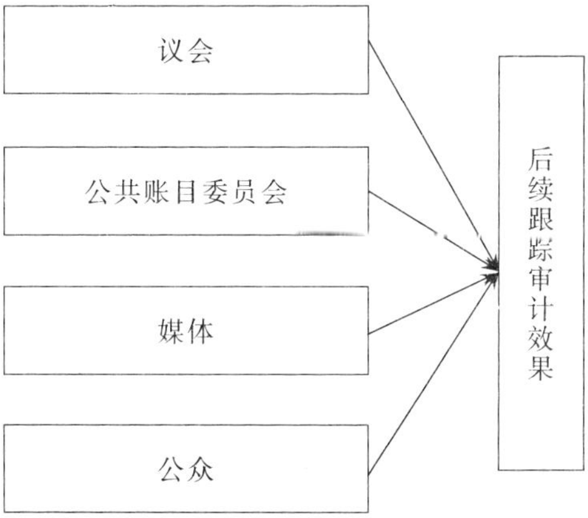

图 5-1　绩效审计效果的概念框架

在文献综述和理论分析的基础上，Umor、Zakaria 和 Sulaiman（2016）提出以下假设：

假设 1：议会对于绩效审计中发现的问题越是重视，审计师越会感受到后续跟踪审计的重要。

假设 2：公共账目委员会对于绩效审计中发现的问题越是重视，审计师越会感受到后续跟踪审计的重要。

假设 3：媒体对于绩效审计中发现的问题讨论越多，审计师越会感受到后续跟踪审计的重要。

假设 4：公众对于绩效审计中发现的问题越感兴趣，审计师越会感受到后续跟踪踪审计的重要。

Denetim、Denetimi和Denetimi（2016）指出，公共部门审计的功能促进了公共部门的问责及财政透明。既然如此，重视后续跟踪审计对于审计理论和审计实务的发展都具有重要意义。他们认为，后续跟踪审计应该作为公共部门审计的第四个阶段，相关的指引应该包括在政府审计机关的审计准则中。如果一个审计项目只是限于发现问题，并不指明未来的发展，这种审计最终会成为没有创造性的制度工具。也许在绩效审计的标签下，我们需要一个更宽泛的公共部门审计定义。绩效审计实质上不同于其他审计模式，绩效审计能提供解决办法，聚焦关键点，为优化公共管理提供具体的建议。必须承认，这些目标只有通过有效且恰当的后续跟踪审计才能达到。

●第二节　公共部门审计质量对审计成果应用的影响研究

一、审计客体感知的审计质量对审计建议采纳的影响研究

Caron和Haddock（1988）指出，美国国防部是一个复杂而庞大的组织，每年开支3 000多亿美元，人员数量有500多万，有1 200多个机构。为此，确认公共资金的使用责任是非常重要的。国防部有5 500多名内部审计人员，1987年上半年，这些审计人员完成了8 500多个审计报告，提供了43 000多条审计建议，产生的节约金额为14亿美元。很显然，在如此庞大的组织中，审计部门与被审计主体保持合作关系是非常重要的。那么，被审计主体究竟如何看待审计人员的。Caron和Haddock（1988）从已经完成的审计报告中，抽取237份报告，对被审计主体的相关人员进行问卷调查，收回有效问卷123份。调查结果见表5-4和表5-5。

表5-4　**审计过程和报告过程的调查结果**

评价项目		被审计主体的评价	
		数量	比例
审计过程	没有进点会议	21	17%
	没有有效的事先通告	17	14%
	没有经常的情况通报	42	34%
	没有与管理层经常沟通	34	28%
	没有结束会议	24	20%
报告过程	正式报告草案收到之前，未收到报告的工作草案	44	36%
	审计报告没有清楚地强调所有的目标	13	11%
	审计报告没有准确地描述审计发现	17	14%
	审计报告没有恰当的支撑材料	22	18%
	审计报告没有提出切实可行的审计建议	23	19%
	审计报告没有准确地描述管理状况	17	14%
	审计报告没有恰当地承认管理层的整改行为	13	11%

表5-5　　　　　　　　　　综合绩效的调查结果

评价项目	被审计主体的评价			
	不满意组*		满意组*	
	数量	比例	数量	比例
对于管理层来说，审计是有用的	40	33%	83	67%
审计师完全理解审计现状	42	36%	75	64%
现状被正确地表述	36	31%	80	69%
审计师有职业化水平	19	17%	94	83%
审计师是谦恭有礼的	11	11%	91	89%
审计师展现了技术能力	27	24%	84	76%
审计师能从对方的角度看问题	42	40%	64	60%
审计报告是公正的	34	28%	88	72%

注：每个评价项目都按10级量度，1~5级为不满意组，6~10级为满意组。

调查结果显示，国防部内部审计部门在许多方面还需要改进。同时，在审计建议方面，被审计主体的管理层会感到不安，其原因是审计师突然提出一个需要管理层解决的问题或审计建议，管理层需要决定问题是否存在并承认审计建议是至关重要的，而且在遵照执行时不会带来其他问题。对于上述这些方面，管理层当然会感到具有不确定性，操作层的管理人员会感到泄气，因为他们会被要求再次解释已经向审计人员解释过的问题。在一些情形下，审计人员也许根本就没有提出正确的问题，审计师与被审计主体关系有可能受到损害。此外，还有其他因素也可能损害这种关系，而这种关系的损害，最终会影响审计建议的实施。

为了优化审计师与被审计主体的关系，使审计建议的实施有良好的环境，Caron 和 Haddock（1988）提出以下建议：（1）关注被审计主体的最重要事项；（2）与被审计主体建立解决问题的合作关系；（3）与被审计主体共同审核审计发现，共同拟定审计报告草案；（4）对于审计发现，从被审计主体的角度进行充分考虑；（5）对于被审计主体的帮助性的建议予以充分的认可；（6）对于被审计主体已经实施的整改行为在审计报告中予以显现。通过上述六个方面的措施，被审计主体会有一种相互信任的团队感觉，使其更愿意接受审计建议并采取行动。

二、审计质量对审计建议采纳的影响研究

Setyaningrum et al.（2013）研究印度尼西亚共和国审计委员会（Audit Board of the Republic of Indonesia，BPK）的审计质量对地方政府审计建议的后续跟踪的影响，印度尼西亚共和国审计委员会是印度尼西亚唯一有资格审计政府机构的审计机关。

关于审计质量，有不同的观点。De Angelo（1981）认为，审计质量是发现问题并报告该问题的概率。Watkins et al.（2004）认为，可以用审计人员的质量来量

度审计质量。Cheng et al.（2013）用主成分分析法，提出审计人员质量的三个维度：教育、经验、培训。由于政府审计人员是公务员，这些人可能由于激励不足而不能完成高质量的审计工作，所以，Streim（1994）认为，审计人员的激励也是影响审计质量的重要因素。

高质量的审计人员可能会提出恰当的审计建议，这些审计建议符合被审计主体的环境条件。根据印度尼西亚共和国审计委员会（2012）的总结材料，2009—2013年，地方政府对审计建议的跟踪率是53.09%和26.96%。其他的审计建议有下列情形：没有跟踪；已经跟踪，但不是根据审计建议；无法跟踪。很显然，地方政府对审计建议的跟踪率不高。审计机关不能认为后续跟踪只是地方政府的职责，审计机关也需要发挥作用——提出地方政府容易采纳的审计建议。

Setyaningrum et al.（2013）研究审计人员质量对审计建议后续跟踪的影响。以审计项目负责人为对象，根据审计人员的任期、工作量、职业技能、职业教育、教育水平及激励等相关因素，采用主成分分析方法，提出反映审计人员质量的四个因素：经验、培训、激励、教育。然后，将这四个因素合成一个审计人员质量指数。

地方政府针对审计建议的后续跟踪变量，用以下公式计算：

$$\text{跟踪率} = \frac{\text{完全跟踪审计建议数量} + \text{无法跟踪审计建议数量}}{\text{提出的审计建议数量}}$$

Setyaningrum et al.（2013）还设置了审计意见类型、审计发现、地方政府规模、地方政府财政独立性、地方政府年龄、地方政府负责人教育背景等控制变量。

根据2010—2012年印度尼西亚共和国审计委员会对地方政府的审计数据，统计结果表明，地方政府审计人员的审计质量对地方政府针对审计建议的后续跟踪有显著的正面影响。这个发现表明，高质量的审计人员能提出恰当的审计建议，这种审计建议较容易被地方政府跟踪和采纳。

第三节　审计机关沟通策略及媒体在审计成果应用中的作用研究

一、审计机关的沟通策略研究

Gonzalez、Lopez和Garcia（2008）指出，最高审计机关以前很少公开它们的工作，20世纪90年代，少数审计机关开始出版手册供公众阅读，并建立与媒体的关系。当今，各国的最高审计机关都关注沟通问题。沟通政策完成了它们的问责循环，证明了它们的存在价值，沟通政策是影响它们效率及独立性的重要因素，并且是衡量它们影响力的重要尺度。

最高审计机关是独立的公共问责机构，为了有效地实施公共部门审计，最高审计机关需要向公众及国家机构报告其审计结果。审计报告是最高审计机关最重要的文献，也是公众了解政府机构的主要工具。然而，审计报告并不是唯一的沟通工具。所以，最高审计机关需要确立自己的沟通政策（Communication Policy）。

Gonzalez、Lopez和Garcia（2008）对23个欧盟国家最高审计机关进行问卷调查，问卷内容主要关注三个方面：最高审计机关强化与媒体关系所进行的活动；与媒体无关的其他沟通活动；最高审计机关的网站。调查结果如下：

关于最高审计机关强化与媒体关系所进行的活动包括五个调查项目：(1）最高审计机关是否有沟通系统将其工作和结果提供给媒体？91%的最高审计机关做出肯定性回复。(2）最高审计机关未来是否计划建立沟通系统？50%的最高审计机关做出肯定性回复。(3）最高审计机关的沟通系统是否有法律要求？45%的最高审计机关做出肯定性回复。(4）最高审计机关专职新闻部门人员数量是多少？47.6%的最高审计机关专职新闻部门人员在5人以上。(5）最高审计机关专职新闻部门人员做哪些工作？回复情况见表5-6。

表5-6　　**最高审计机关专职新闻部门完成的工作**

工作内容	回复情况			
	有该工作		没有该工作	
	数量	比例	数量	比例
检查报刊、广播、电视信息中关于审计机关的信息	20	95.2%	1	4.8%
检查报刊、广播、电视信息中关于被审计主体的信息	17	81%	4	19%
分析并向报刊、广播、电视发布关于最高审计机关的信息	19	90.5%	2	9.5%
分析并向报刊、广播、电视发布关于被审计主体的信息	14	66.7%	7	33.3%
为最高审计机关领导在公众形象方面提供咨询	14	66.7%	7	33.3%
准备关于最高审计机关的信息	18	85.7%	3	14.3%
发送报告给媒体	18	85.7%	3	14.3%
起草关于审计报告的新闻报道	18	85.7%	3	14.3%
告知媒体其他事项	18	85.7%	3	14.3%

与媒体无关的其他沟通活动包括九个调查项目：(1）为了创造容易识别的形象，最高审计机关是否有自己的徽标？73.9%的最高审计机关做出肯定性回复。(2）最高审计机关变换过徽标吗？52.9%的最高审计机关做出肯定性回复。(3）什么时候变更的徽标？55.6%的最高审计机关在3年前变更过徽标。(4）最高审计机关的徽标是否与其他国家机构的徽标相同？11.8%的最高审计机关做出肯定性回复。(5）最高审计机关为了宣传职能和发布审计结果，采取了哪些活动？回复结果见表5-7。(6）最高审计机关的哪些信息出现在其网站上？回复结果见表5-8。(7）在最高审计机关的网站上是否有已经完成的审计报告索引？81.8%的最高审计机关做出肯定性回复。(8）哪些与审计报告相关的信息披露在最高审计机关的网站上？回复结果见表5-9。(9）哪些信息还披露在最高审计机关的网站上？回复结果见表5-10。

表5-7 **最高审计机关的宣传活动**

活动项目	回复情况			
	有该活动		没有该活动	
	数量	比例	数量	比例
最高审计机关开放日	3	13%	20	87%
安排有兴趣的团体访问最高审计机关	15	65.2%	8	24.8%
公共服务、财政控制或管理的专门讨论日、特别日	12	52.2%	11	47.8%
会议	13	56.5%	10	43.5%
展览	5	21.7%	18	78.3%
宣传最高审计机关的材料（如手册、图书等）	21	91.3%	2	8.7%
专业性的出版物	9	39.1%	14	60.9%
在公众可及的报刊上发布审计报告	10	43.5%	13	56.5%
媒体宣传	4	17.4%	19	82.65%
公众可及的网站	22	98.7%	1	4.3%

表5-8 **最高审计机关网站上出现的信息**

信息类型	回复情况			
	有该信息		没有该信息	
	数量	比例	数量	比例
意愿、目标、价值观	21	95.5%	1	4.5%
组织结构	22	100%	—	—
营运	19	86.4%	3	13.6%
国际关系或活动	20	90.9%	2	9.1%
地点	20	90.9%	2	9.1%
历史	21	95.5%	1	4.5%
法律	21	95.5%	1	4.5%

表5-9 **最高审计机关网站上披露的审计报告信息**

信息类型	回复情况			
	有该信息		没有该信息	
	数量	比例	数量	比例
完整的审计报告	20	90.9%	2	9.1%
审计报告的内容摘要	17	77.3%	5	22.7%
审计报告的新闻报道	13	59.1%	9	40.9%

表5-10　**最高审计机关网站上披露的其他信息**

信息类型	回复情况			
	有该信息		没有该信息	
	数量	比例	数量	比例
年度报告	20	90.9%	2	9.1%
员工招聘及培训信息	16	72.7%	6	27.3%
最高审计机关组织的特别日、会议和研讨信息	13	59.1%	9	40.9%
最高审计机关组织的特别日、会议和研讨的出版物或其他同类事项的出版物	9	40.9%	13	59.1%
促进最高审计机关工作的出版物	12	54.5%	10	45.5%
公共财政财务管理的出版物	7	31.8%	15	68.2%
报刊中关于最高审计机关的信息	6	27.3%	16	72.7%

关于最高审计机关的网站有四个调查项目：（1）最高审计机关网站建立的时间有多久？72.7%的最高审计机关是5年前建立的。（2）最高审计机关的网站点击率如何？42.9%的最高审计机关网站点击率在4万次以上。（3）最高审计机关对网站的设计、可利用性、可及性的满意程度如何？14.3%的最高审计机关回复非常满意，61.9%的最高审计机关回复满意。（4）涉及最高审计机关网站的设计、可利用性、可及性的哪些特征出现在网站上？回复情况见表5-11。

表5-11　**最高审计机关网站在设计、可利用性、可及性方面的特征**

特征类型	回复情况			
	有该特征		没有该特征	
	数量	比例	数量	比例
主页上的链接可直接通向审计报告页	20	90.9%	2	9.1%
网站地图指示网站内容	15	68.2%	7	31.8%
与其他网站的链接	21	95.5%	1	4.5%
有超级链接系统	15	68.2%	7	31.8%
使用电子表格加工信息	19	68.4%	3	13.6%
使用不同语言	16	72.7%	6	27.3%
为请求信息或解释提供了不同的邮件信箱	18	81.8%	4	18.2%

此外，Gonzalez、Lopez和Garcia（2008）还根据上述问卷调查数据进行了聚类分析。

二、媒体在审计成果应用中的作用研究

Dye（2009）指出，如果审计机关做了很彻底的工作，但是公共账目委员会或其他委员会并没有关注这些工作，或者也没有举行听证，那么审计机关会遇到困难。审计机关必须承认审计报告可能没有被认真阅读，或者根本就没有被阅读，为

此，审计机关需要找到一种方式，使得议会关注审计机关的良好工作成果，这其中的重要方式就是通过媒体将审计机关的信息带给议会。审计机关成为媒体的合作伙伴，但没有丧失其独立性。另外，媒体在让公众知晓最高审计机关在国家治理中的角度和贡献方面也是重要的渠道之一。知晓信息的公众对选举出的代表具有公共压力，这种压力将会导致更多的公共责任履行，最终导致更多的透明及公共资源的良好管理。

Bringselius（2010）指出，瑞典最高审计机关经常将审计结果的影响作为其成功与否的衡量尺度，为了扩大其影响，媒体成为重要的角色。一般来说，要求政府审计机关保持独立性，如果媒体能影响绩效审计过程或结果，或审计对象的选择，则审计机关独立性受到损害。然而，多数的政府审计机关仍然认为媒体造成的影响是很关键的。这其中的一个原因可能是要证明审计机关存在的正当性，当其提出的审计建议不具有强制性时更是如此。绩效审计的目的是增加价值，如果审计机关的审计项目不能增加价值，则其从事的绩效审计可能难以让人认为是有价值的工作。审计效果可从两个方面来量度：一是媒体报道覆盖率，又称为媒体影响（Media Impact）；二是审计带来的结果，又称为量化影响（Measure Impact）。对媒体可以有两种解释：一是媒体作为信息传播路径；二是媒体是将压力带给审计客体和议会的工具。瑞典最高审计机关为了得到量化影响，致力于媒体影响最大化，部分原因是绩效审计不是法定的，而其结果是对独立性形成了损害。

Gonzalez-Diaz、Garcia-Fernandez和Lopez-Diaz（2013）指出，根据国际最高审计机构组织的调查，大多数国家的最高审计机关都在审计之后召开新闻发布会，聘用沟通专家总结和简化审计报告。少数国家的最高审计机关设置新闻办公室，向记者和媒体开放，也会召开新闻发布会，并且与媒体定期会面。几乎所有国家的最高审计机关都有网站，公开其法律框架，包括授权、责任、营运、战略、审计方法，并公开其审计报告。少数国家的最高审计机关还通过网络进行民意调查，并提供渠道让公众提供信息或反馈意见。基于多种原因，最高审计机关需要确定其沟通策略，其中一个重要的方面是沟通有助于最高审计机关反腐败，同时通过媒体宣传，有助于将社会的注意力集聚到审计机关发现的腐败案例上。Gonzalez-Diaz、Garcia-Fernandez和Lopez-Diaz（2013）认为，最高审计机关通过沟通策略主要解决三个关键问题：目标受众（Target Audience）、信息生产（Message Production）、信息传递技术（Techniques to Convey the Message）。由于沟通策略不同，上述三个方面的选择也会不同。

Bringselius（2014）指出，最高审计机关是公共问责的重要组成部分，然而，在回应利益相关者的需求和其独立性之间保持平衡是具有挑战性的。在最高审计机关与各个方面的关系中，一些文献强调最高审计机关与中央政府的关系。Bringselius（2014）研究最高审计机关与媒体之间的关系，指出对于最高审计机关来说，确保审计结果的传播和回应渠道是非常重要的，而媒体就是重要的渠道之一，媒体能影响公共政策和公共态度。最高审计机关与媒体的关系，如同其与中央政府的关系，既不能太远而失去联系，也不能太近而损害独立性。Bringselius（2014）以瑞典最高审计机关为对象，聚焦绩效审计，研究最高审计机关采取审计结果最大化的媒体报道策略的后果。

为了审计结果具有可信性，独立性对审计机关是至关重要的。一般来说，审计机关的审计过程包括五个步骤：步骤一，审计领域或审计问题的选择；步骤二，审计对象的选择；步骤三，审计方法的选择；步骤四，审计结论的形成；步骤五，审计结果的传播。上述五个步骤中，步骤二到步骤四是独立性的核心，而步骤五不但会影响独立性，也会影响与独立性相关的其他三个步骤。审计结果传播策略有较多的内容，其中，较高的媒体报道率通常是审计机关工作价值的标志之一。审计机关重视媒体的一个重要原因是需要媒体表明其提供的公共价值。审计机关聚焦问题领域是其传统，是其发挥价值的方式之一。积极的审计结果可能引起议会、公众、行政及被审计主体的兴趣，由于只聚焦到问题领域，使得学习和奖励良好业绩的机会丧失。正如有人指出，为了引起媒体及其他利益相关者的兴趣或关注，审计机关主要生产批判性报告，这种对负面性的强调显现在审计项目的选择和审计结论的形成上。审计机关的这种态度，会影响其与被审计主体的关系。如果审计目的是解决问题，采取合作的方式可能更加有效，批判性的评论以真诚、职业的方式表达出来，并不需要以媒体为中介向公众对抗。由于媒体对丑闻有较大的兴趣，所以，合规审计比绩效审计会引起更多的媒体报道。为了迎合媒体的这种兴趣，审计机关在选择绩效审计项目时，可能会偏好政治争论和公共政策制定。总体来说，审计机关基于最大化其审计结果的媒体传播，可能产生三类风险：一是在绩效审计中采取合规审计的模式；二是审计项目选择及审计结论聚焦负面；三是在选择审计项目时偏好政策制定，这些风险都可能损害审计过程的独立性。

长期以来，瑞典最高审计机关实行审计结果最大化的媒体报道策略，重视媒体报道。Bringselius（2014）采取两种研究方法：一是案例研究，主要研究2002年5月—2007年6月的审计项目；二是现场访谈，共访谈92位瑞典最高审计机关人员。研究结果表明，最高审计机关实行审计结果最大化的媒体报道策略确实会带来一些风险。例如，在与行政系统的关系方面，如果采取公开的批判性立场，会挑战审计机关的中立立场和独立性。

第四节　公众、公民社会及其他利益相关者在公共部门审计成果应用中的作用研究

Ramkumar和Krafchik（2005）指出，政府审计机关在公共问责中发挥了重要的作用，然而，一些发展中国家的政府审计仍然存在一些问题，这些问题的产生原因有多个。例如，财务资源及技术的限制；独立性的缺乏；与议会和公民社会的沟通不好等。公民社会参与预算已经有很大的发展，然而，公民社会参与预算执行之

后的审计还是很少的。在这方面，政府审计机关与公民社会之间的互动非常有限。

尽管政府审计机关在公共部门问责中有重要的地位，然而，一些国家的政府审计还是存在一些缺陷。例如，一些国家的政府审计不是向议会负责，从而受到行政系统的干预；一些国家的审计机关缺乏使违规责任者受到处罚的权力；一些国家的审计机关缺乏恰当的权力，以决定审计谁、如何公告审计发现；一些发展中国家的审计机关缺乏技术熟练的审计人员；一些国家的审计机关还缺乏恰当的财务资源以支持其有效地开展工作；一些国家的审计机关向议会或其下属的公共账目委员会报告工作，由于时间有限，公共账目委员会只能关注一些审计报告或审计发现，会妨碍公共账目委员会关注到最重要的审计发现，在这种情形下，审计报告可能被束之高阁，没有任何针对性的实施行动。国际最高审计机构组织（2001）发布的对113个国家的调查也表明，政府审计机关存在不少的问题。其中，有41个国家的审计机关认为，审计制度在宪政层面存在很大的完善空间；有73个国家的审计机关认为，在财务独立性方面存在很大的完善空间；有63个国家的审计机关认为，在营运独立性方面存在很大的完善空间；有33个国家的审计机关认为，在自由发布审计结果方面存在很大的完善空间。政府审计机关存在的上述问题表明，它们需要与公民社会合作。

一些国家的公民社会在对公共部门的审计中已经发挥作用。在印度，公民社会通过社会审计（Social Audits）来跟踪社区的开支，这种审计包括收集信息、整理信息、发布信息、公众听证、后续跟踪五个阶段。在南非，公民社会跟踪审计机关的审计建议实施情况。在菲律宾，公民社会直接参与审计机关的审计项目。根据一些国家的政府审计机关与公民社会合作的经验，Ramkumar和Krafchik（2005）给政府审计机关提出以下建议：第一，公民社会对公共财政的管理能力，为了有利于积极分子的产生，政府审计机关的审计报告需要具有可理解性，并且要广泛传播，以便公众能及时、免费地获得信息。第二，公民社会具有网络和专长特征，能发现潜在的腐败并报告给政府审计机关，为了充分利用公民社会的这种网络和专长特征，最高审计机关需要创建一个沟通渠道，使得公民社会能报告这些信息以启动正式审计。第三，公民社会在绩效审计和采购审计方面，对政府审计机关起到补充作用。第四，公民社会和外部利益相关者能监督行政系统，并对其施加压力以督促政府机构实施审计建议，公民社会还可以通过其网络特征为审计建议的实施施加政治压力，以促进政府审计机关参与政治过程。第五，公民社会在监督公共项目或工程方面有创新的技术或方法，政府审计机关可以运用恰当的审计程序，借鉴或采纳这些技术或方法。

Pyun（2006）指出，随着社会文明的发展，公民社会（Civil Society）越来越关注政府如何使用纳税人的钱，而最高审计机关主要监督政府机构如何使用公共资源，所以公民社会与最高审计机关的工作具有相关性和相似性。一方面，二者可以信息共享，公民社会可以使用政府审计的一些信息来监督政府机构，最高审计机关也可以使用公民社会提供的一些信息；另一方面，公民社会与最高审计机关也会产生矛盾。例如，公民社会要求提供一些涉及国家机密的信息，最高审计机关就难以提供；公民社会希望最高审计机关更透明，而最高审计机关可能采取消极态度；公民社会希望最高审计机关对一些与公共利益关联的事项进行审计，而最高审计机关可能没有实施这种审计；公民社会希望最高审计机关不只是开展合规审计，还要开展绩效审计，还希望直接或间接地参与最高审计机关的审计项目，而最高审计机关并不能完全满足这种需求。

韩国审计监察委员会（Board of Audit and Inspection，BAI）采取多种措施，加强与公民社会的联系。

1.政策顾问委员会和顾问小组

韩国审计监察委员会设立政策顾问委员会（Policy Advisory Committee），作为审计监察委员会主席的顾问，委员会成员是公民社会组织的专家。这个委员会就审计方向、审计政策和沟通事项向主席提建议。除了这个顾问委员会，审计监察委员会各业务局还设立各自的顾问小组（Advisory Groups），小组成员来自各业务局审计领域有关的研究机构的专业人士。

2.审计事前公告系统

为了鼓励公民的参与，审计监察委员会建立了审计事前公告系统（Advance Notice Audit System），提前向公众公开审计项目的时间和范围，通过这个系统，审计监察委员会能收到公众关于拟审计事项的相关信息。

3.公民审计请求系统

为了提高审计的及时性，审计监察委员会建立了公民审计请求系统（Citizens' Audit Request System），公民可以请求对某些存在违规行为的公共部门进行审计。收到这些审计请求之后，审计监察委员会内部的公民审计要求筛选委员会（Citizens Audit Request Screening Committee）做出是否接受这种审计请求的决定，如果接受了，则通知请求者并向其通报审计结果。

4.审计报告全文披露

以前，审计报告并未全文披露，只是披露一个摘要。然而，一些公众组织要求披露审计报告全文，审计监察委员会已经决定披露审计报告全文（涉及国家机密的除外）。

5.对审计监察委员会的监督

审计监察委员会内部建立了严格的内部控制制度。审计监察委员会设立监察长，负责内部审计，并被授权监督审计监察委员会的审计人员，还检查这些人的私生活。然而，公民社会批评审计监察委员会监督方面存在的缺陷。审计监察委员会计划从公民中选任监察长和内部审计负责人。

Ramkumar（2007）指出，过去10年，一些国家的非政府组织参与预算透明及问责活动。2006年10月，国际预算项目（International Budget Project，IBP）发布了59个国家的预算透明情况，其中也包括审计过程的透明情况。关于审计过程透明度的评价是基于国际最高审计机构组织的推荐和《利马宣言——审计规则指南》

(Lima Declaration of Guidelines on Auditing Precepts) 中的审计信条。调查发现，一些国家的审计机关的审计过程缺乏透明度，主要表现在以下几个方面：在59个国家中，有23个国家在预算年度结束后的24个月内没有审计报告或没有向公众披露；有10个国家的议会没有收到审计报告；有25个国家的审计报告没有内容摘要（便于公众理解审计报告的内容）；有30个国家的行政系统、立法机关和审计机关都没有实施审计建议。这些调查发现表明，公众无法通过审计渠道来监督公共资源的使用，因为他们不知晓审计发现，也没有介入审计过程。

2006年12月，国际预算项目联合其他国际组织，在马尼拉召开"公民社会参与公共问责"的研讨会，在这个会议上，一些国家介绍了公民社会与政府审计机关的合作情况。一些国家的公民社会已经参与到审计过程中。在印度，公民社会开展了对政府机构开支的社会审计；在南非，公民社会跟踪审计报告中发现问题的整改情况；在菲律宾，公民社会与政府审计机关开展联合审计；在墨西哥，公民社会为政府审计机关提供信息；在韩国，公民社会可以向政府审计机关提出审计请求；在阿根廷，公民社会因为得不到相关的审计信息而提起诉讼并获胜。一些国家的审计机关也为公民社会参与审计建立了相应的渠道。韩国建立了正式的公民请求的审计系统，以鼓励公众参与审计；菲律宾审计机关与几个公民社会建立了正式的合作关系；印度的公民社会审计得到一些地方政府的推广，要求政府对审计的结果采取行动；墨西哥政府要求政府机构向公众提供信息，促进审计建议的实施。

Ramkumar（2007）认为，总体来说，根据这次会议的研讨，关于公民社会与政府审计机关的合作，有以下结论：（1）公民社会与政府审计机关有多种广泛的合作空间。具体来说，包括公民社会实施独立审计；公民社会运用政府审计机关提供的审计发现来向政府机构问责；公民社会与政府审计机关在工作中合作。（2）为了改进对政府的监督和公共服务的提供，公民社会越来越关注审计过程。（3）政府审计机关越来越接受公众参与其审计过程。（4）政府审计机关与公民社会都关注它们之间合作的一些事项。例如，政府审计机关有责任向议会报告工作，但是没有责任向公众报告；政府审计机关担心，由于与公民社会合作，其中立性可能会受到损害；政府审计机关还没有适当的程序来选择与其合作的公民社会；如果没有财务回报，公民社会缺乏参与政府审计过程的资源；如果公民社会参与审计时缺乏制衡，公民社会也可能会腐败或形成"无形"的关系；政府审计的整体制度设计并不是完全针对舞弊的。

Zyl、Ramkumar和Renzio（2009）指出，对于许多发展中国家来说，不按预算花钱、低质量的预算信息、公共服务的低效率等因素都对其发展过程形成不利的影响。最高审计机关本来是可以在这些方面发挥作用的，但是许多发展中国家的最高审计机关面临较多的障碍。最高审计机关与议会、公民社会（Civil Society）形成联盟，可能是克服这些障碍的有效方式。最高审计机关发现，仅仅识别错误、舞弊是不够的，找到让管理者根据审计发现采取行动的路径是更加重要的。对于最高审计机关来说，有些挑战其自身是难以克服的，但是立法机关和公民社会在帮助最高审计机关应对这些挑战方面可以发挥重要作用。立法机关和公民社会不仅能帮助最高审计机关解决技术问题，还能帮助最高审计机关克服政治和沟通方面的困难。多数国家的立法机关在强制应用审计成果和实施审计建议方面发挥重要的作用。然而，最高审计机关需要调查预算执行情况，并发现存在的问题，有些时候，最高审计机关的报告可能是关于预算执行的唯一、独立的信息来源，在这种意义上来说，也是获取政府效率和效果信息的唯一来源。在最高审计机关面临的挑战中，一个重要的政治挑战是缺乏足够的权威来保障行政系统针对审计发现和审计建议采取整改行动。在许多情形下，最高审计机关设法及时地完成审计项目，并且提出好的审计建议，但是这些审计成果被行政系统忽视或没有完全实施。虽然司法型审计可以强制实施其审计建议，但是在这种审计体制下，不少的审计建议还是被忽视了，一些违规的责任者还是没有受到惩罚。与政治挑战相关联的是，最高审计机关如何改善与立法机关、公民社会、媒体及公众的沟通。如果立法机关、公民社会不能理解审计报告的内容和重要性，或者立法机关、公民社会不能将关注的重点传递给最高审计机关，则最高审计机关的影响力可能会较弱。

不同的审计体制还有其各自的挑战。在独任模式（Monocratic Model）下，审计机关不能直接强制行政系统实施审计建议，而是要完全依赖立法机关。如果立法机关执行力度较弱，无论最高审计机关的地位如何，这种审计体制都是无效的。委员会模式（Board Model）与独任模式很相似，只是审计机关的领导者是一个委员会，而不是个人。在委员会模式下，审计机关仍然完全依赖立法机关来实施其审计建议。在法庭模式（Court Model）下，审计机关是法院，能对责任人直接进行处罚。但是，如果审计机关的关键人物不理解他们的角色或不具备相应的技能，这种复杂的制度将难以有效运转，在这种情形下，最高审计机关将徒有虚名。另外，法庭模式的审计体制可能会过于关注合规审计，而对绩效审计缺乏应有的关注。同时，这种审计体制还可能导致审计公开的透明度降低。

最高审计机关在应对上述各种挑战时，立法机关和公民社会都可以发挥重要作用。但是，需要最高审计机关积极主动地与这些机构形成联盟。审计机关一直强调其独立性，如果独立性是用于防护各方对审计的干预，这是有益于审计的，但是如果在独立性的旗号下，将审计机关与立法机关、公民社会、公众和其他相关者分离，则独立性成为降低效率、效果的因素。最高审计机关可以采取以下措施来发挥立法机关和公民社会在审计成果应用中的作用：第一，及时提交审计报告。根据调查，多数的最高审计机关不能在财政年度结束之后的12个月内提交审计报告。这种严重的审计延滞导致审计发现的问题主体被免除惩罚。审计延滞的另外一个严重后果是，当发现问题时，环境已经发生很大的变化，采取任何的行动已经没有意义了，或者是根本无法采取行动了。第二，帮助他人理解审计报告。审计报告除了要明晰和简洁外，由于其技术性，需要审计机关提供技术名词词汇表和通俗版的报告摘要，限制审计报告的篇幅，将技术细节作为附录，对审计发现问题进行重要性排序。第三，培训外部利益相关者。由于审计具有技术性，很多人没有能力来认知最高审计机关的审计报告。因此，对外部利益相关者进行审计报告相关知识的培训，可以增强其接受、阅读并回应审计报告的能力。接受培训的外部利益相关者包括立法机关、公民社会和媒体的从业人员。第四，寻求帮助。审计机关在选择审计主体时，可能听取外部利益相关者的建议。除了听取立法机关的建议外，一些国家的审计机关还设置热线或其他专门渠道来收集公众和外部利益相关者的建议。第五，促进后续跟踪。前面已经指出，审计建议被忽视或不被采用是审计机关面临的一个重要挑战。一些国家的审计机关在这方面建立了一些有意义的机制来应对这个问题。例如，匈牙利的最高审计机关的审计报告包括政府需要采取行动的建议，被审计主体需要根据这些审计建议，提交一个行动计划，审计机关跟踪这个行动计划的实施情况。在以后的审计报告中，最高审计机关还会评价被审计主体对审计建议的回应。一些国家的最高审计机关公开审计建议实施进程，例如，法国审计法院每3个月跟踪一次审计建议实施进程；奥地利最高审计机关的年度报告中列示前一年度的审计建议实施情况；德国最高审计机关专门出版审计影响报告，记录审计建议实施情况。

Nino（2010）指出，最高审计机关的主要职责是对公共部门进行监督，而民间机构也发挥对公共部门的监督作用，这两种监督有各自己的特征，如果能互动，则可能会对双方职能的发挥有促进作用。Nino（2010）以一些发展中国家为对象，调查了这两个机构的互动方式，调查主要分为两个路径：一是向公众公开审计信息；二是公众参与审计。具体来说，向公众公开审计信息有四个方面的内容：最高审计机关向公众公开审计产品；披露外部审计系统的相关组织信息；向公众披露审计项目选择的相关信息，并提供公众参与选择的渠道；就外部审计体系的相关内容，对公众进行培训。公众参与审计也包括四个方面的内容：公众可以向最高审计机关投诉；公众参与审计项目的选择；公众监督委员会与最高审计机关的合作；公众参与监督审计的实施。

Nino（2010）指出，对权力部门进行外部监督是非常重要的。然而，权力监督部门的报告并没有得到公众的认可，并且公民社会通常也不认为权力监督部门是其能参与的地方。然而，近些年来，这些情况有些变化，要求这些监督机构建立透明的、公众可及的信息渠道以鼓励公众参与的机制，这种需求与日俱增。最高审计机关是重要的权力监督部门之一，公民社会又是权力部门的外部监督者，因此，最高审计机关需要与公民社会合作。对于公民社会来说，最高审计机关在信息渠道、人力和财务资源、技术工具等方面具有优势。然而，公民社会也有自己的特征，体现在以下几个方面：将监督中获得的信息用于具体的倡导行动；接近公共服务的提供及这些服务的使用者；对实施中的政府项目具有敏感性；不受时间和程序上的限制，而最高审计机关需要受到这些限制；官僚化程度低。因此，双方是互补的角色，最高审计机关的审计报告及其他信息，可以作为公民社会的行为起点或信息基础，而最高审计机关也能从这种合作中得益，这种合作不仅能提升审计工作的影响力，还能提高审计监督的质量。当审计报告对违规问题的政府机构没有足够的影响时，外部利益相关者的参与会有助于改变这个状况。各国最高审计机关在这方面有些成功的经验，主要包括：传播审计报告；披露最高审计的相关信息；将审计项目选择的信息向公众传播，并将审计项目的选择过程向公众开放；对公众进行审计相关知识的培训；审计机关接受公众投诉并予以记录；公众参与审计项目的选择；与公民社会的合作审计；公众、公民社会参与审计建议实施的监督。

Reed（2013）指出，审计机关是财务规制和反腐败的重要支柱。然而，审计机关要真正地在财务规制和反腐败方面发挥作用，需要具备许多条件。这些条件不只是审计机关的专长和能力，还有很多的其他因素。例如，审计报告的可理解性；审计发现如何沟通；其他的制度或机构如何参与审计建议的实施等。正如有人指出的那样，审计机关是完美的，但是只有当其他制度或机构的后续跟踪及媒体的压力存在时，审计机关才会真正有效。Reed（2013）以前南斯拉夫国家为对象，研究审计机关如何与利益相关者（包括外部利益相关者及被审计主体）合作，以促进审计效率和审计影响。

Reed（2013）认为，在审计的全过程中，审计机关可以与利益相关者合作。选择审计客体是非常重要的，一方面，确保审计定位准确；另一方面，给外部利益相关者在选择审计客体方面提供表达意见的机会。在这个阶段，要处理好审计机关独立性，整合利益相关者建议的关系。在这方面，前南斯拉夫国家存在较大的差异，有的国家有正式的制度安排，有的国家没有正式的渠道。特别是，由于审计机关一般都是按年度确定其审计计划，然后实施这个年度计划，如果不能改变计划，则其他外部利益相关者的审计诉求即使被采纳，也需要在下个年度实施，这无疑会形成期望差。一种可行的办法是将年度审计预留出一些时间，以增加这些临时的审计项目。

在审计过程中，审计机关也可以与利益相关者合作。一方面，可以从外部利益相关者处获取资料；另一方面，在有些情形下，还可以请外部利益相关者参与审计过程。另外，在确认审计发现时，需要被审计主体的合作，没有被审计主体的合作，审计机关无法确定其认定的审计发现是否真的就是如此。在这方面，前南斯拉夫国家存在较大的差异，有的国家有规定的程序让被审计主体确认审计发现，有的国家则没有这种规定。

审计是具有专门技术的，对于利益相关者来说，理解这些审计技术是存在困难的，所以审计机关必须将其审计发现和审计建议以普通人容易理解的方式表现出来。一些国家的审计机关的审计报告中有“审计发现概要”，以通俗的语言表述审计发现和审计建议，这为外部利益相关者提供了便利，使其能够抓住最重要的审计发现和审计建议，并且不用阅读全部审计报告。此外，如果让审计报告的使用者自己去阅读审计报告，则媒体可能关注于故事性，政治家可能为其政治议程寻找支持材料，这样就偏离了审计机关的意图。

在后续阶段，由于各国家的审计体制不同，后续阶段的工作也就不同。一些国家的审计机关可以直接对责任人进行处理处罚，另一些国家的审计机关只是将其发现的建议报告提交给国家机构，由这些国家机构来实施后续问责。还有一些国家的审计机关将其发现传播给非政府机构（如媒体、非营利组织等），这个问责路径与官方问责路径同样重要，如果正式的官方问责制度没有建立起来，则这种路径就更重要了。

Akyel和Köse（2013）指出，真正的民主依赖于公众的参与，而公众有获得公共政策及其实施结果的信息渠道，是这种参与的前提条件。最高审计机关是重要的信息渠道之一，因此，最高审计机关有责任与公众合作，促进公众参与民主治理，进而达到良治的目标。国际最高审计机构组织指出，最高审计机关与公众的合作对于双方都有好处，因为双方的共同目标是增加政府效率、保护公共治理、促进透明、保障公共部门履行责任，最终促进共同发展。良治需要持续的监督，以确保政策按原意实施、战略目标得以实现、政府整体表现符合公众的期望和需要。最高审计机关对政府及其机构的开支和职责履行情况进行评估，成为公共部门透明和问责机制的重要要素。最高审计机关的审计结果反映政府满足公众需求或期望的真实状况，并及时准确地提供政府开支的信息。通过提供具有可靠性的信息，最高审计机关帮助公众知晓政府开支，帮助公众履行监督角色，使得公众能跟踪审计发现并且能促进最高审计机关的审计建议的实施。最高审计机关可以直接与公众互动，也可以通过一些合作者或渠道与公众间接互动，议会、媒体、公民社会都是合作者或渠道，这些组织的目标都是确保政府对公众负责，媒体、公民社会、公众使用审计报告作为事实基础，提供无偏向的政府绩效信息。为此，最高审计机关必须向公众报告审计发现和审计结论，确保公众有渠道获得这些信息。与公民社会的合作对最高审计机关也是有益处的，因为这种合作可以提高最高审计机关的影响力。有些时候，审计报告并不能对有违规行为的政府机构产生有效的影响，在这种情形下，最高审计机关通过与外部利益相关者的合作，使审计发现的问题得到整改的可能性大大提高。一般来说，为了促进公众参与治理，最高审计机关需要做到以下几个方面：通过媒体、网站和其他手段，及时广泛地传播审计活动和审计结果；与媒体或其他有兴趣的团体沟通审计结果，并且这种沟通是公众所能看到的；鼓励公众或学术界对其最重要的结论产生兴趣；充分听取外部建议，以提高审计工作的质量。

Cornejo、Guillan和Lavin（2013）指出，政府审计机关是公共部门问责机制的制定者。近些年来，越来越受到关注的一个优化政府审计绩效的机制是与外部利益相关者合作，特别是与公众、公民社会的合作。Cornejo、Guillan和Lavin（2013）将政府审计机关与公民社会合作的好处归纳为：

公众、公民社会帮助政府审计机关识别可能需要审计的领域。例如，管理不善、低效率、腐败等；公众为政府审计机关在审计过程中提供信息；公民社会在一些特殊领域为政府审计过程提供专业方面的支持；公民社会对审计发现提供补充性调查；公众、公民社会能对立法机关或行政系统施加压力，促使它们采取整改行为，并且监督审计决定和审计建议的执行情况；公众、公民社会监督政府审计机关领导的任命，以强化这种机制的自主性；政府审计机关可以从公民社会中借鉴一些技术和方法；政府审计机关能为公众提供信息，有助于公众参与问责活动；政府审计机关能为非专业人士提供可靠性的信息；政府审计能帮助公众建立参与财政管理和监督的能力。

Köse和Baimyrzaeva（2014）指出，政府审计机关和公民社会是监督公共部门的外部机构，它们之间需要合作，这种合作关系对双方都是有益的。首先，公民社会的社会问责需要信息，而政府审计机关有这类信息；其次，公民社会也能为政府审计机关提供其需要的信息；最后，双方的合作能使得彼此都更有力量。那么，政府审计机关与公民社会之间是如何合作的呢？Köse和Baimyrzaeva（2014）指出，根据国际最高审计机构组织的调查，政府审计机关与公民社会的合作关系主要有三个层级：层级一，通过各种方式为公众提供信息。例如，审计机关政府通过网站、媒体、会议等方式提供审计报告；政府审计机关通过邮件或网站等方式对公众的信息需求做出回应。多数的审计机关属于这个层级。层级二，咨询公众。政府审计机关通过网站、邮件、调查问卷及会议等方式收集公众意见，有的政府审计机关还建立专门的热线。层级三，在审计的各阶段联合决策，包括审计规划阶段、现场审计和证据收集阶段、报告阶段及后续跟踪阶段。尽管政府审计机关与公民社会合作对于双方都有益处，但是，总体来说，合作状况并不好，其主要的原因是：公众并不关注政府审计机关及其工作的存在；政府审计机关及公民社会有自己的兴趣，这些兴趣并不总是符合公众利益；政府审计机关与公民社会存在文化差异；政府审计机关人员的能力及知识有限。

第五节　公共部门审计的政治影响及在腐败治理中的作用研究

一、公共部门审计的政治影响研究

Czasche-Meseke（1995）分析德国联邦审计院对公共政策决策的影响。德国联邦审计院（Federal Court of Audit，FCA）完成“Eurofighter 2000”审计项目之后，拨款委员会主席Walthe在《波恩日报》上发表文章，标题就是“Federal Court of Audit must not Make Policy”，他认为，“联邦审计院的工作是审计政府营运是否为纳税人的钱提供了良好的价值，政府是否需要飞机及需要多少飞机与联邦审计院无关。”那么，联邦审计院没有必要涉及政策事项吗？

20世纪70年代末，法律专家强烈地持有一种观点——政府审计机关不能对政府相关项目结果进行审计。他们认为，政府审计机关只能对实现政策目标的手段是否存在非效率或不适当提供证据，任何超出这些范围的审计，都是对《宪法》中的分权原则的侵害。然而，1969年德国《预算法》改革，要求政府审计机关不只是财务审计和合规审计，还要求政府审计机关开展绩效审计，这无疑是扩大了审计的授权，联邦审计院可检查政府的绩效。Czasche-Meseke（1995）认为，联邦审计院能涉及政策事项，但是并不意味着联邦审计院可以制定政策。关于政策事项要厘清审计的边界，需要区分以下两个方面：一是根据政治标准（Political Criteria）对财政事项进行评估；二是审计机关通过审计报告或审计建议产生的政治影响。虽然二者不同，审计机关不应该涉足按政治标准对财政事项进行评估，但是不能抑制其审计报告或审计建议的政治影响。Czasche-Meseke（1995）认为，联邦审计院有审计和咨询两项职能，这两项职能的履行都可能产生政治影响，从而与公共政策发生关联。

就审计职能来说，审计报告中不应该体现价值判断，但是审计结果可能与公共政策的效率、效果相关，也可能与某些政治家或党派的主张相关，这些审计结果可能会对某些政策主张有利，也可能会对某些政策主张不利，审计报告只是报告了结果，无法控制这些审计结果所能产生的对谁有利或不利的影响。即使与公共政策无关的审计也可能披露一些问题，而这些问题可能对某些政治家或党派不利，这种影响也是审计机关无法控制的。所以，由于审计报告披露审计发现所产生的影响，联邦审计机关也可能产生政治影响。

就咨询职能来说，除了审计报告中提出审计建议之外，联邦审计院在预算编制过程中发挥重要咨询职能。根据德国的《预算法》，联邦审计院参与预算编制，首先，各部门完成预算草案后，要交联邦审计院，联邦审计院会根据其对该部门的审计情况提出一些建议，这些建议可以给提出预算需求的各部门，也可以给财政部，还可以给内阁和议会。其次，在财政部与各预算需求部门的谈判过程中，联邦审计院继续为财政部提供咨询，主要是关于提出预算需求的部门在预算中可能出现的无效率或有问题的事项。最后，在内阁和议会讨论预算时，联邦审计院继续发挥咨询作用。很显然，预算过程是一个政治过程，从某种意义上来说，预算过程也就是公共政策的选择过程，联邦审计院参与预算编制，参与政治过程，参与公共政策的制定。

Ferraz和Finan（2009）指出，在民主国家，政治家要向公众负责，为此，公众需要渠道来了解政治家的表现。当这种渠道真的存在时，现任政治家为了连任，可能会更好地表现。不少的文献研究表明，信息披露的改善，能促进选举问责，但是确认信息披露的改善对选举的影响效果是较为困难的。Ferraz和Finan（2009）以巴西地方政府选举为对象，研究地方政府腐败行为对现任政治家选举的影响，他们的预期是审计报告披露现任政治家及其所在单位的腐败行为会影响其连任竞争。由于与选举问责相关，Ferraz和Finan（2009）根据审计报告中披露的违规事项计量腐败程度，主要关注采购舞弊（Fraud in Procurements）、资金挪用（Diversion of Public Funds）、高开发票（Over-invoicing）三种腐败行为。每个地方政府按年度以审计报告中披露的上述违规事项的件数来计算。基本的检验模型如公式（5-1）所示。

$$E_{ms} = \alpha + \beta A_{ms} + X_{ms}\gamma + v_s + \varepsilon_{ms} \quad \text{公式（5-1）}$$

公式（5-1）中，E_{ms}表示现任市长在连任竞争中的选择结果，按哑变量处理；A_{ms}表示竞选之前是否有审计，按哑变量处理；X_{ms}表示可能影响地方政府选举结果的地方政府相关变量；n_s表示州别；ε_{ms}是残差。

为了区别不同审计结果（审计报告中披露的违规事项或腐败程度），Ferraz和Finan（2009）提出公式（5-2）所示的模型。公式（5-2）中，C_{ms}表示腐败程度，以审计报告中披露的违规事项的件数计算。很显然，交互项$A_{ms}\times C_{ms}$表示审计且发现腐败行为。

$$E_{ms}=\alpha+\beta_0C_{ms}+\beta_1A_{ms}+\beta_2(A_{ms}\times C_{ms})+X_{ms}\gamma+v_s+\varepsilon_{ms} \qquad \text{公式（5-2）}$$

如果审计报告中披露的腐败行为不被公众知晓，就不会影响选举。所以，Ferraz和Finan（2009）对公式（5-2）进行修改，加入传播变量，得到公式（5-3）所示的检验模型。公式（5-3）中，M_{ms}表示当地广播电台的数量。

$$E_{ms}=\alpha+\beta_0C_{ms}+\beta_1A_{ms}+\beta_2M_{ms}+\beta_3(A_{ms}\times M_{ms})+\beta_4(A_{ms}\times C_{ms})+\beta_5(M_{ms}\times C_{ms})+\beta_6(A_{ms}\times C_{ms}\times M_{ms})+X_{ms}\gamma+v_s+\varepsilon_{ms} \qquad \text{公式（5-3）}$$

Ferraz和Finan（2009）的样本是某财政年度的669份审计报告和373个地方政府选举及审计的相关数据。统计结果表明，审计报告披露的腐败事项对市长的连任竞争有显著负面影响，并且这种影响在广播电台数量多的地方更加显著。

Ferraz和Finan（2011）指出，政治家通过寻租、腐败等方式滥用权力是对现代民主的最大威胁，尤其在发展中国家更是如此。然而，对于哪些因素会影响腐败，却没有清楚的认知。Ferraz和Finan（2011）以巴西地方政府选举为对象，采用审计结果量度腐败，研究选举对腐败抑制是否有作用。

根据政治代理理论（Political Agency Framework），由选民决定现任者是否连任，但是不能观察到现任者的行为。在一个由腐败政治家和非腐败政治家组成的世界里，腐败的政治家如果还有连任的可能性，则可能利用信息不对称来增加其选举获胜的可能性，主要的方式是约束寻租行为，表现为一个非腐败政治家。由于这种连任的激励，具有连任可能性的政治家的腐败程度可能低于不具有连任可能性的政治家的腐败程度。

为了检验上述理论推导的结论，Ferraz和Finan（2011）设计了实证检验。基本模型如公式（5-4）所示。

$$r_{ij}=\beta I_{ij}+X_{ij}\delta+Z_{ij}\gamma+\eta_j+\varepsilon_{ij} \qquad \text{公式（5-4）}$$

公式（5-4）中，r_{ij}表示腐败水平；I_{ij}表示政治家是否是第二届任期或最后任期；X_{ij}是可能影响腐败程度的地方政府的特征变量，Z_{ij}是政治家本人的一些可能影响其腐败程度的特征变量，η_j代表地方城市的影响；ε_{ij}代表未观察的其他因素。

关于腐败的量度方法有多种，都存在一些缺陷。Ferraz和Finan（2011）采用审计报告中披露的违规问题来量度政府机构的腐败程度。从地方政府审计报告来看，违规问题也存在多种类型，如采购舞弊、资金挪用和高开发票。事实上，上述三种舞弊行为是高度相关的，采购舞弊和高开发票有时是资金挪用的手段。具体来说，采购舞弊包括没有执行规定的采购程序；投标的最低要求没有达到；其他有证据的采购舞弊事项。资金挪用包括直接挪用资金和没有证据的购买。高开发票是指购入物品或服务的价格高于市场价格。根据上述腐败类型的划分，腐败指数是审计报告中上述腐败事项（违规事项）的金额与审计金额之比，可以按年度计算，也可以按多年合并计算。另外，还有两个计算腐败指数的方法：一个是按审计报告中报告的腐败事项（违规事项）的数量计算；另一个是按被审计主体服务项目的平均腐败事项计算（腐败事项的数量与服务项目的数量之比）。

根据公式（5-4）的统计分析，表明处于最后任期的市长与审计报告中表现的腐败水平显著正相关，这表明，连任激励对腐败有抑制作用。

在此基础上，Ferraz 和 Finan（2011）还检验谋求高层级的政治职位是否会影响其对腐败的控制。检验模型如公式（5-5）所示。

$$r_{ij} = \beta_1 I_{ij} + \beta_2 Candidate_{ij} + \beta_3 I_{ij} \times Candidate_{ij} + X_{ij}\delta + Z_{ij}\gamma + \eta_j + \varepsilon_{ij} \quad \text{公式（5-5）}$$

公式（5-5）中，$Candidate_{ij}$是增加的变量，表明市长是否参加更高层级的政治职位竞争，交互项$I_{ij} \times Candidate_{ij}$，表示市长处于最后任期，但有志于参加更高层级政治职位竞争的市长是否有激励控制腐败。统计结果表明，交互项与腐败显著负相关，这表明政治竞选对腐败有抑制作用。

Mondo（2016）指出，关于腐败有多种量度方法，最著名的有国际的腐败感知指数（International's Corruption Perceptions Index）和世界银行对腐败措施的控制（World Bank's Control of Corruption Measure），这些量度腐败的方法都在一定程度上存在主观性。有些研究发现，这些腐败指数之间的相关性不高，所以，这些腐败指标的有效性受到质疑。Mondo（2016）研究用审计结果来量度腐败，并以腐败指数来研究选举对腐败的抑制作用。将审计报告中披露的违规问题分为三类：采购舞弊、资金挪用和高开发票。审计报告中每披露一个问题，取值为1，地方政府某年度的腐败指标就是该年度这些取值之和，即该年度审计报告中披露的问题数量。在此基础上，Mondo（2016）研究本期选举对下一期腐败的抑制作用。一般来说，如果政治家腐败，则可能在追求连任的选举中失败，所以政治家为了下一期能连任，可能会抑制腐败。Mondo（2016）设计的变量有：将政治家是否连任作为解释变量，按哑变量处理。没有连任的，取值为0，有连任的，取值为1，将下一期的腐败指数作为依存变量。此外，他还设计了一些影响腐败的控制变量。Mondo（2016）的样本是140个巴西地方政府1997—2013年（包括五个任期）的审计及选举数据，统计分析表明，政治家连任与腐败指数之间存在显著的负相关关系，这从一定程度上验证了这个腐败指数的可行性，所以根据审计结果建构的腐败指数具有可行性。

二、公共部门审计在腐败治理中的作用研究

Dye 和 Stapenhurst（1998）指出，政府审计在促进问责、透明及反腐败中能发挥重要的作用，然而，政府审计在反腐败中的潜力并没有被完全发掘，部分的原因是由于对政府审计机关的控制腐败潜力不了解。关于腐败的成因，Klitgaard（1996）提出如公式（5-6）所示的模型，根据这个公式，独断的权力及自由裁量的权力可能会增加腐败，而责任承担或问责可能会减少腐败。很显然，政府审计是问责机制的重要组成部分，能增加责任人对其责任的担当，使其在反腐败中发挥

作用。

C(Corruption) = M(Monopoly Power) + D(Discretionary Power) - A(Accountability) 公式（5-6）

然而，政府审计要在反腐败中发挥作用，必须具备一些条件。例如，清楚的授权（Clear Mandates），除了明确规定审计机关的审计范围及职权外，对于发展中国家来说，一般需要授予审计机关必要的处理处罚权，发达国家倒不一定需要这种授权（如独立性、适当的财务和人力资源保障、知识分享与经验交流）。除了上述这些条件之外，政府审计机关还需要采取以下措施改善其反腐败的能力：梳理其使命及角色，确认其在反腐败中的催化剂作用（Catalyst）；倡导在公共服务中鼓励道德行为的政策；积极推进公共服务质量的改善；强化报告及沟通策略；提升公众对道德行为与反腐败的关注意识；与教育部门合作，与学校、家族沟通反腐败相关问题。

Olken（2007）采用现场实验（Field Experiment）的方法研究政府审计和基层参与（Grassroots Participation）两种反腐败监督机制的有效性。腐败是发展中国家的一个重要难题，它影响这些国家的发展。尽管腐败问题很重要，但是由于对腐败的量度存在困难，因此对如何控制腐败却没有达成共识。一些人认为，各种监督机制和惩罚机制需要组合起来，才能达到防治腐败的作用。Olken（2007）研究审计和基层参与对腐败防治的作用，研究方法是现场实验。具体来说，其研究设计如下：世界银行支持印度尼西亚修建乡村公路，共涉及608个村，每个村的公路修建由各村自己负责，很显然，在公路修建时，各村可能出现腐败，如虚报工程量等，在研究开始时，这些村的公路修建项目还未开始，为了检验外部监管对腐败的作用，在款项到位但修建工作还未开始时，随机选择一些村庄，告知中央政府的审计机关将在随后对该工程进行审计（这个做法增加了工程被审计的概率）。同时，还会将审计结果在村民大会上宣读（这会引起实质性的社会惩罚）。当然，被告知会审计的村庄，后来真的对其实施了审计。为了检验基层参与对防治腐败的作用，Olken（2007）设计了两个实验：一个实验是召开村民问责大会，由负责工程的村庄负责人报告支出，请大家在会议上公开发言，对支出进行质疑，为了防止少数"精英"控制会议，邀请了不同层级的村民参加会议；另一个实验是在邀请村民参与问责大会时，给村民发放一张匿名填写的表格，让村民以匿名方式将他认为存在的工程腐败问题填写在表格上，密封投入一个信箱，匿名表格提出的问题，在会议上由负责工程的村庄负责人解释，这两个实验都需要测量乡村工程修建的腐败程度。目前，多数文献对腐败的测量都是基于感知的，一般采用问卷调查的方法。Olken（2007）未采用这类方法，他的方法是聘请由工程师及测量人员组成的团队，对已经完成的乡村工程进行实施测量，估算工程量及材料用量，并且调查当地市场的材料价格，还与村民沟通，以了解工资支付水平，通过这种方法，对每个乡村的工程修建成本进行估算。然后，以估算的工程成本与该村报账的工程成本进行比较，估算工程成本大于报账工程成本的差异称为失踪支出（Missing Expenditures），这个支出代表工程腐败程度。根据上述实验设计获取的数据，统计分析表明，告知要审计且后来真的审计过的公路项目，失踪支出能降低8%。虽然审计发现的失踪支出与估算的失踪支出显著正相关，但是大多数的审计只是程序性的，并没有实质性的作用。这个结果也能解释一个现象，即使面临100%审计概率的项目，仍然有20%的支出下落不明，说明基层参与对降低失踪支出没有显著作用。Olken（2007）认为，外部审计对腐败发挥了抑制作用，这种作用很大程度上是威慑作用，而基层参与没有效果的原因是村民“搭便车”和“精英”控制。

Dye（2007）指出，发展中国家的政府审计机关因经常在审计报告中披露未授权支出、公共资金浪费、程序滥用而产生损失。然而，审计人员经常倾向于采用书记员式的审计方式，关注被审计主体是否严格遵守法规和程序，而忘记了法规和程序本身的目标。对细小的偏差及资金错用大惊小怪，而对会产生很大损失的重大系统性缺陷则不予关注或识别。当问责和透明缺乏时，公共部门的舞弊和腐败就会泛滥，政府审计机关在这方面能发挥重要作用。利益相关者的期望与政府审计机关的审计授权存在差距，政府审计机关并未将反腐败作为其主要目标。政府审计机关需要认真弥合这种期望差，真正在揭露腐败方面发挥作用。预防（Prevent）舞弊及腐败较为容易，但是发现（Detect）腐败更为困难。长期以来，政府审计机关致力于培育能预防舞弊及腐败的环境，如强化财务管理系统和评估内部控制系统。现在，审计的重点应该转移到发现与预防舞弊及腐败并重，因此，相应的审计技术也需要变换。

Rahaman（2009）指出，对于发展中国家来说，政府腐败和财政管理不健全问题较为严重，财务审计能否在政府部门的反腐败及不良财政管理中发挥作用呢？Johnson（1992）认为，对于大多数的第三世界国家来说，财务审计是一个外星现象（Alien Phenomenon），非洲国家更是如此。Rahaman（2009）根据对加纳的调查，提出不同的结论，认为随着民主化进展的不断发展，财务审计越来越成为政府良治的技术工具，在应对政府腐败中发挥重要作用。

De和García（2014）指出，对于新兴民主国家来说，由于多种原因，其治理状况是较差的，因此，最高审计机关可以在优化治理中发挥重要作用。关于“Buenos Aires”的一项研究表明，由于审计强度（Audit Intensity）的增加，地方医院通用的消耗性支出降低了10%~15%。另有一项印度尼西亚的实验研究表明，100%的审计概率将发挥预防作用，可以降低工程支出。然而，关于最高审计机关的效果，还有一些问题并没有搞清楚。例如，对最高审计机关改善公共服务的机制并不清楚；大多数研究最高审计机关效果的文献，主要关注浪费和舞弊，然而，最高审计机关的效果并不只是体现在这两个方面；有些研究是以实验方法获取数据，而实验设计与现实有较大的差距；还有些研究强调审计与问责的协同作用，但是这个结论能否适用于新兴民主国家这样的环境，还值得怀疑。

De和García（2014）以2007—2012年墨西哥实行的国家发展计划（National Development Plan）为对象，研究政府审计在工程项目中的作用。国家发展计划的目的是为边缘化社区（Marginalized Communities）提供基础公共服务，由墨西哥最高审计机关或项目所在地的地方政府审计机关进行审计。由于这类项目较多，De和García（2014）采取分层抽样的方式获取了两组样本：一组样本是由政府审计机关审计过的项目；另一组样本是没有经过政府审计机关审计过的项目，通过比较这两组的数据来衡量政府审计的效果。通过问卷调查、阅读审计报告等多种方式获取数据，统计分析显示：政府审计机关对这些项目的审计能够促进其合规性，起到威慑效果和信息效果的作用；政府审计机关的审计报告也存在差异，这可能与职业生涯、政治提升、政治裙带关系等因素有关，体现了政府机构的各种问责机制的协同效果。

Tara et al.（2016）指出，腐败是各国政府都会出现的一个带有普通性的问责。那么，政府审计机关究竟在反腐败中能否发挥作用呢？人们对腐败有不同的理解，腐败的最简单定义——为了个人或团体利益对公共权力的滥用。

在文献综述和理论分析的基础上，Tara et al.（2016）提出研究假设：最高审计机关能增加政府效率并降低感知的腐败水平。此外，Tara et al.（2016）还预期，感知的腐败水平与政府效率正相关。Tara et al.（2016）的样本是手工收集的27个欧盟国家2002—2011年的年度数据。检验政府效率的模型如公式（5-7）所示，公式（5-7）中，GOVEF表示政府效率，用全球治理指标（Worldwide Governance Indicators）中的政府效果指数表示，是被调查者对政府公共服务质量的感知；IPC表示感知的腐败系数，采用透明国际（Transparency International）的数据；MAND表示审计任务的范围，不同的审计体制其审计范围不同；ARR表示《宪法》是否有审计独立性的规定，按哑变量处理；MOD表示政府审计机关的组织模式；LYP表示某国家的人均收入；OPEN表示某国家的开放度，用进出口总额表示；CGEP表示集权程度，用中央政府支出占GDP的比例表示。

$$GOVEF_{it}=\alpha_0+\alpha_1 IPC+\alpha_2 MAND+\alpha_3 ARR+\alpha_4 MOD+\alpha_5 LYP+\alpha_6 OPEN+\alpha_7 CGEP+u_{it}\quad \text{公式（5-7）}$$

检验政府效率与腐败之间关系的模型如公式（5-8）所示，公式（5-8）中，新增变量包括TRAC和SUBJ，TRAC表示审计建议实施机制，如果没有审计建议实施的保障机制，取值为0，有这种机制，取值为1；SUBJ表示审计项目的选择权，根据五因素来计算。

$$IPC_{it}=\alpha_0+\alpha_1 GOVEF+\alpha_2 MAND+\alpha_3 ARR+\alpha_4 MOD+\alpha_5 TRAC+\alpha_6 SUBJ+\alpha_7 LYP+\varepsilon_{it}\quad \text{公式（5-8）}$$

根据上述研究设计，统计分析的结果显示：最高审计机关能增加政府效率并降低感知的腐败水平；感知的腐败水平与政府效率正相关；法庭模式的审计体制对降低感知的腐败的效果高于其他各种审计体制。

Udirizqi et al.（2016）以印度尼西亚地方政府为对象，研究审计意见、审计建议后续跟踪和腐败感知指数对地方政府财政绩效的影响。

地方政府的财政绩效可以用工作计划的完成情况来衡量，也可以用预算完成情况来衡量。印度尼西亚法律规定，地方政府的财务报告必须经过印度尼西亚共和国审计委员会（Audit Board of the Republic of Indonesia，BPK）审计，其显著的特点是，非标准审计意见较多，表5-12是近年来的地方政府审计意见类型。

表 5-12　　**地方政府审计意见类型**

年份	审计意见			
	WTP	WDP	TW	TMP
2008	3	67	6	24
2009	3	65	10	22
2010	7	65	5	23
2011	13	67	2	18
2012	23	61	1	15
2013	34	60	2	4

注：TMP是无法表示意见，TW是否定意见，WDP是保留意见，WTP是标准审计意见。

印度尼西亚审计法律规定，审计委员会的审计人员要针对审计发现，向相关的责任人或责任单位提出审计建议。相关责任人或责任单位若不针对审计建议采取行动，可能招致处罚。然而，地方政府审计的后续跟踪并不多。

在理论分析的基础上，Udirizqi et al.（2016）提出以下假设：

假设1：审计意见对地方政府财政绩效有显著正面影响。

假设2：针对审计建立的后续跟踪审计对地方政府财政绩效有显著正面影响。

假设3：腐败感知指数对地方政府财政绩效有显著正面影响。

Udirizqi et al.（2016）的变量设计如下：

地方政府财政绩效用该地方政府标准化之后的财政收入增长率（R_p）来表示，计算公式为：

$$R_p=\frac{X_n-X_{n-1}}{X_{n-1}}\times 100\%$$

其中，X_n表示当年实现的财政收入增长率；X_{n-1}表示前一年度实现的财政收入增长率。

审计意见类型分为四类：TMP是无法表示意见，用1表示；TW是否定意见，用2表示；WDP是保留意见，用3表示；WTP是标准审计意见，用4表示。

审计建议的后续跟踪变量，用跟踪率表示，计算公式如下：

$$\text{跟踪率}=\frac{\text{地方政府针对审计建议的跟踪次数}}{\text{提出的审计建议数量}}\times 100\%$$

由于无法获取印度尼西亚各地方政府的腐败感知指数，直接用透明国际发布的印度尼西亚腐败感知指数（The Corruption Perception Index）来量度。

以上述变量设计为基础，对48个地方政府的数据样本进行分析，数据结果显示，审计意见对地方政府财政绩效有显著正面影响，而审计建议后续跟踪和腐败感知指数对地方政府财政绩效无显著影响。

Ramirez和Pérez（2016）研究政府审计机关对腐败的影响，认为政府审计机关是问责的重要工具，不少的政府审计机关在反腐败中发挥重要作用。由于各国的审计体制不同，政府审计的地位和作用也不同，一般来说，这些地位或作用包括：问责、外部控制、改进政府治理、评估公共资源使用、通过政策或项目实施审计、验证治理行动效率、验证法律法规遵守情况及反腐败情况等。政府审计机关的力量受三个因素的影响：审计机关的独立性、审计机关的能力、审计机关提供信息的使用。在对腐败及其防治的相关文献进行研究之后，Ramirez和Pérez（2016）提出假设：政府审计机关的力量对降低腐败有正面作用。Ramirez和Pérez（2016）的研究设计如下：政府审计机关的力量是解释变量，用国际预算合作（International Budget Partnership）中的相应变量表示；腐败是依存变量，用透明国际、世界银行（World Bank）和世界经济论坛（World Economic Forum）中的数据量度；还有一些其他影响腐败的控制变量。样本是三个数据库中同时都有数据的78个国家。统计分析支持假设的预期，但是不同的国家，对腐败的控制效果有较大的差异。

参考文献

[1] AIKINS S K.Determinants of auditee adoption of audit recommendation：local government auditors' perspectives [J]. Journal of Bulic Budgeting，Accounting and Financial Management，2012，24（2）：195-220.

[2] AKYEL R，KÖSE H.Auditing and government：a importance of citizen participation and the role of superme audit institutions to enhance democratic government [J]. Journal of Yasar University，2013，8（32）：5495-5514.

[3] BROOKS R C，PARISER D B. Audit recommendation follow up systems：a survey of states [J]. Public Budgeting and Finance，1995，15（1）：72-83.

[4] BRINGSELIUS L.Impact at any price? The national audit office and the media [D]. Berne，Switzerland：Paper Presented at the International Research Society for Public Management（IRSPM），2010.

[5] BRINSELIUS L. The dissemination of results from supreme audit institutions：independent partners with the media？[J]. Financial Accountability and Management，2014（30）：75-94.

[6] CHURCHILL N C.Audit recommendations and management auditing：a case study and some remarks [J]. Journal of Accounting Research，1966，4（9）：128-151.

[7] CARON P F，HADDOCK S J.Overcome reluctance to change in implementing audit recommendation [J]. Managerial Auditing Journal，1988，3（2）：24-27.

[8] CZASCHE-MESEKE H.The influence of the German Federal Court of Audit（FCA）on policy decisions [J]. Managerial Auditing Journal，1995，10（9）：5-12.

[9] CHENG YU SHU. Direct and mediating effects of auditor quality on auditor size and performance [J]. International Business Research，2013，6（11）：8-16.

[10] CORNEJO C, GUILLAN A, LAVIN R.When supreme audit institutions engage with civil society: exploring lessons from the Latin American transparency participation and accountability initiative [R]. U4 Practice Insight, 2013.

[11] DENETIM M, DENETIMI P, DENETIMI U.Fellow - up mechanism: a missing-link in audit cycle [J]. Journal of Turkish Court of Accounts, 2016 (100): 109-123.

[12] DEANGELO L E. Auditor size and audit quality [J]. Journal of Accounting and Economics, 1981, 3 (3): 183-199.

[13] DYE K M, STAPENHURST R. Pillars of integrity: the importance of supreme audit institutions in curbing corruption [R]. The Economic Development Institute of the World Bank, 1998.

[14] DYE K M.Corruption and fraud detection by supreme audit institutions [M]. Washington, DC: World Bank Publications, 2007: 299-317.

[15] DYE K. Working with the media to maximize the impact of your audit work [J]. International Journal of Government Auditing, 2009, 6 (1): 8-12.

[16] DE A L, GARCÍA F M.Do federal and state audits increase compliance with a grant program to improve municipal infrastructure: study protocol for a randomized controlled trial [J]. BMC Public Health, 2014 (14): 9-12.

[17] FERRAZ C, FINAN F. Exposing corrupt politicians: the effects of Brazil's publicly released audits on electoral outcomes [J]. The Quarterly Journal of Economics, 2008 (3): 703-745.

[18] FERRAZ C, FINAN F. Electoral accountability and corruption: evidence from the audits of local governments [J]. American Economic Review, 2011, 7 (101): 1274-1311.

[19] UNITED STATES GENERAL ACCOUNTING OFFICE.How to get action on audit recommendation? [M]. Washington, DC: GAO, 1999.

[20] GILL S. Planning for follow-up testing [J]. Internal Auditor, 2013 (6): 15-19.

[21] GONZALEZ B, LOPEZ A, GARCIA R. Supreme audit institutions and their communication strategies [J]. International Review of Administrative Sciences, 2008 (9): 436-461.

[22] GONZALEZ B, GARCIA-FERNANDEZ R, LOPEZ-DIAZ A.Communication as a transparency and accountability strategy in supreme audit institutions [J]. Administration and Society, 2013, 45 (5): 583-609.

[23] INTERNATIONAL ORGANIZATION OF SUPREME AUDIT INSTITUTIONS. Independence of SAIs project: final task force report [M]. Washington, DC: IOSAI, 2001.

[24] KENSSY I.Why follow up? [J]. Internal Audit, 2014 (9): 18-19.

[25] KLITGAARD R. In governance and the economy in Africa: tools for analysis and reform of corruption [R]. Bolivia: Healing Sick Institutions in La Paz, 1996.

[26] KLITGAARD R. International cooperation against corruption [J]. Finance and Development, 1998, 35 (1): 3-6.

[27] KÖSE H., BAIMYRZAEVA M.The role of supreme audit institutions in improving citizen participation in governance [J]. International Public Management Review, 2014, 15 (2): 77-90.

[28] NATIONAL STATE AUDITORS ASSOCIATION. Auditing in the States: a summary [M]. Lexington, Kentucky: The National Association of State Auditors, 1992.

[29] NINO E.Access to public information and citizen participation in supreme audit institutions [R]. World Bank Institute Working Paper, 2010.

[30] MONDO B V.Measuring political corruption from audit results: a new panel of brazilian municipalities [J]. European Journal on Criminal Policy and Research, 2016 (22): 477-498.

[31] OLKEN B A.Monitoring corruption: evidence from a field experiment in Indonesia [J]. Journal of Political Economy, 2007, 115 (2): 200-249.

[32] PYUN H B. Audit and civil society: the korean experience [J]. International Journal of Government Auditing, 2009 (4): 12-23.

[33] RAMKUMAR V, KRAFCHIK W.The role of civil society organizations in auditing and public finance management [J]. The International Budget Project, 2005 (1): 16.

[34] RAMKUMAR V.Expanding collaboration between public audit institutions and civil society [M]. Washington, DC: International Budget Partnership, 2007.

[35] REED Q.Maximising the efficiency and impact of supreme audit institutions through engagement with other stakeholders [J]. Anti-Corruption Resource Centre, 2013, 8 (9): 31.

[36] RAHAMAN A S.Independent financial auditing and the crusade against government sector financial mismanagement in Ghana [J]. Qualitative Research in Accounting and Management, 2009, 6 (4): 224-246.

[37] RAMIREZJ A O, PÉREZ J A C.Impact of supreme audit on the phenomenon of corruption: an international empirical analysis [J]. Journal of Public Government and Policy: Latin American Review, 2016, 1 (3): 34-59.

[38] SETYANINGRUM D, GANI L, MARTANI D, et al.The effect of auditor quality on the follow-up of audit recommendation [J]. International Research Journal of Business Studies, 2013, 5 (2): 89-104.

[39] TARA I G, GHERAI D S, DROJ L, et al.The social role of the supreme audit institutions to reduce corruption in the European Union - Empirical Study [J]. Revista De Cercetare Si Interventie Sociala, 2016: 217–240.

[40] UMOR S, ZAKARIA Z A, SULAIMAN N A. Follow - up audit as an accountability mechanism of public sector performance auditing [R]. International Conference on Accounting Studies (ICAS), 2016: 15–18.

[41] UN DEPARTMENT OF ECONOMIC AND SOCIAL AFFAIRS. Citizen engagement practices by supreme audit institutions: compendium of innovative practices of citizen engagement by supreme audit institutions for public accountability [M]. New York: United Nations, 2014.

[42] UDIRIZQI A N, BAMBANG S E, SUKIRMAN M. The influence of audit opinion, follow up audit recomemnations, and corruption perceptions index towards financial performance of local government [J]. SSRN Electronic Journal, 2016.

[43] WATKINS A L, HILLISON W, MORECROFT S E. Audit quality: a synthesis of theory and empirical evidence [J]. Journal of Accounting Literature, 2004, 23 (1): 153–193

[44] ZYL A V, RAMKUMAR V, RENZIO P D.Responding to the challenges of supreme audit institutions [R]. Anti-Corruption Resource Centre, 2009.

第六章

其他问题研究

本书前面各章概要性地介绍了国外政府及公共部门审计的一些重要的研究文献，本章对前面各章未涉及的其他几个研究文献做一个概要性的介绍，这些研究包括：审计机关绩效评价研究，政府审计人员绩效及满意度研究，公共部门审计准则研究，公共部门审计竞争研究，廉洁审计研究，审计爆炸研究，政府审计发展研究，纳税遵从审计研究。

第一节 审计机关绩效评价研究和政府审计人员绩效及满意度研究

一、审计机关绩效评价研究

Pollitt和Summa（1997）指出，政府审计机关在民主国家的公共问责制度中是一个重要的角色，它具有高度的独立性，其授权范围包括公共开支的合法性，在一些国家其授权范围还包括公共开支的经济性、效率性和效果性。然而，其自身的绩效却没有得到关注。Pollitt和Summa（1997）通过研究一些国家的政府审计机关的年度工作报告及其他解释性材料了解这些审计机关自身的绩效评价方法。研究的政府审计机关包括英国国家审计署、法国审计法院、芬兰审计机关、瑞典审计机关、欧盟审计院。其中，欧盟审计院和英国国家审计署是两种不同类型的代表。在欧盟审计院1995年的年度工作报告中，几乎没有提供工作绩效的信息，也没有提供审计成本、审计质量及审计影响的信息，只提供了一个最近五年已经完成的审计项目的清单。在英国国家审计署的年度工作报告中，为其自身的工作绩效提供了丰富的信息，分别介绍了财务审计和绩效审计，并提供了大量的量化绩效信息。在财务审计这部分，专门有一部分内容的标题是“Results and Impact”，还有一部分内容的标题是“Costs and Quality”，这些内容对财务审计的绩效量化进行了描述。在绩效审计这部分，同样有专门内容的标题分别是“Results and Impact”及“Costs and Quality”。此外，还有综合性的绩效指标（如投入产出比、审计建议采纳率）。芬兰审计机关、瑞典审计机关都属于行政系统（议会领导），其自身的绩效量化的做法与英国国家审计署较为接近。

二、政府审计人员工作满意度研究

Salehi、Moradi 和 Dehghan（2013）指出，工作满意度（Job Satisfaction）是指某个人在组织内进行工作的过程中，对工作本身及其有关方面（如工作环境、工作状态、工作方式、工作压力、挑战性、工作中的人际关系等）有良性感受的心理状态。工作满意度既影响工作效率，也影响组织忠诚度。Salehi、Moradi 和 Dehghan（2013）以伊朗为研究样本，调查最高审计机关的审计人员与会计师事务所的审计人员在工作满意度方面的异同。数据分析结果显示：在福利因素方面，最高审计机关的审计人员与会计师事务所的审计人员之间不存在显著差异；在提升和发展机会方面，会计师事务所的审计人员显著高于最高审计机关的审计人员；在创新可能性方面，会计师事务所的审计人员显著高于最高审计机关的审计人员；在管理者及同事的行为方面，最高审计机关的审计人员与会计师事务所的审计人员之间不存在显著差异；在工作安全方面，最高审计机关的审计人员与会计师事务所的审计人员之间不存在显著差异；在职业教育方面，会计师事务所的审计人员显著高于最高审计机关的审计人员；在工作多元化方面，会计师事务所的审计人员显著高于最高审计机关的审计人员；在社会方面，最高审计机关的审计人员与会计师事务所的审计人员之间不存在显著差异。总体来说，会计师事务所的审计人员工作的满意度似乎高于最高审计机关的审计人员，Salehi、Moradi 和 Dehghan（2013）认为，这可能是最高审计机关的审计人员要遵守更多的规则，从而约束性更强，影响了工作满意度。

第二节　公共部门审计准则研究和公共部门审计竞争研究

一、公共部门审计准则研究

Azuma（2008）研究国际最高审计机构组织的审计准则框架和系统化情况，以及其如何与国际审计准则（International Standards on Auditing，ISA）趋同。Azuma（2008）指出，会计准则和审计准则的国际趋同（International Convergence）已经成为一种趋势。在审计准则的国际趋同方面，越来越多的国家直接采用国际审计和保障标准委员会（International Auditing and Assurance Standards Board，IAASB）制定的国际审计准则和国际最高审计机构组织制定的政府审计准则，并致力于国际趋同。由于政府审计部门和私营部门存在较大的差异，各自的审计目标也不同，所以直接采用国际审计准则是不可能的，政府审计准则与国际审计准则的趋同可能是有限的。很显然，对于国际最高审计机构组织来说，如果直接采用国际审计准则，比它自己建构政府审计准则将具有更高的效率，但是考虑到政府部门与私营部门的差异，国际最高审计机构组织没有选择这样做。那么，在审计准则的国际趋同的背景下，国际最高审计机构组织将对政府审计准则进行系统化。

Azuma（2008）回顾了国际最高审计机构组织在审计准则方面的相关工作，国际最高审计机构组织设置专门的专业标准委员会（Professional Standards Committee，PSC）负责政府审计准则的制定。目前，已经制定的政府审计准则及指南见表6-1。

表6-1　　　　国际最高审计机构组织的审计准则及指南

名称	发布时间	修订时间
审计准则委员会（Auditing Standards Committee）		
国际最高审计机构组织的审计标准	1992年10月	2001年10月
国际最高审计机构组织的道德规范	1998年11月	
SAIs独立项目：最后工作组报告	2001年3月	
实现绩效审计指南	2004年10月	
内部控制标准委员会（Internal Control Standards Committee）		
公共部门的内部控制标准的指导方针	1992年10月	2004年10月
内部控制的有效性指导报告：SAI经验实施和内部控制评估	1997年11月	
内部控制：提供政府问责制的基础	2001年10月	
EDP审计委员会（Committee on EDP Audit）		
信息系统安全评估方法：指导政府机构审查信息系统安全	1995年10月	
指导发展策略的最高审计机构		1995年10月
WG环境审计（WG on Environmental Auditing）		
自然资源会计	1998年5月	
SAIs如何配合国际环境协议的审计	1998年11月	
指导开展审计活动与环境的视角	2001年10月	
国际环境协议的审计	2001年10月	
环境审计和审计规律	2004年10月	
可持续发展：最高审计机关的作用	2004年10月	
最高审计机关的经验：审计问题	2004年3月	
审计废物管理	2004年5月	

根据专业标准委员会的调查数据，2006年12月—2007年2月，在100个国家的最高审计机关的回复问卷中，有76个最高审计机关分别在财务审计、合规审计和绩效审计中采用国际最高审计机构组织制定的准则，但是由于各种原因，有些最高

审计机关在某些领域并不采用国际最高审计机构组织制定的政府审计准则；有60个国家的最高审计机关在财务审计、合规审计和绩效审计中采用国际审计准则；有50个国家的最高审计机关采用本国制定的政府审计准则；有29个国家的最高审计机关采用区域工作组制定的政府审计准则；有27个国家的最高审计机关采用本国制定的私营部门的审计准则。

由于国际最高审计机构组织有不同的机构同时开展工作制定相关的职业规范文献，所以各个机构之间的工作出现了不协调，导致职业规范文献之间的关系不清晰。因此，国际最高审计机构组织考虑对这些职业规范文献进行整合，界定不同文献之间的关系及层次，形成一个单一的、系统化的审计准则体系，这个准则体系包括治理准则和审计准则两个部分。治理准则的系统化框架见表6-2，审计准则的系统化框架见表6-3。

表6-2　　**国际最高审计机构组织的治理准则系统化框架**

INTOSAI GOV number		Name of document
Guidance on Standards for Internal Control (9100-9199)	9100	Guidelines for Internal Control Standards for the Public Sector
	9110	Guidance for Reporting on Effectiveness of Internal Controls:SAI Experiences in Implementing and Evaiuating Internal Controls
	9120	Internal Control:Providing a Foundation for Accountability in Govemment
Guidance on Accounting Standards(9200-9299)	9200	Accounting Standards Framework
	9210	Accounting Standards Framework Implementation Guide: Departmental and Govemment-wide Reporting
	9220	Accounting Standards Framework Implementation Guide for SAIs: Management Discussion and Analysis of Financial,Performance and Other Information
	9230	Guidance on Definition and Disclosure of Public Debt

从审计准则来看，第一层级是政府审计的基本原则，主要是《利马宣言》；第二层级是最高审计机关组织与管理的原则，是最高审计机关发挥职能作用的前提条件；第三层级是政府审计准则；第四层级是政府审计指南。

在与国际审计准则的趋同方面，国际最高审计机构组织主要在财务审计准则方面做出了努力，由于越来越多的国家在政府部门采用权责发生制，所以，政府部门的会计与私营部门的会计越来越趋同，在这种背景下，政府审计部门的财务审计与私营部门的财务审计也应该越来越趋同。国际最高审计机构组织的办法是，在财务审计准则方面，基本采用国际审计准则。为了做好财务审计准则的趋同，国际最高审计机构组织在专业标准委员会下面建立一个项目秘书处（Project Secretariat），专门负责这项工作的组织。

表6-3 国际最高审计机构组织的审计准则系统化框架

Level		ISSA number			Name of document
1	Fundamental Principles			1	The Lima Declaration
2	Prerequisites for the Functioning SAIs			10	Code of Independence of SAIs note1
				11	Guide lines and Good Practices-related to SAI Independence note 1
				20	Code of Transparency and Accountability
				30	INTOSAI Code of Ethics
3	Auditing Principles			100	INTOSAI Auditing Standards(Basic Principles of Govermment Auditing)
				200	INTOSAI Auditing Standards(General Standards for Govemment Auditing)
				300	INTOSAI Auditing Standards(Field Standards for Govmment Auditing)
				400	INTOSAI Auditing Standards(Reporting Standards for Goverment Auditing)
4	Guidelines	Financial Audit (1000-2999)	INTOSAI	1000	Implementation Guideline on Financial Audit-Introduction note 1
			IFAC/AASB	2000	Implementation Guideline on Financial Audit note 2
		Performance Audit (3000-3999)		3000	Implementation Guideline on Performance Audit
		Compliance Audit (4000-4999)		4000	Implementation Guideline on Compliance Audit note1
		Specific Guide lines (5000-5900)	Audit of International Institutions	5000	Audit of International Institutions Guidance for SAIs
				5010	Pinciples for best audit arrangements for International Institutions
				5010	Best Practice Example of Financial Rules and Regulations Concerning Audit Arrangements in International Instiutions (ISSA/5010-Appendix)
			Environmental audit	5110	Guidance on Conducting Audits of Activities with and Environmental Perspective
				5120	Environmental Audit and Regularity Auditing
				5130	Sustainable Development The Role of SAIs
			Privatization	5210	Guidelines on Best Practice for the Audit of Privalizations
				5220	Guidelines on Best Ptactice for the Audit of Public/Private Finance and Concessions
				5230	Guidelines on Best Practice for the Audit of Economic Regulations
				5240	Guidelines on Best Practice for the Audit of Risk in Public/Private Partnerships
			IT-Audit	5310	Information System Security Review Methodology—A Guide for Reviewing Infomation System Security in Govemment Organizations
			Public debt	5410	Guidance for Planning and Conducting and Audit of Internal Controls of Public Debt
				5420	Public Debt Management and Fiscal Vulnerability Potential Rodes for SAIs
				5430	Fiscal Exposures:Implications for Debt Management and the Role for SAIs

Azuma（2009）研究日本法人政府机构的审计准则问题。法人政府机构提供某种公共需求，这些需求不宜由政府亲自来营运，也不宜由私营部门来营运。法人政府机构采用的会计准则是基于私营部门的会计准则，同时增加一些额外的要求，形成法人政府机构会计准则体系。达到一定规模的法人政府机构也需要进行审计，法人政府机构的财务审计准则已于2001年3月形成，这个准则体系接受了日本现在的私营部门的审计准则。英国是法人政府机构审计准则的典范国家，其法人政府机构的审计准则主要采用公共部门的审计准则。国际最高审计机构组织制定的政府审计机关的审计准则，接受了私营部门的审计准则，只是在必要之处，针对公共部门的要求做了一些特殊的规定。日本及国际上的许多国家都采取了这种做法。那么，公共部门审计准则的上述做法，是否真的适应公共部门审计的需要呢？Azuma（2009）以英国为例，做了深入分析。英国政府管理的一个特点是，公共政策的执行由执行机构负责，虽然这些机构都是由政府供资的法人机构，但是按私营部门的方式进行管理，实行权责发生制会计，按私营部门的会计准则编制会计报告，是一种法人政府机构。英国政府审计机关对这些执行机构需要进行财务审计，财务审计的准则采用由审计实务委员会（Auditing Practices Board，APB）制定的国际审计准则（International Standards on Auditing，ISA），国际审计准则主要适用于私营部门，当然，也可以适用于公共部门，这取决于政府审计机关的选择。由于公共部门与私营部门之间存在一些较大的差异，审计实务委员会又为公共部门单独制定了一个补充性的实务说明，即Practice Note No. 10：Audit of Financial Statements of Public Sector Bodies in the United Kingdom（针对英国公共部门机构财务报表的审计），作为公共部门财务审计的指南，并在2006年1月进行了再次修改，其内容见表6-4。

二、公共部门审计竞争研究

Craswell（1997）指出，在澳大利亚的新公共管理运动中，竞争是核心理论，因此需要对政府法规政策中限制竞争的规定进行审视。Craswell（1997）认为，在《审计法》（Audit Act，1994）中的第8节规定，政府机构由审计长或其指派的人来审计；第9节规定，政府机构的审计报告由审计长或其指派的人来完成。事实上，这些内容将公共部门审计确定为审计长的垄断领域，这似乎与国家倡导的竞争政策不符。应该注意的是，竞争政策的目的是通过竞争来提高效率和降低成本，这并不意味着一定要废除限制竞争的政策——将审计长作为公共机构的垄断审计师，这也许会符合公共利益。

为了保障审计质量，审计人员要遵守许多职业规范，这些职业规范也许对竞争有抑制作用，但是这些职业规范是为了保障审计质量而设立的。政府审计机关与会计师事务所一样，在审视《审计法》时，如果某些规范是为了保障审计质量的，即使降低了竞争，也是符合公众利益的。

私营部门审计市场有两个显著特征：一是市场高度集中，基本是寡头垄断；二是价格是竞争的主要手段，审计收费呈下降趋势。市场高度集中主要是由客户本身的规模所决定的，大客户由大型会计师事务所来服务，这符合规模经济的规律。

表6-4 Practice Note No. 10的内容

Statement of Auditing Standards	Title
Foreword	The role of the public sector auditor
ISQC（UK/IR）1	International Standards on Quality Control
ISA（UK/IR）200	Objective and General Principles Governing and Audit of Financial Statements
ISA（UK/IR）210	Terms of Audit Engagements
ISA（UK/IR）220	Quality Control for Audits of Historical Financial Information
ISA（UK/IR）230	Documentation
ISA（UK/IR）240	The Auditor's Responsbilty to Consider Fraud in an Audit of Financial Statements
ISA（UK/IR）250	Consideration of Laws and Regulation in and Audit of Financial Statements
ISA（UK/IR）260	Communication of Audit Matters with Those Charged with Governance
ISA（UK/IR）300	Planning and Audit of Financial Statements
ISA（UK/IR）315	Obtaining an Understanding of the Entity and its Environment and Assessing the Risks of Material Misstatements
ISA（UK/IR）320	Audit Materialty
ISA（UK/IR）330	The Auditor's Procedures in Response to Assessed Risks
ISA（UK/IR）402	Audit Considerations Relating to Enitites Using Service Organizations
ISA（UK/IR）500	Audit Evidence
ISA（UK/IR）501	Audit Evidence-Addtional Considerations for Specific Items
ISA（UK/IR）505	External Confirmations
ISA（UK/IR）510	Initial Engagements-Opening Balances
ISA（UK/IR）520	Analytical Procedures
ISA（UK/IR）530	Audit Sampling and Other Selective Testing Procedures
ISA（UK/IR）540	Audit of Accourting Estimates
ISA（UK/IR）545	Auditing Fair Value Measurements and Disclosures
ISA（UK/IR）550	Related Party Disclosures
ISA（UK/IR）560	Subsequent Events
ISA（UK/IR）570	Going Concern
ISA（UK/IR）580	Management Representations
ISA（UK/IR）600	Using the Work of another Auditor
ISA（UK/IR）610	Consdering the Work of Internal Audit
ISA（UK/IR）620	Using the Work of an Expert
ISA（UK/IR）700	The Auditor's Report
ISA（UK/IR）710	Comparatives
ISA（UK/IR）720	Other Information in Document's Containing Audited Financial Statements
Supplement	Audit of Regularity
Appendix 1	Glossary of Terms
Appendix 2	The Legislative framework governing the audit of public sector bodies in the UK
Appendix 3	Risks to regularity and possible control procedures

大型会计师事务所建立了一些行业的专长，这些行业的企业更愿意聘任大型会计师事务所，这有利于降低审计成本，提升审计质量。虽然审计市场集中可能对竞争有一定的抑制作用，但是由于能提高审计质量，降低审计收费，这是符合公众利益的。

公共部门审计是审计长的垄断领域，没有竞争，那么审计长是否存在提升审计效率效果的激励呢？确实存在一种风险，就是由于没有市场压力，审计长可能没有激励来创新以改进效率效果。但是，由于人们会将审计长的审计与会计师事务所的审计对标（Benchmark），正是因为这种对标的存在，审计长仍然有激励创新。最近对维多利亚审计办公室（Victorian Audit Office）的检查表明，公共部门审计效率较高、效果较好，并且审计长有足够的激励来创新。

根据对布里斯班、墨尔本、珀斯、悉尼、伦敦及华盛顿哥伦比亚特区的公共部门的审计长的访谈，他们都非常重视与会计师事务所的对标，主要方式是审计业务外包，通过向会计师事务所外包公共部门审计业务，将竞争和新的审计技术方法引入公共部门审计业务中，降低了审计成本。

审计业务外包中的招投标是一个费时且有成本的过程，从竞争的角度来说，可能偏向于公开招标，然而，限制性招标可能更符合公众利益，不少的审计机关就采用这种方式。例如，美国审计署就对参与投标的会计师事务所做出限制，并不是所有的会计师事务所都可以投标。当然，通过招标的方式将会计师事务所引入公共部门审计业务中，也是存在风险的。主要体现在以下几个方面：第一，会计师事务所的专长是财务报告审计，但是公共部门审计除了财务报告外，还要关注合规性及内部控制健全性，会计师事务所不一定在这些方面有特长；第二，委托人的问题，对于公共部门来说，其审计委托人应该是立法机构，如果立法机构不亲自作为会计师事务所的委托人，则最合适的委托人应该是审计长，而不是被审计的公共部门，因为类似上市公司的审计师缺乏独立性；第三，审计质量问题，由于会计师事务所在合规性及内部控制等方面并不一定有特长，其审计质量如何保障？由谁来保障？大家公认，除非企业失败了，否则，难以评价会计师事务所的审计质量，不少的审计机关采取了指派专人进行检查的方法；第四，独立性问题，包括选聘机制以及会计师事务所不形成对某公共部门的经济性依赖。

●第三节　廉洁审计研究和审计爆炸研究

一、廉洁审计研究

Ng和Ryan（2001）指出，最近20多年来，澳大利亚公共部门对经济性、效率性和效果性越来越重视，合同外包成为公共部门的重要活动。同时，一些公共部门出现了舞弊或不道德行为，呼唤政府营运的透明，在这种背景下，便产生了廉洁审计。廉洁审计（Probity Audit）是指对政府私有化、外包合同和政府采购的独立审核，以确认其程序是否符合相关的法规、指南及公开与透明的最佳实务原则。现有文献对廉洁审计的相关研究有两个主题：一是廉洁审计的性质；二是谁来实施廉洁审计。关于廉洁审计的性质，廉洁审计与传统财务审计不同。实施廉洁审计的决定是由被审计主体做出的，到现在为此，澳大利亚各级政府都没有明文规定廉洁审计必须实施的情形。一般认为，廉洁审计适用于那些有问题的项目，或政府敏感性强的项目，或投标者特殊的项目。另外，是否需要廉洁审计的决定应该在事前做出，廉洁审计需要实时实施——与合同谈判、签订同步。当然，廉洁审计也可能在事后实施，主要针对有投诉的招标进行事后的调查。关于谁来实施廉洁审计，关键的问题是廉洁审计的独立性和客观性。这种独立性不只是让提出廉洁审计需求的被审计主体满意，更需要让外部利益相关者认为是独立的。由于廉洁审计的成本较高，所以外部机构及公共部门内部机构都可能成为廉洁审计的实施者。如果公共部门选择外部民间机构（如会计师事务所）来实施廉洁审计，独立性可能得到认可，但是成本较高。如果选择公共部门的内部审计师或政府审计机构来实施廉洁审计，成本可能较低，但是独立性会受到损害。

Ng和Ryan（2001）对澳大利亚昆士兰州的26个公共部门进行了问卷调查，收回有效问卷22份。调查结果显示：在22个部门中，有11个部门开展了廉洁审计，共有32个廉洁审计项目，这些项目的分布及特征见表6-5。数据显示，75%的项目是实时审计，而几个事后的廉洁审计主要是因为外部投标者投诉而实施的。

表6-5　　**廉洁审计项目分布及特征**

审计项目数量	政府部门数量	实时廉洁审计	事后廉洁审计
0	11	×	×
1	5	4	1
2	1	1	1
3	2	5	1
4	2	5	3
5及其以上	1	9	2
合计	22	24	8

32个廉洁审计项目的实施者见表6-6，数据显示，各类审计主体都可能成为廉洁审计的审计师，而会计师事务所是主要的实施者，政府审计机关实施的审计项目只占9%。

表6-6　　**廉洁审计项目的实施者**

实施者		数量	比例（%）
外部机构	“五大”会计师事务所	11	34
	非会计师事务所	8	25
	第二层级的会计师事务所	5	16
	小计	24	75
公共部门内部审计机构或其他内部机构		5	16
昆士兰州审计署		3	9
合计		32	100

Shead（2001）指出，澳大利亚公共部门改革的一个方向是购买公共服务或公共服务业务外包，在这种背景下，购买合同或外包合同就成为公共部门重要的管理内容。与此同时，一些公共部门开展了廉洁审计，其主要目的是确认合同签订过程是否符合既定标准。对于价值较高、风险较大的合同会实施廉洁审计，一般来说，廉洁审计是实时的，即与合同、谈判同步进行，但是在一些特殊情形下，也可以是事后的。例如，政府机构管理者或外部投标者提出异议，审计师可以对当时的投标或谈判过程进行事后调查，以确认合同签订过程是否符合既定标准。当然，这种事后调查所能发表意见的保证程度要依据合同签订和谈判时的记录情况而定，其保证程度一般会低于实时审计。目前，廉洁审计尚未有明确的审计准则。根据调查的结果，75%以上的廉洁审计是由会计师事务所完成的，公共部门和政府审计机关也实施了一些廉洁审计。从独立性方面来说，政府审计机关最适宜做廉洁审计。

Ryan和Ng（2002）指出，政府审计是公共问责的重要环节，20世纪70年代之前，政府审计主要从事财务审计。20世纪70年代的公共部门改革促使政府审计扩大了审计业务，绩效审计也成为重要的审计业务。20世纪80年代至90年代，公共部门进一步改革，公共机构私有化、购买公共服务、公共服务业务外包等现象大量涌现，公共部门的这种变化，也要求建立与之相适应的审计机制——廉洁审计。

廉洁审计实质上是对公共部门既定流程及法律规章遵守情况的独立审核，主要关注恰当的流程和程序是否得到遵守，审计人员并不介入实际决策。澳大利亚的一些公共部门使用廉洁审计作为证明政府流程恰当性、公开性及对纳税人负责的一种方式。尽管审计部门对廉洁审计有不同的认识，但是具有共识的是，事后检查不是廉洁审计，廉洁审计必须是实时审计，是适应特定政府机构的要求，对流程遵守情况进行的实时监督。澳大利亚政府审计机关在从事财务审计和绩效审计时，审计结果向议会报告，而在从事廉洁审计时，审计结果直接提交给提出审计需求的政府机构，并且需要这个机构支付费用——这就产生了独立性问题。一方面，通过廉洁审计，可以为公共部门提供增值服务；另一方面，开展廉洁审计又会影响独立性，审计机关面临双难选择（Dilemma）。Ryan和Ng（2002）向澳大利亚联邦政府审计长及州政府审计长发放调查问卷，了解廉洁审计开展情况，以及已经开展廉洁审计的审计机关是如何解决独立性问题的。

调查对象是澳大利亚联邦政府审计长及全部8个行政区的审计长，9位审计长全部回复了调查问卷。调查显示，联邦审计署及其中4个行政区的政府审计机关开展了廉洁审计，其他4个行政区政府审计机关没有开展廉洁审计。未开展廉洁审计的主要原因是没有明确授权或政策未要求审计机关开展廉洁审计。关于在廉洁审计中如何保持独立性，是否需要介入决策过程，一些审计长提出的方式是通过审计报告来解决，即在向被审计的政府机构提交审计报告的同时，向议会提交审计报告。总体来说，廉洁审计是有风险的，一些审计长认为这种审计的价值超过其风险，而有些审计长则认为风险超过其价值。

二、审计爆炸研究

Power（1994）在《审计爆炸》（The Audit Explosion）一书中，对公共部门和私营部门出现的审计扩展进行了分析，将这种扩展称为审计爆炸（Audit Explosion），并且提出如何达到审计与其余各种问责机制之间的平衡。

Power（1997）指出，很少有专著研究审计目的、审计环境和审计过程，而Power出版的《审计社会：验证的仪式》（The Audit Society：Rituals of Verification）专门致力于此领域，填补了该领域的空白。由于这个话题很少有涉及，所以这本书写作起来也较为困难。Power在书中对审计职业持批判性眼光——审计职业地位很高，但行动不够。此书包括两部分内容：一部分是描述职业的历史及背景，分析最近出现的审计爆炸的原因和后果；另一部分是关于审计中的“How To”问题。

Power（2000）对《审计社会：验证的仪式》的核心观点进行进一步的分析，指出20世纪80年代的英国，审计活动发生了系统性增长，其原因可能有三个方面：新公共管理的兴起；对问责需求的增长；对组织控制的高质量确认需求的增长。上述这些推断已经得到一些实证研究的支持，当然还需要更多的研究来检验，特别是需要有研究来检验这种审计爆炸并不只是英国这个国家的个别现象。审计爆炸的后果也需要进一步的研究，审计的绩效指标在个人和组织活动中的作用也需要研究。总体来说，需要更多的实证研究来检验这些推断。有些批评意见指出，在《审计社会：验证的仪式》的一书中没有对审计做出清晰的界定，Power（2000）则认为，模糊地界定“审计”概念，恰恰是分析审计爆炸的重要前提条件，为了避免审计出现功能失调的冲突，必须对其进行重建。

Bowerman、Raby和Humphrey（2000）指出，Power（1994，1997）的研究引起人们对审计爆炸和审计社会（Audit Society）的关注，并强调审计的力量，他将公共治理模式的变化作为审计爆炸的中心原因。另外，Power（1994，1997）认为，“审计”表达了多种价值的集合，如独立估值、效率、理性、可见性等，所有的特质，使得审计成为政府管理改革的中心内容。Bowerman、Raby和Humphrey（2000）通过对英国一些公共部门的调查，来为Power（1994，1997）的上述观点提供实证证据，他们调查了卫生部门、学校和警察机关，虽然这三个公共部门不能代表公共部门的整体状况，但是能提供证据，以支持现有的关于公共部门审计的角色、成就和问题的讨论。

根据对这些部门的调查，各种审计及监视业务的类型很多，包括财务审计、衡工量值审计、业绩监察、内部审计和其他各种自我监视。随着这三个部门的审计及业绩量度活动的增加，使得人们思考，用Power（1994，1997）所提出的审计爆炸或审计社会来描述这种状况是否恰当？虽然财务审计、衡工量值审计、内部审计、业绩监察等在近年大量增加，但是它们有很长的历史，并不是新生事物。近些年的发展主要体现在组织目标、绩效指标等方面，而不是审计。组织目标和绩效指标的增加，使得被审计主体更加具有可审性，Bowerman、Raby和Humphrey（2000）认为，用绩效量度社会（Performance Measurement Society）来表述这种状况可能更为恰当。

Power（2000）指出，毫无疑问，在北美及英国，财务审计已经发生了很大的变化，这种变化可以表述为审计爆炸，而这种爆炸发生的一个重要原因是组织强化其内部规制能力，由于这种需求，各种类型的审计需求才出现爆炸，主要体现在以下相互有交叉的13个方面：（1）外部规则越来越依赖于组织的自我组织能力（Self Organizing Capacities），从这个角度出发，组织内部的治理构造和内部控制就越来越重要，对这些系统的评估也就越来越重要。通过强化组织内部的治理和控制，实现组织的自我规制。（2）如果规制目标与组织营运目标相一致，则合规性规则实质上已经消失，规制目标与组织营运目标的完美结合之后，组织将不再认为自己在遵守外部规则，而是在营运组织核心业务。要做到这一点，组织的内部控制是最重要的领域。（3）当咨询的职能也加入到财务审计流程中时，审计与咨询的界限越来越不清晰。（4）更多的审计时间被用于了解客户的业务及其相关风险，审计计划是这个过程的产品，业务风险评估既是一个审计计划工具，也是一个咨询机制。（5）审计基于风险评估，而风险控制系统是与组织的战略相对接的。因此，基于风险评估的审计，事实上就是将审计与战略相对接。（6）审计独立性有些边缘化。完全的审计独立性要求审计与咨询必须分离，如果在审计中加入了咨询职能，则这个原则就完全是多余的了。（7）借鉴财务审计的方法发展相邻业务，如内部控制评估业务。（8）强化董事的责任，这也引致新的财务审计及确认服务。（9）由于规制机构重点关注组织自身的控制，所以管理咨询已经成为事实上的规制。（10）审计爆炸的另一个效果是职业意见的爆炸，审计意见越来越成为防护性的、没有帮助性的，这对于强化组织自身规制的理念是有害的。（11）内部控制自我评估具有较长的历史，公司治理革命更是强化了这种评估，这种评估从质量认证中借鉴了一些方法。（12）一些非常规的业务，已经从外部审计师实施变为内部审计师实施。（13）为了适应组织，强化组织自我规制的需求，会计师事务所开展了越来越多的服务项目，这些项目之间有区别，也有交叉。

Humphrey和Owen（2000）对Power（1994，1997，2000）提出的审计爆炸及审计社会进行了评述。他们认为，“审计社会”无疑是一个有吸引力的标题，但是，他们并不接受Power指出的绩效衡量也是审计的观点，也并不认为审计有Power所描述的那样有力。他们认为，正是由于其他价值观及组织模式的衰落，才使得审计的力量突显，同时，需要关注的不是“审计”，而是“社会”，要从社会的角度来关注人们期望什么样的公共服务，而对于组织来说负责任的行为究竟意味着什么。

Power（2003）分析了在英国出现的审计爆炸，指出“审计”这个词在英国的使用不断增长，除了财务审计外，还有环境审计、衡工量值审计、管理审计、司法审计（Judicial Audits）、数据审计、知识产权审计、医疗审计（Medical Audits）、教学审计（Teaching Audits）、技术审计、压力审计（Stress Audits）、民主审计（Democratic Audits）等各种其他类型。从某种意义上来说，20世纪90年代的英国已经进入审计社会，审计爆炸已经以各种方式发生了。任何社会和组织可以使用不同的控制模式，主要有两种控制模式（见表6-7），审计爆炸表明模式A已经取得主流地位，绩效审计被认为兼顾了两种模式。定量和事后的外部控制模式已经逐步取代其他控制模式。

表6-7　　两种控制模式

模式A	模式B
定量（Quantitative）	定性（Qualitative）
单一措施（Single Measure）	多种措施（Multiple Measures）
外部机构（External Agencies）	内部机构（Internal Agencies）
远程方法（Long Distance Methods）	当地方法（Local Methods）
低信任（Low Trust）	高信任（High Trust）
戒律（Discipline）	自由（Autonomy）
事后控制（Expost Control）	实时控制（Real Time Control）
私人专家（Private Experts）	公开对话（Public Dialogue）

人们对审计的具体形式可能有不同的观点，如预防和发现之间的平衡。但是人们都会同意，如果没有各种类型的审计，舞弊、浪费、错误及管理不良将会更多。此外，审计还能够促进透明，弥补规制失败。具有可审计性的事项越来越多，正是由于这些原因，审计爆炸出现了。

第四节　政府审计发展研究

一、政府审计发展研究

Staats（1976）作为美国审计长，在一次美国的政府审计论坛会上发表一个讲话，回顾并展望了美国的政府审计。十年前，虽然有少量审计识别非经济性的营运问题，但这只是个别现象，政府审计主要从事财务审计和合规审计。在过去的十年中，政府审计发生了重大的变化，主要表现在以下几个方面：针对改善营运经济性、效率性和效果性的审计已经成为常规业务，并且在各层级的政府审计中都得到了应用；审计变得越来越复杂，即使财务审计也是如此，因为计算机成为会计工具，审计人员必须掌握相关的知识；最显著的变化是项目效果审计（Program Result Audit）的出现，随着这类审计的出现，审计人员不只是对财务数据真实性和资源经济性的使用，更加关注政府项目是否达到其预期目标。虽然项目效果审计还不成熟，还有很长的路要走，但是国会及公众对这些审计有很大的兴趣。未来10年，审计师、评估师和分析师都必须优化他们的技能，以使自己能提供项目效果的信息。对于审计师来说，未来10年的挑战可能是如何与评估师和分析师合作。

Staats（1981）指出，审计职业已经从严格的财务导向走向更加广泛的活动领域，一些新的变化将会发生，这些变化既会影响公共审计师，也会影响内部审计师和政府审计师。

1.审计实务的变化

会计实务的变化将会影响审计实务的变化，在21世纪，由于物价变动和通货膨胀，预测财务报告普遍成为公司财务报告和政府财务报告的组成部分，预测财务报告的审计需求也将成为现实，这对审计职业界是很大的挑战，现在的审计技术难以胜任。目前，审计师只能对财务预测的假设和判断进行一定的审核。审计实务发生变化的一个领域是内部审计和外部审计的独立性的增强，这种独立性的增强可能主要源于审计委员会，审计委员会将成为公司的标准制度安排，审计委员会主要由外部董事组成，内部审计师将向该委员会报告工作，而外部审计师则由该委员会聘请，公司管理层将无权干涉对外部审计师的选择。审计实务发生变化的另一个领域是由外部审计师开展对地方政府各种未供资养老基金的审计，审计这种养老基金的收支情况，按年度提交审计报告。

2.潜在项目审计模式

对于政府审计来说，一个有趣的变化可能是对潜在项目进行审计，也就是说，在项目正式实施前，由政府审计师对项目规划的相关数据的可靠性进行评价，并建立一定的模型对项目进行模拟。例如，一些联邦项目，其执行的结果与规划的预期有很大的差异，如果能在项目实施前开展此类审计，这种差异有可能得到抑制。可以预见，各种数学模型在潜在项目审计中将发挥重要作用，所以审计师要掌握数学模型的开发及使用。

3.公司领域将开展更多的经营审计

在未来，财务审计将会有较大的发展，同时，针对营运的经济性、效率性、效果性的审计也将会得到较大的发展。目前，政府审计领域已经开展了不少的这类审计，这类政府审计技术只要作些微小的修改，就可以应用到公司领域。所以，在未来，公司领域也将会开展这种审计。另外，在政府及其机构的财务报告中，将有投入和产出的报告。例如，一个专门负责植树的政府机构，在财务报告中将报告其植树的数量及其支出，而审计机关将对这些数据进行审计。

4.社会会计将更广泛地应用

对于不同的人来说，社会会计有不同的含义，然而，从社会角度来计算或考虑成本效益是应有之义。在未来，这类会计将得到发展，与此相适应，针对这类会计信息的审计也将得到发展。

5.审计职业面临的挑战

审计职业面临三大挑战：第一，无纸交易审计。在未来，交易无纸化将成为常规事项，在这种背景下，审计职业界可能面临挑战，需要开发新的审计程序，审计师对信息系统的依赖程度将越来越高。第二，与内部控制相关的问题。随着交易无纸化，无论是内部审计，还是外部审计，内部控制审计将越来越重要。第三，审计师在舞弊预防和发现中的作用。公众通常认为审计师应该发现舞弊，而审计师并不一定这样认为。审计师的主要审核方法之一是评估内部控制的设计及执行，审视其能否预防或发现舞弊，但是这种审核不一定能有效地预防或发现某些精心策划的舞弊。审计师的另一种审核方法是设置举报热线，通过举报来发现舞弊。审计职业界对上述这些挑战的解决，将决定审计职业是否能满足公众对审计的期望。

Mansur（2004）指出，最高审计机关要服务于不同的客户，包括公众、纳税人、公务员、立法者。对于最高审计机关来说，公共审计质量面临的挑战是要满足不同客户的需求，在很多时候，这些需求是不同且有竞争性的。由于公共部门的财务审计比私营部门的财务审计更加复杂，有时公共部门对会计和财务报告的可依赖程度不高。由于公共部门之间的关系复杂，有时确定会计主体都存在困难。由于公共部门量化管理经营的缺乏和绩效标准制定的困难，绩效审计的应用存在技术性和方法性困难。另外一个困难是如何将财务审计、合规审计和绩效审计三者关联起来。不实行合规审计的最高审计机关，必须将财务审计与绩效审计结合起来，以避免二者产生矛盾性的结论。随着政府开支及营运复杂性的增加，审计资源的获取也越来越困难。究竟是追求完成法定的审计任务，还是满足国际最高审计机构组织的标准，最高审计机关面临两难的选择。另外，审计机关与被审计主体的关系也越来越对立。绩效审计的一个好处是关注管理层的需求并且采用管理层友善的方式。高质量的审计产出既是与被审计主体良好关系的产出，也是这种良好关系的前提条件。当审计师要增加价值并问责时，困难就会出现。如果审计阻止了管理层的积极决策过程，则可能妨碍其组织目标的达成，审计师必须始终记住被审计主体的使命是提供公共服务——这是公共支出的主要目标。

为了应对上述挑战，巴基斯坦的审计长办公室做了一些探索。审计长不再负责公共账目相关的事项，这个职能由另外设立的总账主计长（Controller General of Accounts）负责。在移交这项工作之前，在世界银行的支持下，审计长办公室启动了公共部门会计现代化项目。这项工作将为审计提供良好的基础。同时，还将这个项目扩展到管理信息系统，为绩效审计奠定基础。针对收入、工程项目、采购、权力部门的绩效审计的专门审计方法也已经出现。在审计资源文献中，致力于开发一个灵活且有力的资源分配模型，这个模型能考虑优先次序、风险评估、法定要求和利益相关者的偏好，形成了一个标准驱动的计算机分配资源系统。这个系统有以下功能：将利益相关者的偏好、法定要求与审计关联起来；对既定年度的审计客体进行排序；决定每个审计项目的资源投入程度。

二、其他问题研究

Palmer（2000）研究记录管理对问责和腐败的作用，指出腐败对政府效果有重要影响，并且已经成为强化问责的重要驱动因素。记录管理为法律法规的遵守情况提供证据，并为证据的系统采集提供保障。良好的文献记录管理是下列事项的基础：形成和评估政策；维护法治；管理财务及人事事项；保护个人权益。没有可靠、真实的文献证据，犯罪不能被证实，公共权益无法得到保障。政府透明与信息自由是政府诚信系统的关键要素。然而，如果信息没有被有效地管理，公众不能方便、有效地获取这些信息，则信息自由是没有意义的。由于记录管理引入了恰当的登记、维护信息系统，为信息权益提供了真实的路径。问责是良治的关键要素，它使得政府官员对他们在公共管理中的行为负责，问责的目的包括：保障公共政策及其实施的一致性；公共资源的有效配置和使用等。上述这些目标的达成，需要有效的会计系统、审计系统和综合业绩系统，而记录管理是它们的基础。记录管理为会计、审计提供了一个控制层，这些控制对透明、廉洁和诚信都是非常重要的。特别是，记录管理为审计提供了可跟踪的线索。登记和文献管理系统跟踪各种记录在组织内部的运行，产生了审计线索，能反映有意或无意的非授权行为，这为识别滥用、错用及违反法律法规的行为提供了证据。所以，记录管理为腐败和舞弊的控制提供了预防性的基础。

Lodhia和Burritt（2004）以斐济国家银行为对象，研究公共部门问责失败的原因。新公共管理的采用是发达国家及发展中国家的一个普遍现象。新公共管理的一个前提，是有效的问责机制必须到位（会计、审计都是这个机制的组成部分）。当不良管理甚至腐败存在时，这种基础性的问责机制可能会失败。斐济国家银行的倒闭可能是这种情形的一个典型案例。在这个银行，新公共管理被引进，然而，不良管理和腐败根深蒂固，由于各方对其行为并不负责，导致问责机制未发挥作用。这个案例说明，新公共管理的倡导必须考虑其植入的环境，即当引入新公共管理时，除考虑其好处之外，还必须考虑管理状况、腐败状况和政治家的偏好。

Loeb（2010）介绍，美国审计署于2006年接到投诉电话，举报国防合约审计局（Defense Contract Audit Agency，DCAA）管理层不恰当地将审计发现从审计报告中删除。18个月之后，2008年7月，美国审计署发布调查结果，主要指出国防合约审计局在审计中存在的两个问题：一是在审计过程中对事项的工作底稿编写不足。国防合约审计局审计人员由于时间有限，宁愿将时间花费在实质性的审计工作中，也不愿花费在编写工作底稿中。二是交易测试（Transaction Testing）不足。美国审计署认为，检查的69个审计项目都不符合审计准则的要求，都存在交易测试不足。然而，监察长办公室对国防合约审计局实行的同业互查，表明国防合约审计局的工作符合审计准则的要求，这其中的原因是对审计准则的理解不同。美国审计署认为，无论风险高低，都必须进行交易测试，而国防合约审计局是根据风险高低来决定是否进行交易测试，对于低风险的交易不进行测试。

Badara和Saidin（2013）指出，对于地方政府来说，内部控制和内部审计都是其控制机制，二者之间是什么关系呢？在文献综述的基础上，他们提出预期：内部控制的有效性影响内部审计的效果，内部控制的五要素（控制环境、风险评估、控制活动、信息与沟通、监视）的有效性都会影响内部审计的效果。Badara和Saidin（2013）认为，解释这种预期的理论是权变理论，因为这种理论清楚地表明依存变量与解释变量在特定条件下的相关关系。本文没有检验上述预期。

Pingky（2016）以印度尼西亚和日本的最高审计机关为对象，研究信息与沟通技术（ITC）在最高审计机关反腐败中的应用。根据一些国际组织的评价，日本腐败程度很低，而印度尼西亚腐败程度较高。腐败程度不同，是否会影响研究信息与沟通技术在最高审计机关反腐败中的应用？日本和印度尼西亚的最高审计机关都建立了审计系统，可以及时地获取被审计主体的相关信息，并且还可以跟踪其财务交易。然而，日本最高审计机关并未在信息与沟通技术中加入舞弊分析的功能，而印度尼西亚最高审计机关则在信息与沟通技术中加入了舞弊分析的功能。Pingky（2016）对这两个国家最高审计机关的一些领导和员工进行了访问，根据访问结果，分析其中的原因，主要是这两个国家的反腐败理念和腐败状况存在差别。日本最高审计机关人员认为，反腐败应该是每个政府部门自己的事，并且日本最高审计机关人员在多年的审计实践中并未发现腐败，所以他们在信息与沟通技术中无需加入舞弊分析的功能。而印度尼西亚则不同，其腐败程度较高，因此，需要在最高审计机关的信息与沟通技术中加入舞弊分析的功能。

●第五节　纳税遵从审计研究

Cummings et al.（2004）指出，纳税遵从的经典理论（Allingham 和 Sandmo，1972；Yitzhaki，1974）认为，假设个人获得应税收入I，个人必须选择将其中的多少进行纳税申报，纳税申报收入D作为I的一部分或全部，按税率t课税。未申报的应税收入不课税。然而，可能以概率p被实施纳税审计，一旦被审计，除了补税之外，还会被处以f比例的罚金。

I_c表示有未申报收入且是被审计时的收入，则有以下关系：

（1）$I_c = I - tD - ft(I - D)$

I_n表示有未申报收入且是未被审计时的收入，则有以下关系：

（2）$I_n = I - tD$

个人通过选择D来实现期望效用EU（I）最大化，则有以下关系：

（3）$EU(I) = pU(I_c) + (1-p)pU(I_n)$

以I为变量，对EU（I）求导数，得到EU（I）最大化的一阶条件（First Order Condition）如下：

（4）$PU'(I_C)(f-1)t - (1-P)U'(I_N)t = 0$

根据这个等式，审计概率和罚金比例的提升都会增加纳税遵从（Tax Compliance），但是，税率的影响方向不明确。根据上述经典理论，不少的研究表明，加大执法力度（Enforcement Efforts）能提高纳税遵从。

然而，Cummings et al.（2004）认为，执法力度并不能完全解释纳税遵从程度，所以，必然存在其他一些影响纳税遵从的因素。不同国家之间、不同文化之间的纳税遵从程度会不同，这种不同不能完全用执法力度来解释，这是经典纳税遵从理论模型中没有包括的。为了理解不同国家之间、不同文化之间的纳税遵从的差异，人们需要理解公民对政府的态度，而文化差异可能是基础性的。他们研究社会资本的文化或社会规范（Cultural or Social Norms of Social Capital）对公民纳税遵从行为的影响。

Cummings et al.（2004）认为，纳税遵从或纳税道德（Tax Morale）是一个复杂的行为问题，需要使用多种方法和多种数据来研究。以南非、博茨瓦纳、美国为研究对象，他们使用了两种数据，一组是问卷调查数据，另一组是实验数据。

问卷调查数据又有两类，一类是World Values Survey调查数据，南非、博茨瓦纳、美国都是这类数据，另一类是Afrobarometer调查数据，只有南非和博茨瓦纳是这类数据。

在World Values Survey调查数据中，根据以下问题的不同等级的选择来量度纳税遵从或纳税道德：

"Please tell me for each of the following statements whether you think it can always be justified, never be justified, or something in between: … Cheating on tax if you have the chance"

在Afrobarometer调查数据中，根据以下问题的不同等级的选择来量度纳税遵从或纳税道德：

"We would like to remind you that your responses to this interview are confidential. Here is a list of actions ordinary people are taking in a political system. For each of these, please tell me whether you have engaged in this activity or not? Avoid paying income taxes"

使用哑变量来表示不同的国家，还有一些影响纳税遵从或纳税道德的控制变量，如人员的职业、种族等变量。统计分析表明，不同国家、不同文化对纳税遵从或纳税道德有影响，同时，不同国家的纳税遵从或纳税道德有差异，美国和博茨瓦纳的纳税遵从或纳税道德均显著高于南非。

Cummings et al.（2004）的实验设计较为复杂，基本的背景是个人自行申报纳税，但是，以一定的概率接受纳税审计。如果纳税人在纳税申报时有欺骗行为，则纳税审计会发现这种欺骗行为，并且处以罚金。在整个实验中，三个基本的制度变量，即税率、审计概率、罚额比例，保持不变。实验参与者是在这三个国家招募的，有在校大学生，也有非大学生，实验人员及分组情况见表6-8。

表6-8 **实验人员及分组**

国家及分组	实验次数	人数	平均年龄	非学生比例
南非	6	88	28.4	33%
博茨瓦纳	6	99	25.4	17%
US State	2	20	22.65	10%
US Private	1	10	24.1	10%
US HBS	2	22	22.45	5%

注：美国是一个多元化文化的国家，分为显著文化差异的三个组。

根据上述实验设计，Cummings et al.（2004）提出以下假设：

假设1：无论何种文化，当纳税审计概率及罚金比例提高时，纳税遵从会提升。

假设2：纳税遵从程度将按以下顺序从高到低排序：博茨瓦纳，US HBS，US State，US Private，南非。

根据实验数据，统计分析的结果显示，假设1得到支持。假设2的检验结果有些差异，US HBS纳税遵从程度最高，其次是博茨瓦纳，再次是US State，而US Private与南非没有显著差异。实验数据分析的结果与问卷调查的数据分析结果基本一致。

Alm、Jackson和McKee（2006）指出，纳税审计是美国联邦个人所得税自愿遵从制度（Voluntary Compliance System）的核心特色，这个制度是对某些纳税人进行审计，如果发现违规行为，将进行处理处罚。纳税审计对被审计者有直接威慑作用（Direct Deterrent Effect），对于未审计者也有间接威慑作用（Indirect Deterrent Effect）。然而，没有文献揭示直接威慑作用和间接威慑作用的行为路径。Alm、Jackson和McKee（2006）提出，这个路径是纳税人通过一些渠道获知纳税审计信息，然后沟通这些信息，并估计自己被审计的概率，最后做出纳税遵从程度的决定。Alm、Jackson和McKee（2006）主要研究纳税审计信息沟通及其沟通渠道对纳税遵从程度的影响。

在文献综述的基础上，Alm、Jackson和McKee（2006）提出以下假设：

假设1：其他条件不变，官方公告纳税审计比例将会增加纳税遵从度。

假设2：其他条件不变，官方公告以前年度纳税审计结果（包括审计的纳税人数量，收取的罚款数额）将会增加纳税遵从度。

假设3：当获得他人照章纳税的信息时，对信息获得者的纳税遵从有促进作用，同样，当获得他人不照章纳税的信息时，对信息获得者的纳税遵从有降低作用。

假设4：当获得他人被实施纳税审计的信息时，对信息获得者的纳税遵从有促进作用；同样，当获得他人没有被实施纳税审计的信息时，对信息获得者的纳税遵从有降低作用。

Alm、Jackson和McKee（2006）用实验方法获取数据，设计了四种审计比例：0.05，0.10，0.30，0.40，税率为0.35，罚金比例是150%，实验者是326名经济学和商学本科生，这些学生分组进行了30轮实验。根据实验数据，以申报纳税收入占全部应纳税收入的比例量度纳税遵从程度，统计分析显示，非官方（Unofficial）的纳税审计信息沟通对纳税遵从有很强的间接威慑作用（是直接威慑作用的4.4倍），具体来说，关于纳税主体的纳税欺诈或没有被审计的这类信息，会降低纳税遵从，而关于纳税主体照章纳税或被审计的这类信息，会提高纳税遵从程度。官方的纳税审计信息公告并不能一贯地提高纳税遵从程度。

Cason和Gangadharan（2006）指出，在现实中观察到一种现象，即使审计频度较低且违规处罚也较轻，不少的企业或个人还是选择遵守规则。这个现象是静态执法模型（Static Enforcement Models）无法解释的，在这种模型中，企业或个人面临的处罚只是依赖于其当期的守法状况，与以前无关。近年来，经济学家提出了动态博弈模型来分析低预期处罚时的高遵从率。在动态博弈模型中，企业和执法机关都会依赖前期经验选择行动。Harrington（1988）发现，企业有激励遵守规则，在单一期间的遵从成本超过预期处罚。执法机关将企业分为两组：一组守法状况差，对其实行较严厉的执法制度；另一组守法状况好，对其实行较宽松的执法制度。企业的守法状况决定其属于哪一组。属于守法状况好的企业，如果被发现有违规行为，则转移到守法状况差的这一组；反之，属于守法状况差的企业，如果在严厉的纳税检查下，发现守法状况好转，则可以转移到守法状况好的这一组。Harrington（1988）指出，企业的策略选择依赖于其遵从成本，低遵从成本的企业总是守规则，高遵从成本的企业从不守规则，而中间遵从成本的企业总是根据近期的审计情况，在遵从与不遵从之间转移。

Cason和Gangadharan（2006）以Harrington（1988）的模型框架为基础，用实验数据来检验法规遵从的动态模型。实验中，实验人员分为两组，一组面临较频繁地检查和较严厉处罚，而另一组则面临较少的检查和较轻的处罚，实验人员的法规遵从成本设定为低、中、高三种情形，实验人员需要根据其遵从成本来决定是否遵从法规。执法者根据前期观察到的企业法规遵从情况，决定企业是否需要从一组转移到另一组。实验参与人员114人，共分组进行了13轮实验。根据实验数据，统计分析的结果表明，当遵从成本升高时，违规率增加；当从一组转移到另一组的概率降低时，违规率增加。这个结果与Harrington（1988）的模型预期相一致。

参考文献

［1］ AZUMA N.The framework of INTOSAI government auditing standards： in the stream of international convergence ［J］. Government Auditing Review， 2008 （15）： 77-97.

［2］ AZUMA N.Issues of incorporated administrative agencies auditing standards： comparing with global standards ［J］. Government Auditing Review， 2009 （16）： 71-87.

［3］ ALLINGHAM M G， SANDMO A. Income tax evasion： a theoretical analysis ［J］. Journal of Public Economics， 1972 （1）： 323-338.

［4］ ALM J， JACKSON B R， MCKEE M.Audit information dissemination， taxpayer communication， and compliance behavior ［R］. Georgia State University Working Paper， 2006.

［5］ BOWERMAN M， RABY H， HUMPHREY C.In search of the audit society： some evidence from health care， police and schools ［J］. International Journal of Auditing， 2000 （4）： 71-100.

［6］ BADARA M， SAIDIN S.Impact of the effective internal control system on the internal audit effectiveness at local government level ［J］. Journal of Social and

Development Sciences, 2013, 4 (1): 16-23.

[7] CRASWELL A. Competition in public sector auditing the debate [J]. Australian Accounting Review, 1997, 7 (13): 16-21.

[8] CUMMINGS R G, MARTINEZ-VAZQUEZ J, MCKEE M, et al. Effects of culture on tax compliance: a cross check of experimental and survey evidence [J]. SSRN Electronic Journal, 2004.

[9] CASON T N, GANGADHARAN L.An experimental study of compliance and leverage in auditing and regulatory enforcement [R]. Pricing and Accounting Report, 2010.

[10] HARRINGTON W. Enforcement leverage when penalties are restricted [J]. Journal of Public Economics, 1988 (37): 29-53.

[11] HUMPHREY C, OWEN D.Debating the power of audit [J]. International Journal of Auditing, 2000, 4 (1): 29-50.

[12] JOSEPH K P.Plunder of public exchequer as government audit sleeps [J]. Economic and Political Weekly, 1997, 32 (3): 75-76.

[13] LODHIA S K, BURRITT R L.Public sector accountability failure in an emerging economy [J]. The International Journal of Public Sector Management, 2004, 17 (4): 345-359.

[14] MANSUR A.A challenge for SAIs quality managenment in pbulic auditing [J]. International Journal of Government Auditing, 2004 (31): 3.

[15] NG C, RYAN C. The practice of probity audits in one Australian jurisdiction [J]. Managerial Auditing, 2001, 16 (1-2): 69-75.

[16] POLLITT C, SUMMA H.Reflexive watchdogs? How supreme audit institutions account for themselves [J]. Public Administration, 1997, 75 (2): 313-336.

[17] POWER M. The audit explosion [M]. London: Demos, 1994.

[18] POWER M. The audit society: rituals of verification [M]. Oxford: Oxford University Press, 1997.

[19] POWER M. The audit society-second thoughts [J]. International Journal of Auditing, 2000 (4): 111-119.

[20] POWER M.The audit implosion: regulating risk from the inside [J]. Centre for Business Performance, 2000 (4): 56-67.

[21] POWER M.Evaluating the audit explosion [J]. Law and Policy, 2003, 25 (3): 185-202.

[22] PINGKY D Z. A study on the use of information and communication technology for combating corruption: a case study in supreme audit institution of Indonesia and Japan [J]. Journal of Graduate school of Asia-Pacific Studies, 2016, 32 (9): 35-49.

[23] PALMER M.Records management and accountability versus corruption, fraud

and maladministration [J]. Records Management Journal, 2000, 10 (2): 61-72.

[24] RYAN C, NG C.Australian auditors-general involvement in probity auditing [J]. Managerial Auditing Journal, 2002, 17 (9): 559-567.

[25] SALEHI M, MORADI M, DEHGHAN A. A study of job satisfaction - comparison between the auditor of supreme auditor court and CPAs an Iranian evidence [J]. Journal of Economics and Business Research, 2013 (1): 7-20.

[26] SHEAD B.Probity auditing: keeping the bureaucrats honest? [J]. Australian Journal of Public Administration, 2001, 60 (2): 66-70.

[27] STAATS E B.Auditing as we enter the 21st century what new challenges will have to be met [J]. Managerial Auditing Journal, 1981, 12 (5): 223.

[28] STAATS E B.Government auditing—yesterday, today and tomorrow [J]. The Journal of Accounlancy, 1976 (10): 101-105.

[29] YITZHAKI S.A note on income tax evasion: a theoretical Analysis [J]. Journal of Public Economics, 1974 (3): 201-202.